本书为国家社会科学基金项目（项目编号：17XJY007）的最终成果

重庆工商大学会计学院资助出版

Changjiang Jingjidai

Huanjing Shenji Xietong Jizhi Goujian ji Shixian Lujing Yanjiu

长江经济带环境审计
协同机制构建及实现路径研究

孙芳城 ◇ 等 著

中国财经出版传媒集团

经济科学出版社
Economic Science Press
·北京·

前 言

Preface

　　"生态兴则文明兴、生态衰则文明衰"。生态环境是关系党的使命宗旨的重大政治问题，也是关系民生的重大社会问题。为加快推进生态文明建设、解决生态环境问题，党和国家出台了一系列政策，如《生态文明体制改革总体方案》《中华人民共和国环境保护税法》等。作为国家治理的基石以及党和国家监督体系的重要组成部分，国家审计是落实党和国家重大政策的"督察员"，在环境保护和促进经济绿色转型中的作用备受关注。2015 年，国家出台《关于开展政府环境审计试点工作的通知》《开展领导干部自然资源资产离任审计试点方案》等文件，分阶段、分步骤启动环境审计试点。2017 年，中共中央办公厅和国务院办公厅联合发布《领导干部自然资源资产离任审计规定（试行）》，标志着环境审计作为一项全新的、经常性的国家治理机制正式确立。2018 年起，我国环境审计由试点阶段逐步进入全面推进阶段，但从审计全过程来看仍存在审计调查取证难、审计定责难、统筹协调难等问题。长江经济带是一个空间整体性极强、关联度很高的区域，过去那种以环保项目为导向、以资金使用合规性审计为重点、多区域多部门分段监管的审计模式难以满足长江经济带环境治理的需要。如何突破传统的"单打独斗""碎片化"环境治理方式，构建环境审计协同治理体系，已成为破题长江经济带"生态优先，绿色发展"实践，打造现代化环境治理和环境审计体系的关键。

相比现有文献，本书在学术思想、学术观点和研究方法方面作出了贡献。一是既有研究侧重于采用归纳演绎、理论建模等规范研究方法构建环境审计的内容框架，缺乏对环境审计经济后果的大样本检验和案例研究。本书基于省际层面数据，采用多元回归法、双重差分模型、中介效应模型等方法，实证考察了环境审计对环境治理的作用机理及影响效果，弥补了该领域缺乏实证研究的不足，也有利于厘清环境审计在生态治理中的功能地位。二是既有研究侧重于站在单个审计项目探讨环境审计问题，并未立足于国家生态治理体系建设，研究跨区域跨部门多主体的环境审计协同问题。事实上，跨区域生态治理及审计监督问题才是长江经济带环境治理的重点和难点。本书在厘清长江经济带环境保护各责任主体权责义务的基础上，基于协同治理观，以责任链为主线，从环境审计协同的决策机制、协调沟通机制、信息共享机制、结果运用机制四个维度探讨党委审计委员会治理模式下的跨区域跨部门多主体的环境审计协同内容框架，并从环境审计协同的决策机制、协调沟通机制、信息共享机制、结果运用机制四个维度构建跨区域跨部门多主体的环境审计协同机制。三是环境审计涉及面广、范围大、专业性强、复杂性高，环境审计涉及的许多专业技术、监测数据、达标认定等也是当前审计人员的"短板"，尽管不少文献提及要注重大数据、区块链等新兴技术的运用，但较少文献探讨新兴技术推进环境审计的具体方式、路径、策略等。本书基于各区域各部门环境治理中的内在联系和大数据平台，构建了环境审计全口径数据归集、分析的思路和方法体系，有利于拓展环境审计的生态治理功能。具体来讲，全书主要内容包括六个部分：

一是环境审计发展及其环境审计效果分析。首先，梳理国内外环境审计的发展历程，厘清环境审计的概念框架、技术方法、规则与立法、考评体系、实践经验；其次，基于《中国统计年鉴》《长江经济带高质量发展报告》等和实地访谈、问卷调研等数据，统计分析了长江经济带环境质量情况和长江经济带环境审计协同情况；最后，以长江经济带 11 个省市的数据为样本，考察环境审计影响环境治理的传导机制及传导效果，打开了环境审计价值传导的"黑箱"，为我国环境审计制度改革提供经验证据。

二是环境审计协同促进环境治理的理论分析。首先，依据协同理论、多元共治、多元协同理论等分析环境审计协同构建的理论基础；其次，从制度法规视角、审计功能视角和 PSR 模型视角分析环境审计协同促进环境治理的理论逻辑；最后，从政治保障、组织保障、制度保障等角度分析环境审计协同体系中党委审计委员会的功能作用，并探讨党委审计委员会治理模式下跨区域跨部门跨层级多主体环境审计协同机制的运行模式。

三是长江经济带环境审计协同内容框架。首先，以环境治理目标为起点，阐明环境审计协同框架——包括"为什么协同""如何协同"；其次，从环境审计协同的内涵、特征、功能定位、内容框架等维度探讨环境审计协同理论框架；最后，以环境治理中的责任链和资源优势为主线，从环境审计的战略协同、管理协同、操作协同、结果运用协同四个维度厘清党委审计委员会治理模式下环境审计协同的内容框架。

四是长江经济带环境审计协同机制构建。在党委审计委员会治理模式下，从环境审计协同的决策机制、协调沟通机制、信息共享机制、协同治理机制等维度构建党委审计委员会治理模式下跨区域跨部门跨层级的多主体环境审计协同机制。其中，环境审计协同决策机制包括环境审计协同决策议定机制、决策前审查和决策后评估问责机制、环境审计重大决策法治化程序等；环境审计协调沟通机制包括跨区域跨部门行政协调机制、联席会议机制、利益分配与责任分担机制、政策协同机制等。

五是长江经济带环境审计协同大数据平台建设。环境审计数据分布在财政、审计、生态环境等多个部门，存储格式错综复杂，且行政分割导致部门、地区间相互割裂。本书突破传统审计模式，首先，基于大数据、遥感系统（RS）等新兴技术，探讨环境审计全口径数据归集、分析的思路和方法；其次，从环境保护政策制定与落实、环境保护资金配置效率效果、环境保护约束性指标和目标责任指标完成情况、重大环境保护决策情况、环境治理预警机制建设与执行情况等五个维度构建水环境审计、林长制政策跟踪审计评价指标体系，探讨如何借助大数据平台推进环境审计协同的"落地见效"。

六是健全长江经济带环境审计协同配套政策。从深化横向生态补偿制度改革、推进环境审计法律法规建设、健全生态环境信息披露制度、加强环境审计专业人才培养等角度探讨如何健全环境审计协同配套政策。

孙芳城

2023 年 10 月 6 日

目 录

Contents

第1章

绪　　论

本章首先从长江经济带环境治理和环境审计的现实问题出发引出研究问题，分析本书的学术价值与应用价值；其次，对本书涉及的关键概念进行界定，并介绍环境审计协同研究的思路、方法及技术路线；最后，梳理出本书的创新点和主要贡献。

1.1　研究背景与问题提出

改革开放以来，我国创造了举世瞩目的经济增长奇迹，但也付出了高投入、高消耗、高污染的惨重代价。根据 2018 年耶鲁大学环境法律与政策中心和哥伦比亚大学国际地球科学信息网络中心（CIEsIN）联合发布的全球环境绩效指数（EPI），我国生态环境的质量在全球参评的 180 个国家中排在第 120 位，空气质量排在倒数第四，$PM_{2.5}$、PM_{10} 的浓度远高于世界平均水平。2020 年，我国 CO_2 排放达 99 亿吨，占全球 CO_2 排放总量的 30%，居全球首位。

为解决生态环境问题，国家出台了一系列政策。2008 年以来，国务院、环保部等部门先后出台《生态文明体制改革总体方案》（2015 年 9 月）、《关于健全生态保护补偿机制的意见》（2016 年 5 月）、《关于全面推行河长制的意见》（2016 年 12 月）、国务院《"十三五"生态环境保护规划》（2016 年 12 月）、《关于进一步强化生态环境保护监管执法的意见》（2018 年 9 月）、《关于深化生态环境保护综合行政执法改革的指导意见》（2018 年 12 月）等一系列环境保护相关法律法规、部门规章。2017 年 12 月，在党的十九大报告中，习近平总书记明确提出："建设生态文明是中华民族永续发展的千年大计。"环境保护、生态文明建设逐渐上升为国家战略，并在全国广泛实践。

尽管我国已经出台相关的政策措施，但近年来环境问题依然严峻，引发了大众对我国环境治理模式的反思。在此背景下，作为党和国家的重要监督体系，作为政策落实的"督察员"，审计在推进环境治理中的作用备受关注。2008 年，审计署发布《2008 至 2012 年审计工作发展规划》，明确将环境审计列为六大审计之一。随后，2009 年审计署发布《审计署关于加强资源环境审计工作的意见》，指导全国各级审计机关积极开展环境审计实践。2015 年，国家出台《关于开展政府环境审计试点工作的通知》《开展领导干部自然资源资产离任审计试点方案》，开始逐步开展环境审计试点。2017 年，中共中央办公厅、国务院办公厅印发《领导干部自然资源资产离任审计规定（试行)》，环境审计在全国全面推开。

既然国家如此重视环境治理，审计署亦出台一系列环境审计政策制度来助力环境保护。那么，一些很自然的疑问是环境审计能否显著提升生态环境质量？有哪些实施路径？实施效果如何？环境治理及环境审计是一个系统工程，亟需多地区多部门的协同联动，如何科学构建环境审计协同机制？这一系列问题都值得我们思考，而且也只有回答好上述问题才能真正拓展和深化环境审计领域研究，但遗憾的是，相关问题并未引起学者们足够的关注。基于此，本书以长江经济带为例，探讨如何构建跨区域跨部门多主体的环境审计协同机制及实施路径。

事实上，探索长江经济带环境审计协同机制及实施路径是因为长江经济带绿色发展特殊的战略地位。长江经济带覆盖贵州、浙江等 11 个省市，面积约 205 万平方公里，人口和 GDP 均超过全国的 40%，是我国经济、社会、文化的核心区域。然而，历经多年开发建设，传统的经济发展方式仍未发生根本转变，生态环境状况形势严峻。2014 年国务院出台《关于依托黄金水道推动长江经济带发展的指导意见》，明确要将长江经济带打造成为我国生态文明建设的先行示范带。2016 年 5 月，中共中央、国务院印发《长江经济带发展规划纲要》，提出长江经济带"生态优先、绿色发展""共抓大保护，不搞大开发"的理念，这从顶层制度设计方面为实施长江经济带发展战略提供了基本遵循。2017 年 7 月，环保部、水利部、国家发展改革委联合印发的《长江经济带生态环境保护规划》，推动长江经济带环境治理实现从"设计图"到"施工图"的转变，划定了长江经济带环境治理的关键任务和时间节点。在此背景下，以长江经济带这个典型示范区为例，调研环境审计及环境审计协同现状，"寻"问题"找"差距，探索跨区域跨部门多主体的环境审计协同机制及实现路径不仅能更好地映射环境审计政策措施的经济后果，还能为环境审计制度改革提供更典型的经验证据和理论参考。

1.2 学术价值与应用价值

生态安全是国家经济社会安全的根本前提和基础，作为国家经济社会运行的"免疫系统"，审计组织理应高度重视环境审计，发挥国家审计在自然资源资产管理、长江经济带环境治理中的监督治理作用。本书在对长江经济带生态环境质量、环境审计协同治理现状进行分析和评估的基础上，针对性地构建跨区域跨部门多主体的环境审计协同机制及实施路径，这对于发挥审计在污染防治攻坚战中的"治已病、防未病"功能、推动国家生态环境政策制度的贯彻落实、助力国家环境治理和环境审计制度改革、弥补我国生态防治弱项或短板等和打造集中统一、全面覆盖、权威高效的环境审计协同治理体系都具有重要的理论与现实意义。

1. 学术价值

一是构建了党委审计委员会治理模式下的跨区域跨部门多主体环境审计协同体系，有助于形成特色鲜明的环境审计协同治理理论和方法体系。本书将协同理论与环境审计相融合，系统探讨了环境审计协同内容、运行机制以及具体实施路径，有助于完善我国环境审计理论和方法体系，拓展和深化跨区域生态保护与环境治理联动机制研究。

二是构建了环境审计协同内容框架、环境审计协同机制及实施路径，为环境审计领域研究提供了一个全新的视角。本书在厘清各区域以及财政、审计、生态环境、发展改革、农业农村、水利、自然资源、人大、司法、纪委监委等各部门权责的基础上，构建环境审计协同决策机制、协调沟通机制、信息共享机制、结果运用机制等，这不仅在研究内容上具有多学科交叉的特点，在研究范式上也具有一定创新，尤其是针对长江经济带的相关研究具有开创性意义。

2. 应用价值

一是为我国打造环境审计协同体系提供理论借鉴和经验参考。尽管在国家实施"共抓大保护、不搞大开发"的战略背景下，长江经济带环境质量有所改善，但其环境形势依然严峻，本书在分析长江经济带环境治理和环境审计现状和问题的基础上，从环境审计协同的内容框架、协同机制、大数据分析平台等维度系统构建了长江经济带环境审计协同治理体系及实施路径，有利于发挥环境审计的监测、预防、预警、纠偏和修复功能，助力环境保护目标的实现。

二是为深化长江经济带环境治理和环境审计制度改革提供参考。从长江经济带生态保护和环境治理的现实情况来看，从顶层设计入手，探索构建跨区域跨部门多主体的协同治理机制是根治长江经济带生态问题的必然选择和根本之策。本书对长江经济带各省份的环境治理绩效进行系统评估，分析协同治理需求，找准环境审计协同的重点、难点和风险点，并以环境治理中的责任链和资源优势为主线，构建基于党委审计委员会的环境审计协同内容框架、运行机制及实施路径，提出一系列切实可行的政策建议，为国家和地方政府部门提升环境保护效果，加强生态文明建设提供参考。

1.3 相关概念界定

1.3.1 环境治理

生态环境（ecological environment）是"由生态关系组成的环境"的简称，是影响人类生存与发展的生物资源、土地资源、水资源、矿产资源、气候资源等资源数量和质量的总称，是关系社会、经济可持续健康发展的复合生态系统。一个地区的生态环境通常包括土地、矿藏、水、森林、草原、大气和声音等多个方面的生态环境系统，即"山水林田湖生态系统"，详见图1-1。环境治理是政府、社会等通过相互协商、合作、沟通等方式，投入时间、精力、资本等对生态环境进行综合整治、管理、保护的行为，治理对象包括土地、矿藏、水、森林、草原、大气和声音等。

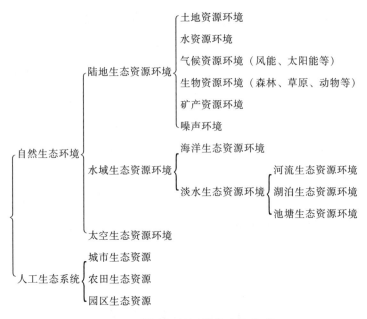

图 1-1 生态环境系统的主要构成

1.3.2 环境审计

环境审计是为了确保受托环境责任的有效履行，由国家审计机关、内部审计机关和社会审计组织依据环境审计准则，采取专门的审计程序与方法对被审计对象受托环境责任履行的真实性、合法性和效益性进行的监督、评价和鉴证（王爱国，2019；王爱国和张志，2019）。环境审计内容主要包括五个方面：一是摸清和审查自然资源资产的权属、规模、质量、价值等情况，审查自然资源资产管理信息披露的真实性和完整性，掌握地区生态环境质量情况，考评自然环境管理系统的科学性、效率性、效益性；二是审查各地区各单位是否贯彻落实国家环境保护重大方针政策和决策部署情况，揭露和查处自然资源资产管理和利用中存在的突出问题，分析生态环境维护治理、环境审计制度及实施机制是否健全有效；三是审查、监督和鉴证环境保护相关资金来源是否可靠，环保资金是否及时到位，环境保护专项资金使用是否真实、合法、合规、合理，环境保护专项资金管理是否科学、规范、高效，环境保护专项资金效果是否符合预期、是否创造价值，监督项目运行情况并摸清中央和省级地方政府安排使用生态环境保护资金情况及相关项目的总体进度，找出阻碍因素并提出整改建议；四是工业结构和工业布局优化调整情况审计，审查各地区是否严格遵守环境质量底线、资源消耗上限、生态保护红线等；五是审查各地区生态环境治理目标完成情况，检查各地区是否存在突出环境污染问题，反映相关地方政府不作为、乱作为情况。

1.4 国内外环境审计研究回顾

1.4.1 国外环境审计研究回顾

1.4.1.1 国外关于环境审计概念框架的研究

理论基础是解释环境审计产生、明晰其研究对象和范畴的理论依据。关于环境审计的理论基础，国外学者主要从协同治理理论（Hermann，1983）、可持续发展理论（Bebbington et al.，2014）、国家公共受托责任理论（Flint，1988；Whittington et al.，2001）等角度展开了分析。

关于环境审计的内涵界定与目标定位，不同的学者和机构持有不同的观点，并未形成较为统一的结论。1995 年 9 月 25 日至 10 月 2 日，在埃及首都开罗召开的最高审计机关国际组织（INTOSAI）第十五届大会审议发布《在国际环境协议审计方面进行合作的指南》和《从环境视角进行审计活动指南（草案）》，对环境审计理论进行了系统阐述，并提出要将环保问题纳入审计范围之中，即审计人员应当对企业的环保情况、能源利用效率情况等进行检查。在美国，环境审计主要是指环保项目合规性审计、环保体系审计、项目审计、存储与处理设施审计、污染治理审计、环境债务审计、产品审计。另外，由国际会计师联合会（IFAC）和澳大利亚会计研究基金会资助的出版物中将环境审计界定为对污染情况评估、公司环境绩效审计、拟投资项目环境影响评估以及对环境法律法规遵守情况等的审计评价。在学术界，《持续河流审计发展框架》中指出，持续河流审计要着重关注河流污染情况、河流中物种情况、河流水质情况等（Whittington et al.，2001）。开展水资源环境保护审计和用水效率审计有助于保障水资源的合理利用（Davies et al.，2014）。

1.4.1.2　国外关于环境审计技术方法的研究

有学者以爱达荷州为例，探讨如何运用环境审计对水质量管理计划进行审计监督（Perry et al.，1985）。有学者具体阐述了环境审计计划制定、环境审计数据取证、环境审计报告撰写、环境审计结果应用等问题（Boivin et al.，1991）。也有学者分析了环境审计的整个流程以及各流程环节的风险点（Natu，1999；Stanwick et al.，2001；Vint-en，1993；Paramasivan，2002；Brooks，2004）。还有学者分析了传统财务审计与环境审计在审计技术、审计内容框架、审计功能等方面的差异（Moor，2005）。

1.4.1.3　国外关于环境审计规则与立法的研究

在环境审计规则与立法方面，西方国家起步较早。1956 年，美国出台《会计和审计法》等一系列法律法规，明确了环境审计过程中审计机关的职责、审计范围、审计程序等。1991 年，英国先后颁布《水工业法案》《水源法案》等法案，明确由英国环境审计委员会领导国家审计署与环境部合作开展水环境审计工作。2009 年，澳大利亚制定《澳大利亚水会计准则》以及随后的《水资源审计通用准则》（AWAS2 号准则），系统规范了水环境审计程序、方法、内容、标准等。

1.4.1.4　国外关于环境审计的实践调研与经验研究

（1）在环境审计影响因素研究方面，有学者认为环境审计成本是企业自愿进行环境审计的重要影响因素（Elliott & Patton，1998）。有学者调查研究发现，公司是否开展社会环境报告审计受到法律环境和公司治理理念的双重影响，而社会环境报告审计可以看成是对所在国家环境治理制度薄弱环节的弥补机制（Kolk & Perego，2008）。也有学者研究发现政府监管部门对企业社会环境报告的监督越严，企业开展环境审计的动力越足（Mishra et al.，1997）。还有学者指出行业特征和行业监管也是企业实施环境审计的重要影响因素（Bae & Seol，2006）。

（2）在环境审计经济后果研究方面，有学者以美国化工制造业 1999～2001 年的数据为样本检验了化工企业实施环境合规审计对废水排放限制合规性的影响（Earnhart & Harrington，2014）。他们发现，环境合规审计是企业环境管理体系的重要实践，对企业进行环境审计能够为企业提供环境污染方面的信息，进而提升污水处理技术或者降低其生产过程中的污水排放水平并改善企业环境绩效。还有学者调研工业企业废水排放审计情况发现，企业与第三方环境审计师存在合谋的可能性（即企业利用高额审计费用来购买审计意见），从而导致企业逃避环境污染检查和惩罚，因此，改变第三方审计师市场的激励机制能够在一定程度上提高环境审计质量（Duflo & Greenstone，2013）。

1.4.2 国内环境审计研究回顾

1.4.2.1 国内关于环境审计概念框架的研究

理论基础方面，国内学者主要从协同治理理论（白列湖，2007；王会金，2013；王会金，2016）、可持续发展理论（陈汉文和池晓勃，1997；王爱国，2012；杨晓和，2017）、经济环境受托责任理论（沈洪涛，2010；冯均科等，2012；张宏亮等，2015；张晋红，2018）、环境博弈论（李昆等，2012）、系统理论（黄溶冰和赵谦，2010；唐兵和杨旗，2014；唐勇军等，2018）等角度开展研究。

环境审计内涵界定方面，在广义环境审计领域，国内学者分别从环境审计定义及本质（刘威，1996；曾宪策，1997；陈东，1999；高方露和吴俊峰，2000；李璐，2012；李璐和张龙平，2012；杨肃昌等，2013；马志娟和韦小泉，2014；蔡春和毕铭悦，2014；刘长翠等，2014；徐薇和陈鑫，2018；吴勋和郭娟娟，2019）、环境审计假设（张以宽，2003、2014）、环境审计目标（杨智慧，2009）、环境审计主体及职责（陈献东，2015；蔡春等，2014；厦门市审计学会课题组等，2013）、环境审计对象和内容以及范围（黄溶冰和赵谦，2015；刘明辉和孙冀萍，2016）等方面对环境审计概念框架进行了研究。

在狭义环境审计领域，不同学者和机构对环境审计的对象、内容和范围等持有不同的观点。严飞（2004）认为环境审计应突出资金、项目、污染源综合整治和环境信息系统四个维度的审计。刘慧博（2009）以水污染防治审计为例，指出环境审计需要审查水污染防治规划的各项任务措施及其效果，并评判与鉴定政府是否履行自身环境责任。李璐和张龙平（2012）认为资源环境审计是对资源开发、使用、管理等活动的真实性、合规性与效益性进行鉴定。马志娟等

（2020）提出了土地资源审计的概念并从环境层、目标层和实施层三个层面构建了土地资源审计实施框架。

1.4.2.2 国内关于环境审计技术方法的研究

代凯（1997）认为环境审计可以采用投入产出分析、环境费用效果分析、环境费用效益分析等方法。陈正兴（2000）采用案例研究方法，将环境费用效益分析和环境经济评价两种环境审计方法进行了应用并对比了两种方法的优劣势。孟志华（2014，2016）认为除了环境效益分析之外，环境审计和环境绩效评价要着重关注环境治理的目标，并将环境治理目标作为环境审计工作的直接依据。此外，一些学者对费用效益分析方法（辛金国和杜巨玲，2000）、环境经济评价法（贺桂珍和吕永龙，2007）、生命周期法（李兆东和鄢璐，2008）等方法进行了探讨。辛金国和杜巨玲（2000）先是界定、确认和计量环境费用、环境效益，并厘清环境责任履行情况，将环境损益的外部化公共问题"内在化""货币化"，然后采用经济净现值法（ENPV）、效益费用比法（a）、内部利润率法（EIRR）等来考察环境效益和评估相关责任人的责任履行情况。贺桂珍和吕永龙（2007）以五里湖综合整治工程效益审计案例，提出环境经济评价的程序，将条件评估法应用于水环境审计项目当中。李兆东和鄢璐（2008）认为建设项目环境审计应包括从项目构思到项目拆除的全寿命周期过程，然后分建设项目决策阶段、项目建造阶段、项目使用与维护阶段、项目拆除阶段四个阶段构建评价指标体系，系统审查和鉴证整个建设项目全寿命周期的环境行为。

1.4.2.3 国内关于环境审计的实践调研与经验研究

曾昌礼和李江涛（2019）、蔡春等（2019）基于审计署开展的"三河三湖"环境审计，实证考察了环境审计对企业环境信息披露的传导机制及传导效应。研究发现，环境审计能有效促进地区企业环境信息披露，且该效应在法治化进程较快的地区、分析师和媒体关注较多的企业以及内部治理机制较弱的企业中表现更显著。喻开志等（2020）以大气污染治理为研究对象，基于 2006～2016 年我国 30 个省份的省级数据为样本，采用超效率 DEA 模型估算大气污染治理效率，实证考察环境审计对大气污染防治的作用机制及传导效应。蒋秋菊和徐茜（2021）用长江经济带 11 省市为样本，实证考察了环境审计对地区经济增长的长短期影响以及上述效应在不同地域的效应差异。研究发现，环境审计在短期内会抑制地区经济增长，但从长期来看，环境审计对地区经济增长有显著正向影响，且相比东西部地区，上述效应在中部地区更显著。张琦和谭志东（2019）运用 2014 年审计署开展的领导干部自然资源资产离任审计试点这一准自然实验，实证考察了领导干部自然资源资产离任审计会如何影响环境治理，研究发现领导干部自然资源资产离任审计能显著影响地区环保投入。康辰恽和张华（2021）利用 2009 年审计署颁布的《审计署关于加强资源环境审计工作的意见》这一外生事件构建准自然实验，采用双重差分模型实证考察环境审计对企业创新的影响，研究发现，环境审计有助于企业创新，且该效应在东部、西部、东北地区企业和国有企业中表现更为显著。孙玥璠等（2021）以 2011～2017 年为时间窗口，利用多期双重差分模型分析环境审计对企业履行环境责任的影响，研究发现：环境审计能够显著促进企业环境责任履行，且该效应在非国有企业、未受到环境表彰的样本企业中表现更为显著。蔡春等（2021）考察了沪深 A 股上市公司的研究样本，发现环境审计有助于企业提高环保投资水平。张龙平等（2021）以 2007～2016 年我国 30 个省（自治区、直辖市）的数据为样本，实证考察了环境审计对低碳发展的作用机理和影响效果。研究发现，环境审计能够显著促进地区低碳转型，而且该效应在制度环境和财政状况越好的地区越明显。

1.4.2.4 国内关于环境审计协同的研究

由于环境审计污染尤其是跨区域污染涉及区域广、部门多，关系复杂，涉事河流和湖泊往往涉及多个县、市甚至多个省份，各地方政府、各单位、各部门独立开展环境审计治理容易导致"公地悲剧"的发生（中国审计学会，2013）。厘清各地方政府、各单位、各部门的权责，推进各环境治理主体的协同联动是保障环境治理与环境审计质量的关键（王素梅，2014；王素梅，2015）。为此，部分学者（王淡浓，2011；戚振东和王会金，2011；王会金，2013、2015；孙芳城等，2022）将协同理论引入环境审计理论体系，尝试构建环境审计协同治理机制。王淡浓（2011）以环境审计的本质为切入点，分析了环境审计在促进我国经济增长方式转型中的目标定位和作用定位，厘清了环境审计在环境保护、资源开发利用、生态建设、应对气候变化等领域的重要任务，强调要更新审计理念、优化审计组织模式、创新审计技术方法，协同整合政府审计、社会审计、内部审计资源，构建大格局架构之下的资源环境审计模式。戚振东和王会金（2011）从国家审计"免疫系统"建设的角度，提出要从国家审计系统内部的审计信息协同、审计资源协调、审计过程协同、审计环境协同四个维度和国家审计与社会审计中介组织、公众、上下级审计主管部门、地方政府、被审计单位内部审计等的外部协同出发，建构国家审计治理内外部协同体系。王会金（2013）引入社会协同治理理论分析了国家审计协同促进国家治理的传导路径及机理，并从审计战略层面、审计管理层面、审计操作层面三个维度构建了国家审计协同的内容框架。王会金（2015）以"协同学"理论为切入点，在厘清政府审计与纪检监察的功能定位和权责划分基础上，从目标趋同、职能重合、客体重叠、内容交叉四个方面分析了政府审计与纪检监察协同联动的基础，并从目标协同、职能协同、文化协同、环境协同、组织结构协同、信

13

息与资源协同、技术与方法协同、规范与制度协同、管理业务相协同等角度构建了政府审计与纪检监察的协同框架。孙芳城等（2022）指出流域生态治理是一项复杂而艰巨的系统工程，传统的"单打独斗"和"碎片化"治理难以根治流域生态问题，要从推进流域环境审计战略协同、加强环境审计制度协同、健全环境审计统筹机制和狠抓环境审计数据分析平台建设这四个方面入手着力打造跨区域、跨部门、多主体的环境审计协同治理体系。

毛绮和张雪楠（2007）从审计协作机制、审计综合信息平台和法规制度保障等角度初步构建了审计协同治理的理论框架。薛婷婷（2013）探讨了如何构建政府审计机关、税务部门和社会公众的协同联动机制，助力资源环境审计。审计署驻重庆特派办理论研究会课题组（2013）、赵彩虹和韩丽荣（2019）分析了区域性环境审计合作的必要性、必然性、可行性，并提出了区域内环境审计合作的实施路径。

此外，随着大数据、云计算技术的运用，学者们开始基于新兴技术构建环境审计协同治理平台。魏祥健（2014）基于大数据、云计算技术，探讨构建环境审计协同信息处理平台。丛秋实等（2014）指出审计协同的关键是建立无缝隙的审计数据取证和数据分析平台，通过审计数据网络实现"横向到边，纵向到底"的审计数据链接。张红（2016）基于云计算技术，从构建设备云、资源云、应用云等角度探讨如何构建环境审计云平台。何秀芝等（2020）分析了空间数据库和开源 GIS 软件在环境审计中的应用思路和应用路径。

1.4.2.5 国内关于环境审计考评体系的研究

审计考评体系是影响环境审计效率效果的重要因素。在环境审计考评体系方面，国内研究较为丰富，在水环境审计评价指标的筛选思路方面，吕向云和李瑛（2010）从政府环境治理政策制定、环境管理系统建设、环保专项资金使用、环境治理约束指标实现程度四个维度构建了政府环境绩效审计指标体系。浙江省审计学会课题组（2004）、刘丹（2015）、黄昌兵（2015）认为应从环境治理制度建设、环境治理绩效、环保项目运行质量、环境治理信息披露等维度构建水环境绩效审计评价指标体系。秦德智和卜臣（2015）站在政府审计指导区域宏观发展的立场上，将政府环境绩效审计指标划分为环境质量指标、发展与环境相互作用指标和决策与行动指标三个交互作用的目标。彭兰香和戴亮梁（2016）基于可持续发展理论，从经济效益、资源环境效益、社会效益三个方面构建了评价环境政策落实的 25 项指标。胡耘通和何佳楠（2017）围绕环境审计的内涵与特点，构建了涵盖财务指标、合规指标和效益指标的水环境审计评价指标体系。

1.4.3 研究述评

尽管经过几十年的研究积累，国内外学术界在环境审计领域已经初步建立和发展了内在逻辑较为一致的理论框架。但这个框架还不完整，需要进一步拓展和完善。首先，现有研究尤其是国内研究仍停留在环境审计基本理论研讨方面，对于环境审计协同理论、环境审计协同机制以及环境审计协同实施路径等领域缺乏一个全面透彻的研究。其次，既有研究侧重于采用归纳演绎、理论建模等规范研究方法构建环境审计内容框架，缺乏对环境审计环境治理效果的大样本检验和案例研究。再次，既有研究侧重于站在单个审计项目探讨环境审计问题，并未立足于国家环境治理体系建设，研究跨区域跨部门多主体的环境审计协同问题。事实上，跨区域环境治理及审计监督问题才是长江经济带环境治理的重点和难点。最后，从研究视角来看，之前的学者尤其是国内学者多是基于宏观和宽泛的视角，没有对环境审计的作用机制以及实施路径进行系统研究，更不用说嵌入协同治理观，从环境审计的战略协同、管理协同、操作协同、结果运用协同等维度入手，探索跨区域跨部门跨层级多主体的环境审计协同治理机制及其实现路径，而系统研究缺失正是影响环境审计在现实中"落地"的核心因素。基于上述缺陷，本书以环境审计协同机制及实现路径为研究对象，采用综合分析与典型个案分析相结合、实证研究与规范研究相结合、定性分析与定量分析相结合等研究方法，在全面调研长江经济带环境治理、环境审计及环境审计协同现状及存在问题的基础上，嵌入协同治理观对长江经济带环境审计协同的理论框架、运行模式、实施路径及政策支撑体系等进行探索研究。

1.5　研究内容与研究方法

1.5.1　研究内容

本书以环境审计协同机制及实现路径为研究对象，遵循"理论分析—现状调查—模式构建—机制设计—实现路径—配套措施"的研究思路，运用系统分析法、归纳演绎法、比较研究法和实地调研法等研究方法，在厘清长江经济带环境治理各责任主体权责的基础上，嵌入协同治理观，构建长江经济带环境审计协同机制及实施路径，回答环境审计"为什么要协同""协同什么"以及"如何协同"这三个基础性问题，为我国环境审计制度改革和环境治理体系建设提供理论借鉴和经验参考。本书包括8个章节：

第1章绪论。首先，从长江经济带环境治理的现实需求和背景出发引出研究问题，分析环境审计及环境审计协同机制研究的理论价值与现实意义；其次，对本书涉及的关键概念进行界定；再次，梳理国内外文献，寻找研究突破口，并简要概括研究内容、思路和技术路线；最后，指出本书的研究特色与创新点。

第 2 章环境审计发展及其环境治理效果。一是梳理国内外环境审计的发展历程,厘清环境审计制度变迁的来龙去脉,寻找制度延续和演变的轨迹;二是厘清环境审计影响环境治理的作用机理,并以长江经济带 11 个省市的数据为样本,实证考察环境审计影响环境治理的传导机制及影响效果,为我国环境审计制度改革提供直接的经验证据。

第 3 章环境审计协同促进环境治理的理论分析。首先,依据协同理论与环境审计、多元共治与环境治理、环境治理多元协同理论等分析环境审计协同体系构建的理论基础;其次,从制度法规视角、审计功能视角和 PSR 模型视角分析环境审计协同促进环境治理的影响路径;最后,从政治保障、组织保障、制度保障等角度分析如何发挥党委审计委员会在环境审计协同中的作用,并探讨党委审计委员会治理模式下跨区域跨部门多主体环境审计协同机制的实施路径。

第 4 章长江经济带环境治理及环境审计协同现状。首先,分析长江经济带环境治理及生态环境质量情况;其次,采用问卷调查法、实地调研法、档案数据分析法等分析长江经济带环境治理、环境审计及环境审计协同情况;最后,剖析当前环境审计及环境审计协同存在的问题及原因,为后文构建环境审计协同机制及实施路径夯实基础。

第 5 章长江经济带环境审计协同内容框架。首先,以环境治理目标为起点,阐明环境审计协同框架,包括“为什么协同”“如何协同”等问题;其次,从环境审计协同的内涵、特征、功能定位、内容框架等维度探讨环境审计协同理论框架;最后,剖析和厘清环境治理各责任主体权责,并以长江经济带及周边环境污染治理中的责任链和禀赋特征为主线,从环境审计的战略协同、管理协同、操作协同、结果运用协同四个维度构建基于党委审计委员会的环境审计协同内容体系。

第6章长江经济带环境审计协同机制构建。在党委审计委员会治理模式下，从环境审计协同的决策机制、协调沟通机制、信息共享机制、结果运用机制等维度构建跨区域跨部门多主体的环境审计协同机制。其中，环境审计协同决策机制包括环境审计协同决策议定机制、决策前审查和决策后评估问责机制、环境审计重大决策程序法治化程序等；环境审计协调沟通机制包括跨区域跨部门行政协调机制、联席会议机制、利益分配与责任分担机制、政策协同机制等。

第7章长江经济带环境审计协同大数据平台建设。环境审计数据分布在财政、审计、生态环境、发展改革、农业农村、水利、自然资源、人大、司法、纪委监委等多个部门，存储格式错综复杂，且行政分割导致部门、地区间相互割据。该章节突破传统审计模式，基于大数据、云计算技术等新兴技术搭建水环境审计、林长制政策跟踪审计协同大数据平台，并探讨大数据平台下环境审计协同的运作模式、协同流程，并以水环境等为例，分析如何借助大数据平台推进环境审计协同机制的"落地见效"，这是环境审计协同实施的核心路径之一。

第8章健全长江经济带环境审计协同配套政策。环境审计协同是推动环境治理效率提升的重要举措，是倒逼环境治理体制机制改革的有效手段。然而，任何改革都不可能一蹴而就，环境审计制度改革亦是如此，需要解决的问题依然很多，尤其是健全相关配套政策。这一章主要从深化横向生态补偿制度改革、加强环境审计法律法规建设、健全生态环境信息披露制度、提升环境审计团队专业素养等角度探讨如何健全环境审计协同的配套政策。

1.5.2　研究方法

第一，综合分析与典型个案分析相结合。一是运用综合分析法对我国长江经济带环境污染状况和环境治理状况进行系统分析，剖析环境审计与环境治理的关系;二是采用案例研究法,调研重庆地区开展大数据环境审计协同的经验和成果,为长江经济带环境审计协同提供直接的经验证据。

第二,实证研究与规范研究相结合。在实证研究方面,一是使用访谈法、问卷调查法、案例研究等方法采集数据,统计分析环境治理、环境审计及环境审计协同的实际情况;二是采用多元回归分析、中介效应模型等方法分析环境审计影响环境治理的传导机制及经济后果。在规范分析方面,主要是采用文献分析法和比较分析法等方法梳理国内外文献、厘清环境审计发展历程、比较国内外环境审计的异同、构建环境审计协同机制及实施路径等。

第三,定性分析与定量分析相结合。其中,定性分析主要用于构建环境审计协同的内容框架和协同机制;定量分析以计量经济学分析方法为主,分别采用多元回归分析、问卷调查等方法分析长江经济带环境审计协同现状并实证考察环境审计影响环境治理的传导路径及经济后果。

1.6　研究思路与技术路线

本书以环境审计协同为对象,采用综合分析与典型个案分析相结合、实证研究与规范研究相结合、定性分析与定量分析相结合等研究方法,沿着"理论建构—现状分析—机制设计—实施路径"的思路,在长江经济带环境审计及环境审计协同现状调研的基础上,试图对长江经济带环境审计协同机制、实施路径及配套措施进行探索研究。具体而言,本书研究思路与技术路线如图 1-2 所示。

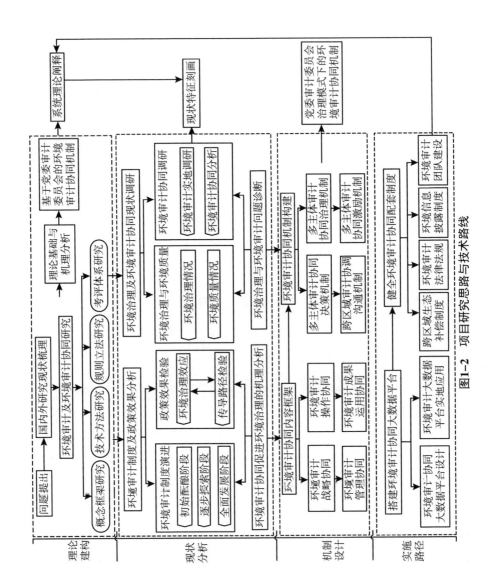

图1-2 项目研究思路与技术路线

1.7　研究特色与创新

一是本书基于省际层面的数据，采用双重差分模型、中介效应模型等实证考察了环境审计对环境治理的影响机理及影响效果以及环保投入、政府竞争、制度环境在此过程中的中介传导作用，弥补了该领域缺乏实证研究的不足，也有利于明确环境审计在环境治理中的功能地位。

二是本书在厘清长江经济带生态环境保护各责任主体权责义务的基础上，基于协同治理观，以责任链为主线，从环境保护战略协同、环境保护管理协同、环境保护审计过程协同、环境保护审计结果运用协同四个维度探讨党委审计委员会治理模式下的跨区域跨部门多主体的环境审计协同内容框架，并从环境审计协同决策机制、环境审计协调沟通机制、环境审计信息共享机制、环境审计结果运用机制等维度构建环境审计协同机制。这不仅在研究内容上具有多学科交叉的特点，在研究范式上也具有创新性，尤其对于环境审计领域研究具有开创性意义。

三是环境审计涉及面广、范围大、专业性强、复杂性高，环境审计涉及的许多专业技术、监测数据、达标认定等也是当前审计人员的"短板"，尽管不少文献提及要注重大数据、区块链等新兴技术的运用，但较少文献探讨新兴技术推进环境审计的具体方式、路径、策略等。本书基于各区域各部门在环境治理中的内在联系和大数据平台，构建了环境审计全口径数据归集、分析的思路和方法体系，有利于拓展环境审计的环境治理功能。

第2章

环境审计发展及其环境治理效果

作为环境治理监督体系的关键规制工具，环境审计自20世纪70年代被引入水体污染项目治理以来，便受到学术界和实务界的广泛关注。本章将从国外和国内两个视角分析环境审计的演变阶段、主要实践经验，并从理论和实证上探讨环境审计发展对环境治理产生的效应。

2.1 国外环境审计发展

2.1.1 国外环境审计演变阶段

2.1.1.1 初始萌芽阶段

环境审计真正进入环境保护和环境责任管理领域是在联合国人类环境会议之后。1972年，联合国在瑞典召开第一次人类环境会议，113个国家政府代表共同签署了《联合国人类环境宣言》，这使得环境问题首次被列入世界关心的主要问题，环境治理规制与环境审计制度探索开始在全球展开。1977年，美国联合化学股份公司因环境负债风险而被证券监管部门调查，这被视为最早的环境审计行动。与之相类似，饱受环境污染诟病的美国钢铁公司和西方石油公司也先后受到监管部门关注，开展了环境政策审查。除此之外，德国、意大利等许多国家的企业出于管理需求，针对环境问题制定了一些审计方案并委托环境咨询机构进行环境审计或 ISO 环境体系认证，并将结果递交企业最高管理层。虽然这些审计方案相对独立且方法并未统一，但作为一种新的审计门类，环境审计开始被人们接纳和认识，并在实践中开始推广。

2.1.1.2　逐步形成阶段

20 世纪 80 年代以后，随着环境问题的日益凸显和可持续发展领域大量财政资金的投入，环境审计已被纳入各国审计机关的发展规划，并逐步形成各国特有的环境审计框架体系。作为环境审计的核心组成部分，环境审计也在此过程中得到迅猛发展。1986 年，美国环境保护署发布的《环境审计政策声明》首次明确环境审计的定义、立场、基本要素、与州或地方管理机构的关系，要求企业内部自主进行环境审计，该项声明被誉为美国环境审计的纲领性文件。1989 年，荷兰政府制定的《环境管理条例》规定企业要建立环境审计制度，将环境审计作为企业环境管理的重要方面。1992 年，加拿大审计部门开始将绩效审计作为监督环境规划实施的有效手段，这有力地推动了环境绩效审计的发展。不难看出，此阶段各国基本建立了环境审计框架体系，使得环境审计逐渐成为政府宏观调控的手段以及政府制定和执行环保政策的监督工具。

2.1.1.3　全面发展阶段

为实现可持续发展，1992 年联合国环境与发展大会召开，最高审计机关国际组织（INTOSAI）成立了环境审计委员会，旨在掌握各成员国环境审计开展的有关情况，从而制定相关工作指引以供参考。历经五年论证，2001 年初，INTOSAI 印发了对各国具有参考价值的指南——《在国际环境协议审计方面进行合作的指南》，这标志着环境审计进入全面发展阶段。此后，欧盟环境审计制度建立施行，英国地方政府管理委员会推出环境审计"两个原则"，国际标准化组织建构环境审计标准，国际内部审计师协会倡议内部与外部环境审计的协同。世界各国的环境审计取得长足发展，呈现两个鲜明特征：一是国际组织十分重视环境审计问题并积极采取各种有效措施加强管理，逐渐形成世界范围内相对一致的环境审计框架体系；二是各国逐步建立起较为完善的环境审计制度和环境监管体系，使得环境审计逐渐走向规范化、国际化。

2.1.2　国外环境审计实践经验

2.1.2.1　法律法规是环境审计实施的前提

环境审计开展的前提是赋予环境审计充分的监督权和审查权。美国是这方面的代表，它在 20 世纪 80 年代前，环境保护法律已达数十部，涵盖的范围不仅有防洪、污染控制方面的，还有水质、安全饮水等多个领域的。这些法律法规对各类环境资源的开发、管理、保护等进行规范，要求政府部门切实承担起环境保护的责任。此外，这些法案还对审计机关的权责作出规定，提供了审计原则与工作程序，尤其是对环境保护方面的政策、资金等审计范围进行了细致的规定，有力地促进了环境审计工作的落地开展（吴勋和郭娟娟，2019）。由此，完善的环境法律法规为环境审计提供了充分的依据和标准，是审计组织和人员开展环境审计活动的基本前提，确保了环境审计的权威有效。

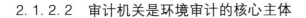

2.1.2.2　审计机关是环境审计的核心主体

从审计组织机构来看，环境审计的主体主要包括政府审计、内部审计和社会审计。最高审计机关国际组织环境审计委员会就下辖了 7 个区域性审计组织和 6 个环境审计工作组。20 世纪 70～80 年代，美国审计署开始实施资源环境审计，发布 1000 多份自然资源与环境的审计报告，范围广、持续性强。1993 年，加拿大联邦审计署开始全面实施资源环境审计，2005 年加拿大政府审计和内部审计组织成立"环境审计体系"。联邦德国审计院也是德国的环境审计机构，由 6 个局、13 个处组成。不难看出，建立健全审计机关是环境审计的先行要诀，是开展环境审计工作的重要保障。

2.1.2.3　绩效评价是环境审计的关键内容

环境审计不是单一方面的审计，既涉及资产、负债和盈亏等环境财务审计，又要对经营管理活动开展环境合规审计，还需实施经济性、效率性和效果性的环境绩效审计。其中，环境财务审计要揭露和反馈被审计对象在环境项目收支方面的真实情况，旨在推动被审计单位的财务情况做到客观可靠；而环境合规审计在于规避各种环境行为的违法违规。已有的理论和实践证实，环境财务审计和环境合规审计是环境审计的基本类型，而环境绩效审计是环境审计的关键内容，也是未来发展的主要趋势（李璐，2013）。这是因为，环境绩效审计的内容众多，既有资金绩效、项目绩效，又有环境影响，与环境治理的目标和内容有着一致性，是确保生态环境优先发展的关键手段，反过来又推动了环境项目的财务真实和守法合规，因此绩效评价是环境审计的关键内容。

2.2 国内环境审计发展

2.2.1 国内环境审计发展阶段

2.2.1.1 初始酝酿阶段

新中国成立伊始，我国还没有单独的政府审计机关，无论是政府经济活动还是企业资金收支都缺乏正式的审计监督，而是以不定期会计检查来简单替代。到了 20 世纪 80 年代改革开放初期，我国才在宪法中明确建立独立的审计监督制度，此后，国家审计署和地方审计机关设立，代表着审计最高法律法规的《中华人民共和国审计法》《中华人民共和国国家审计准则》等颁布实施，我国审计制度体系基本形成。此阶段的审计制度还未涉及细分的审计领域，对环境审计自然也未提及，无论是政府和企业均没有设置专业的环境审计机构，尽管审计署曾开展过环保资金审计探索。因此，本书将 1949～1997 年作为我国环境审计的酝酿阶段。

2.2.1.2 逐步探索阶段

1998 年，国家审计署成立农业与资源环境保护审计司，标志着环境审计在组织上有了保证。此后，我国不断探索环境审计实践，如实施了三峡库区水污染防治资金财务合规性专项审计、"三河一湖"水污染防治资金财务合规性专项审计，2006 年中韩两国最高审计机关对风沙防治项目开展了平行审计。此时，我国的环境审计已进入实践先行的新阶段，开展了众多的环境审计实践，与国际的审计合作也迈出新步伐。但从环境审计的理论框架体系来看，1998～2006 年该阶段的

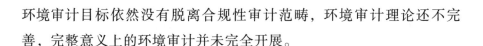

环境审计目标依然没有脱离合规性审计范畴，环境审计理论还不完善，完整意义上的环境审计并未完全开展。

2.2.1.3　全面发展阶段

随着我国生态文明建设的纵深推进，环境审计得到跨越式发展。国家审计署在《2008—2012 年审计工作发展规划》中将环境审计列为六大审计类型之一；2009 年审计署在《关于加强资源环境审计工作的意见》中进一步提出环境审计的指导思想、主要任务和发展目标；2010 年审计署要求领导干部关注环境效益的履责情况。党的十八大之后，党中央、国务院深化生态文明建设，积极推动环境治理体系建设，强化环境保护顶层设计，这段时间是环境审计工作进展最大、成效最显著的时期。尤其是中央审计委员会的组建、领导干部自然资源资产离任审计从试点到全面实施、《"十四五"国家审计工作发展规划》出台等，开启了环境审计全面发展的新时代。

2.2.2　国内环境审计实践情况

2.2.2.1　环境审计稳步推进，但力度有待加强

国家审计署网站披露的公告信息是国家审计工作的展示窗口，图 2-1 描述了近年来审计署环境审计报告的发布情况。我国环境审计的发展趋势有以下特点：一是从总体趋势上看，我国环境审计实践经历了从少到多、不断发展的探索过程；二是与人民群众对环境保护的期望相比，我国环境审计无论是广度还是强度仍有较大差距；三是环境审计工作机制还不成熟，审计公告结果的运用还需要加强。

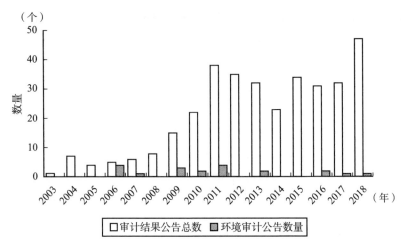

图 2 - 1　2003~2018 年审计署环境审计结果公告数量的变化趋势

2.2.2.2　环境审计效果初显，仍有较大提升空间

为深入了解我国环境审计实践的成效以及可能存在的问题，我们以水环境审计为例，对 2006~2018 年国家审计署发布的 11 份水环境审计结果公告进行内容分析（如表 2 - 1）。根据文字描述的实质内涵，本书将环境审计内容设定为三类：财务审计旨在审查环境资产、债务、成本等方面的信息是否真实可靠，用"真实性"予以反映；合规审计旨在审查经济活动是否遵循相关的环境保护法律法规以及规章制度，用"合规性"予以反映；绩效审计旨在审查是否实现环境保护目标，用"经济性""效率性""效果性"和"回应性"予以反映。

表 2 - 1　　　　　　　　审计署发布的水环境审计结果公告

公告编号	公告标题	公告日期
2018 年第 3 号公告 （总第 297 号）	长江经济带生态环境保护审计结果	2018.06.19
2016 年第 11 号公告 （总第 242 号）	审计署关于农林水专项资金审计结果	2016.06.29

续表

公告编号	公告标题	公告日期
2016 年第 10 号公告 （总第 241 号）	审计署关于 883 个水污染防治项目审计结果	2016.06.29
2012 年第 29 号公告 （总第 136 号）	关于环保领域 34 个利用国外贷款项目绩效情况的审计结果	2012.08.16
2011 年第 37 号公告 （总第 106 号）	9 个省市 2010 年度城镇污水垃圾处理专项资金审计结果	2011.09.16
2011 年第 36 号公告 （总第 105 号）	黄河流域水污染防治与水资源保护专项资金审计调查结果	2011.08.01
2010 年第 5 号公告 （总第 52 号）	103 个县农村饮水安全工作审计调查结果	2010.03.24
2009 年第 13 号公告 （总第 45 号）	"三河三湖"水污染防治绩效审计调查结果	2009.10.28
2009 年第 5 号公告 （总第 37 号）	渤海水污染防治审计调查结果	2009.05.22
2006 年第 1 号公告 （总第 13 号）	部分水利建设资金和水利项目审计结果	2006.03.29
2006 年第 1 号公告 （总第 13 号）	重点流域水污染防治资金审计结果	2006.03.29

　　根据真实性、合规性、经济性、效率性、效果性、回应性等类目的定义，本书在环境审计结果的公告中找出与之相对应的主题词，如表 2 - 2 所示。在 11 份环境审计结果公告中，共筛选出 153 条有效语干并进行编码。在分析单元中，主题词每出现一次相关就计数一次，得到环境保护工作中各具体分析类目的频次。

表2-2 水环境审计结果公告类目设定表

类型	类目	定义	主题词
财务审计	真实性	所记录的事项真实存在	重复申报、改变资金用途、挪用虚报、少征截留
合规审计	合规性	经济活动遵循法律、法规以及有关规章制度的规定	（不）规范、欠征、欠缴，未纳入预算管理，违规使用、违规审批、违规转分包、未公开招投标、违规借用招标资质、违规减免、拖欠工程款
绩效审计	经济性	以最低费用取得一定质量的资源，即支出是否节约	资金缺口、资金闲置、未及时到位
	效率性	以最小的投入得到预期的产出水平，或以既定投入水平得到最大的产出效果	未达到设计能力要求、（未）按期完工、进度延误、不到位、未开工、污水处理率低
	效果性	与预期的目标相比，工程、计划或项目实现结果的程度	水质（未）好转、（未）形成污水处理能力、（降低）超标排放、（未）完成目标、节约资源、降低能耗、减少污染
	回应性	满足社会公共利益的需要，对审计发现问题的整改落实情况	补征补缴、加快建设、督促整改、出台（完善）规章制度、加强执法、通报批评处分、已收回、已拨付、追缴归还、提高资金使用效益、加强监督

根据内容分析法，得出我国环境审计结果公告的内容统计分析结果，如表2-3所示，关于环境保护资金征收、管理、使用情况的主题词，"成效"出现了69频次，"问题"出现了86频次。其中，在"成效"中，回应性评价占比63.77%，效果性评价占比20.29%，处于前两位。回应性评价占比远高于其他类目，意味着各级政府和被审计单位非常关注审计问题的回应，对于审计调查提供的意见和建议接受度高，能积极主动采取有力措施，对环境问题进行全面整改，有利

于贯彻国家生态环境政策，推动环境项目和资金的高效使用。效果性评价的占比也明显高于其他四个类目，也说明我国环境保护资金投入在一定范围内取得了良好的效果，用实际行动助力了生态文明建设，推动了环境污染治理和生态保护，为建设生态型、节约型社会做出了贡献。

表 2 – 3   总体的内容分析统计结果

分析类目	成效		问题		总计	
	频次	占比（％）	频次	占比（％）	频次	占比（％）
真实性	0	0.00	7	8.33	7	4.58
合规性	2	2.90	26	30.95	28	18.30
经济性	4	5.80	10	11.90	14	9.15
效率性	5	7.25	23	27.38	28	18.30
效果性	14	20.29	18	21.43	32	20.92
回应性	44	63.77	0	0.00	44	28.76
合计	69	100	84	100	153	100

与前述不同的是，在"问题"中，合规性评价居于第一名，占比达到30.95％，效率性评价居于第二名，占比为27.38％，效果性评价位于第三名，占比为21.43％，该三个类目占据了前三名。而回应性评价占比最低，真实性评价次之，经济性评价仅为11.9％，它们占据了类目的后三位。合规性的占比最高，说明我国环境项目和资金收支过程中仍存在较为普遍的违法违规问题，需要在后续的环境审计工作中加以重视，强化合规审计。效率性评价和效果性评价占比也较高，说明生态环境治理总体成效比较明显，但同时也仍存在制度不完善、未按期完成等突出问题。

2.3 环境审计影响环境治理的机理分析

尽管理论界和实务界十分重视环境治理，也开展了诸多环境审计实践，但环境审计对环境治理会产生怎样的影响还缺乏系统的理论分析。本节从公共委托代理视角和"免疫系统"视角，分析环境审计影响环境治理的直接作用；同时，从环保投入、政府竞争和制度环境视角，分析环境审计对环境治理的间接作用。

2.3.1 环境审计直接作用环境治理

2.3.1.1 公共委托代理理论视角

在生态环境公共领域，社会公众、生态环境主管部门、生态环境执行机关三个主体，构成了一个基于生态环境公共资源的公共权力的委托代理链和行政管理链。生态环境公共资源的分配、占有和运用，构成了生态环境公共权力；生态环境公共权力的逐级剥离与让渡，构成了生态环境公共权力的"两级委托代理关系"。作为公共委托代理关系的底层各级生态环境执行机关对公共权力的执行与使用，又对属于生态环境"公有物"的公共资源以及公共资源的所有者进行管理，构成生态环境公共权力的"两类管理关系"。在生态环境公共委托代理关系中，因环境委托人与代理人之间固有的信息不完全、监督约束软化、激励不足等缺陷，代理人可能从自利角度出发做出不利于委托人的决策，在利益博弈下很容易产生环境治理的机会主义行为。对此，委托人主要结合制衡机制、激励机制、监督机制和问责机制来应对代理人机会主义行为。

尤其是对于经济转型的发展中国家，一方面，要发展经济，为人民创造更多的社会福利；另一方面，又要重视环境问题，防止因牺牲环境而发展经济的行为，但经济与环境的不均衡发展很容易出现不相容问题。这就需要借助纠偏工具来调节统筹经济与环境的协同发展。环境审计是推进环境治理和绿色发展的重要工具，对"生态优先、绿色发展"有着重要的支撑作用。因此，借助环境审计这一外部监督力量，构建系统性环境治理体系，形成经济与环境协调发展的外生监督机制和内生动力机制。这不仅是环境治理的外部性、宏观性和长期性决定的，也是环境审计能有效缓解公共委托代理问题的必然选择。尤其是环境审计发挥的评价和监督职能，能让各方在公共受托中履行环境责任，从而推动环境治理。

2.3.1.2　审计"免疫系统论"视角

根据审计的"免疫系统论"，环境审计通过发挥揭示、抵御、预防、纠偏、修复功能，推进环境治理。其一，揭示功能是指审计机关及时披露被审计主体对于国家环境法律法规和政策制度的贯彻履行情况，能客观做出专业的审计判断，对现有环境保护与污染治理所存在的问题给予坚决回应，并提供合理化的环境保护与污染治理的行动建议和执行方案。环境审计的国家力量代表着权威和独立，其揭示功能的发挥，有利于降低社会和公众的环境焦虑，创造积极的舆论氛围。在新闻媒体、自媒体传播等"放大器"作用下，还会形成很强的环境监督网络，有力地推动了各项环境保护与污染治理的整改，切实地促进了环境治理工作。

其二，抵御功能是指审计机关通过环境审计建议、环境追踪审计、相关惩罚等措施，抑制各种环境破坏、污染排放等行为，营造人人参与环境保护的良好氛围。此外，在环境审计过程中，审计机关还会通过提出审计整改建议的方式引导和规范相关责任主体的行为，推进生态环境治理的规范化、系统化建设，实现从短时到长效、从个别到一般、从表面到源头的环境治理。

其三，预防功能是指环境审计能预防与预警环境保护与污染防治活动中存在的风险隐患。一方面，审计机关能通过环境审计提前介入并对在环境审计监测功能发挥过程中甄别的风险点进行防控。比如通过环境审计关注并动态跟踪环境治理过程中出现的苗头性、倾向性问题，做好预警防范，将问题扼杀于摇篮中，防止风险扩散；另一方面，作为一种权威的监管制度安排，环境审计通过追踪问题并将发现的违法犯罪线索、问题点等移交司法部门、纪委监委、上级主管部门等并进行追责，这能够形成对环境保护各责任主体的震慑机制，从而倒逼其恪尽职守、守法履规，推进环境保护工作。

其四，纠偏功能是指审计机关在法定权限范围内对审计过程中甄别出的违法违规问题进行处理，下达环境审计整改意见书，责令并追责被审计单位进行定期整改。针对不在法定权限范围内的违法违纪问题，审计机关将相关问题反馈给纪委监委等部门进行间接处理，最终实现对环境保护各责任主体行为活动的直接或间接纠偏，确保环境治理的顺利实施。除此之外，环境审计还能通过事后整改控制发挥其修复功能。具体而言，环境审计机构依法通过对环境保护各责任主体的相关活动进行检查，可以发现有关政策、制度的缺失或薄弱环节，然后有针对性地提出完善建议，起到修复国家相关政策制度的功能。

如上所述，环境审计能通过揭示、抵御、预防、纠偏、修复等功能的发挥，寻问题，找差距，最终助力生态环境的治理，维护经济社会的可持续发展。

2.3.2 环境审计间接作用环境治理

环境审计除了对环境治理直接产生作用之外，还可通过影响环保投入、改变政府竞争、调节制度环境等间接促进环境治理。

2.3.2.1 环境审计、环保投入与环境治理

一方面，环境审计影响环保投入。审计信号及其功能的相关研究

表明，审计参与公司治理的重要方式之一是出具审计意见，尤其被出具非标审计意见时，公司的债务融资成本将显著上升。环境审计有着类似性，能够改变公司融资约束，进而影响公司的环保投入。此外，环境审计也是绩效审计，要对环境项目的资金预算、支出、分配、绩效等全过程开展审计评价，监督项目资金的投入产出情况以及对生态环境的影响，促进或倒逼被审计单位（项目）加强环境保护投入。由此，环境审计可通过揭示生态环境政策执行情况，评价资金使用绩效，来影响被审计单位（项目）的环保投入。

另一方面，环保投入影响环境治理。环保投入不仅是一种经济行为，也是一种平衡发展与环境关系的社会责任，增加环保投入往往代表了经济主体对环境外部性的关注，昭示的是其保护环境、治理污染的决心。在经济发展进程中，无论是发达国家还是发展中国家都可能经历"环境库兹涅茨曲线"先恶化再改善的过程，加大环保投入，确保其增长速度与经济增长速度保持同步或领先是必然的政策选择。这不仅有利于促使每单位 GDP 的污染物排放强度逐年下降，还能切实保证污染减排所需要的大量资金，发挥环境治理效应。从相关研究来看，环保投入影响环境治理的文献主要有两类：一是环保投入对污染排放、环境质量的影响，当环境保护支出增加，雾霾污染将显著减少（吴勋和王杰，2018）；二是发现环保投资对能源消耗强度效应、污染排放处理效应具有显著的正向影响（金殿臣等，2020）。

2.3.2.2　环境审计、政府竞争与环境治理

一方面，环境审计影响政府竞争。政府竞争是指不同地方政府各自采取适当的发展政策来达到经济增长、税收增加、环境改善等目的。随着绿色发展成为全球主旋律，政府竞争不再是单一的经济规模锦标赛，而是坚持以生态优先、绿色发展为竞争原则的政府博弈。生态环境不再是"华丽的外衣"，不是可有可无的附属品，而是经济高质量发展的主色

调。环境审计的开展，就是更好地引导政府管好"生态账"，监督领导干部是否充分地履行环境保护责任，任期内有无发生重大污染或生态环境损毁事件，生态环境数量和质量有无明显改善。环境审计结果不再止步于审计部门，而是与组织人事部门、环保督察部门、纪委监察部门等联结起来，甚至通过人大来整改督办，改变了政府竞争态势。

另一方面，政府竞争影响环境治理。根据 2014 年修订的《中华人民共和国环境保护法》，各地政府主导该地区的生态治理工作并对辖区内生态环境质量负责，即政府主导下的"属地治理"模式。尽管该模式有助于明确划分各地区生态治理责任边界，但也容易滋生"地方本位主义""地方保护主义"问题，使环境治理陷入"各自为政""画地为牢""九龙治水、无龙治水"的窘况。尤其是"理性经济人"的政府官员倾向于选择搭便车，各地区为了追求政绩甚至会以污染换增长，形成上游利益与下游利益矛盾等问题，产生"趋劣竞争"，最终使"环境治理"演变成"公地悲剧"。基于此，我们认为政府竞争可能会负面影响环境治理。只有在强有力的环保约束或激励机制下（如环境审计、环保督察等），才会让政府竞争向环境治理方向前行，进而产生环境共治的良性局面。

2.3.2.3 环境审计、制度环境与环境治理

一方面，环境审计能调节制度环境。就环境审计自身而言，它的实施需要健全的制度体系来保障，换言之，环境审计有利于现有制度环境的优化。而从环境审计的目标指向来看，它要监督国家生态环境政策、法规得到贯彻，对于生态环境制度化、法制化进程有着重要的促进作用，推进环境治理监督体系和专业化工作标准建设。环境审计还会提升信息公开化、公众参与度和保证公平性，实现透明且可追责的治理、高水平的决策以及较高的政府机关公信力，这就构成了良好的制度环境。环境审计治理功能的发挥既有赖于其所处的制度环境，

又能进一步提升制度环境（蔡春等，2019）。通常，环境审计实施越好的地区，制度环境越好；环境审计的治理功能越需强化的地区，制度环境越差。

另一方面，制度环境对环境治理有着重要影响。制度环境作为一个外生变量，是一种正式或非正式的约束力量，影响着经济主体的环境行为，引导人们对生态环境的态度和行动。这是因为制度环境背后的合理化制度安排和治理政策，实质上是从宏观上建构规制体系，规范环境行为，形成有力的环境激励与约束机制。如果制度环境不好，经济主体将可能朝着破坏环境的方向行动，不仅会产生不良的示范效应，还会动摇松散的环境法制架构，影响环境治理进程；相反，良好的制度环境，有利于唤醒经济主体的环境权利意识，激发其参与各种生态环境保护活动，有助于形成政府、企业和公众协同共治环境的格局，提升环境治理效能。而且，制度环境从内容体系上包括政治、科层、市场和生活制度环境，它们在参与环境治理的过程中，有各自的行动逻辑，通过加强彼此间的协同，有利于构建整体性制度安排和治理体系，发挥对环境治理的协同作用。

2.4　环境审计影响环境治理的实证检验

2.4.1　环境审计影响环境治理直接效应

2.4.1.1　研究设计

鉴于环境治理具有政策和资金的持续性特征，即上一期环境治理水平会影响本期环境治理水平，构建如下动态面板模型：

$$EG_{it} = \mu_1 + \gamma EG_{it-1} + \alpha_1 EA_{it} + \beta_1 Others + \delta_{it} \qquad (2-1)$$

式中，EG_{it}、EG_{it-1} 为环境治理及其滞后项，EA 为环境审计，$Others$ 为控制变量，i 代表地区，t 代表年份。

在"环境治理"的指标选取上，有文献采用污染治理效率、环境污染治理投资来度量环境治理，但它们侧重的是环境治理的某一方面，很难度量全貌。陈诗一和陈登科（2018）选取省级政府工作报告中与环境相关词汇出现频数及其比重作为地方环境治理的代理变量。本章借鉴之，也用"地市级政府工作报告中与环境相关词汇出现频数及其比重"以度量环境治理，其原因在于，一方面，政府工作报告是依法行政和执行权力机关决定、决议的纲要，其中与环境相关词汇出现频数及其比重更能全面地体现政府环境治理的力度和政策全貌；另一方面，该代理变量能够有效缓解内生性问题。

"环境审计"为哑变量，如果某一地区当年实施了环境审计，则赋值1，否则取值0。我们参考曾昌礼和李江涛（2018）的做法，以《中国审计年鉴》披露的各地审计工作情况为检索源，如果文本中有"环境""环保""污染治理""生态保护"等关键词时，就认为该年开展过环境审计。

控制变量方面，参考相关文献，本章选择如下 7 个变量作为控制变量。其中，环境治理成本用"ln（人均工业废水排放量）"表示；环境监督力量用"ln(本地区环保机构年末实有人数)"表示；审计力量用"ln(地级市审计局实有人数)"表示；经济发展水平用"ln(人均 GDP)"表示；产业结构用"第二产业在 GDP 的比重"表示；财政盈亏用"财政净支出占财政收入的比重"表示；人口密度用"ln(每平方公里常住人口数)"表示。

各控制变量具体定义见表 2-4。

表 2 - 4　　　　　　　　　　　　各变量定义表

	变量	符号	定义
被解释变量	环境治理	EG1	地市级政府工作报告中与环境相关词汇出现频数
		EG2	地市级政府工作报告中与环境相关词汇比重
解释变量	环境审计	EA	如果当年实施了环境审计，赋值 1，否则取值 0
控制变量	环境治理成本	CE	ln(人均工业废水排放量)
	环境监督力量	ES	ln(本地区环保机构年末实有人数)
	审计力量	AP	ln(地级市审计局实有人数)
	经济发展水平	ED	ln(人均 GDP)
	产业结构	IS	第二产业在 GDP 中的比重
	财政盈亏	FG	财政净支出占财政收入的比重
	人口密度	PD	ln(每平方公里常住人口数)

　　我们以长江经济带为研究区域，以省市为样本将导致样本量不足，故以地级市为研究尺度，共搜集到数据齐全的 110 个地级市样本（含上海、重庆），时间跨度为 2003 ~ 2017 年。各有关数据来源于历年地市级《政府工作报告》《中国审计年鉴》《中国环境年鉴》《中国城市统计年鉴》等。

　　表 2 - 5 列示了描述统计结果。以"地市级政府工作报告中与环境相关词汇出现频数"表示的被解释变量"环境治理"的均值为0.239，数值虽较小，但处于 50% 分位数之上，与 75% 分位数水平相当，且最大值与最小值的差距较大，表明长江经济带环境治理虽有了整体性提升，但水平依然不高，且两极分化严重。以"地市级政府工作报告中与环境相关词汇比重"表示的被解释变量"环境治理"也有同样的特点，但标准差小于前者。解释变量"环境审计"的均值为0.297，表明长江经济带有 29.7% 的城市实施了环境审计，覆盖面仍有提升空间。

表 2 – 5　　　　　　　　　　　描述统计结果

变量	mean	sd	min	max	p25	p50	p75
环境治理（EG1）	0.239	0.195	0.019	0.993	0.131	0.194	0.275
环境治理（EG2）	0.083	0.067	0.002	0.428	0.032	0.070	0.124
环境审计（EA）	0.297	0.101	0.000	1.000	0.000	0.000	1.000
环境治理成本（CE）	0.078	0.052	0.001	0.281	0.044	0.065	0.100
环境监督力量（ES）	4.350	0.452	3.126	5.914	3.930	4.170	4.532
审计力量（AP）	4.023	0.442	3.045	5.938	3.761	3.970	4.241
经济发展水平（ED）	7.341	6.177	5.843	7.881	7.083	7.352	7.532
产业结构（IS）	0.399	0.084	0.304	0.492	0.341	0.397	0.457
财政盈亏（FG）	0.141	0.069	0.001	0.479	0.098	0.135	0.181
人口密度（PD）	2.864	0.293	2.376	3.687	2.619	2.847	3.050

2.4.1.2　估计结果

表 2 – 6 报告了两种 GMM 估计法的有关结果，可知模型不存在二阶自相关，工具变量均外生，进一步从第 2、第 3 列的变量显著性来看，系统 GMM 估计比差分 GMM 估计更优，后续将以系统 GMM 估计结果进行分析。首先，$L.$ 的回归系数通过 1% 显著水平检验，且方向为正，代表环境治理存在正向累积效应，即环境治理非一日之功，而在于"久久为功"。在生态优先，绿色发展战略下，长江经济带环境治理需要持续发力，保持持久的环境治理能力和效果。

表 2 – 6　　　　　　　　　　　估计结果

变量	EG1		EG2
	Diff – GMM	Sys – GMM	Sys – GMM
$L.$	0.024 ** （2.59）	0.026 ** （2.35）	0.028 ** （2.34）

续表

变量	EG1		EG2
	Diff – GMM	Sys – GMM	Sys – GMM
EA	0.044 * （1.93）	0.049 ** （1.96）	0.043 * （1.93）
CE	– 0.081 ** （– 2.23）	– 0.079 ** （– 2.49）	– 0.083 ** （– 2.25）
ES	0.038 ** （2.19）	0.039 * （1.74）	0.041 * （1.75）
AP	0.022 ** （2.16）	0.021 *** （2.83）	0.020 *** （2.82）
ED	0.026 （0.50）	0.089 *** （3.12）	0.087 *** （3.10）
IS	– 0.063 * （– 1.82）	– 0.063 ** （– 2.13）	– 0.065 ** （– 2.16）
FG	– 0.119 *** （– 2.49）	– 0.056 * （– 1.72）	– 0.056 * （– 1.72）
PD	0.056 ** （2.36）	0.051 *** （2.38）	0.053 **** （2.09）
_Cons	1.744 ** （2.17）	1.822 ** （2.35）	1.807 ** （2.23）
Sargan Test	［0.372］	［0.437］	［0.422］
Arellano – Bond AR（1）	［0.053］	［0.042］	［0.043］
Arellano – Bond AR（2）	［0.211］	［0.345］	［0.338］
Obs.	1935	1935	1935

注：L 为 EG 的一阶滞后项，圆括号内为 T 值，中括号内为 p 值，***、**、* 分别代表 1%、5%、10% 显著性水平，后同。

其次，第 3~4 列中核心解释变量"环境审计"的回归系数分别为 0.049、0.043，均通过 5%、10% 的显著水平检验，可见，长江经济带环境审计对环境治理确实有直接的促进作用。由此，通过构建完善的环境审计制度体系，提高环境审计工作的针对性和有效性，将有利于提升长江经济带环境治理水平。相比之下，第3列的回归系数与第4列的结果较为接近，即以"地市级政府工作报告中与环境相关词汇出现频数"表示的"环境治理"的治理效应，与以"地市级政府工作报告中与环境相关词汇比重"来衡量"环境治理"的治理效应在结果上相当，代表了实证结果的稳健性。

最后，在控制变量方面，环境治理成本的回归系数为负，意味着环境治理成本越高的地级市，环境治理水平越低，即只有不断降低环境治理成本，实行"生态优先"发展战略，才能避免生态环境退化，提升环境治理能力。环境监督力量、审计力量、经济发展水平和人口密度的回归系数均为正，说明越强的环境监督力量、审计力量、经济发展水平和人口密度，越有利于促进环境治理。而产业结构和财政盈亏的回归系数均为负，表明产业结构和财政盈亏阻碍了环境治理水平的提升。事实上，长江经济带沿岸的化工、钢铁、有色、建材等传统第二产业产值比重较高，相当一部分地级市为资源依赖型城市和环保严控区域，其经济发展模式粗放，环境压力大，环境治理能力也较弱。财政盈亏代表着财政缺口，其数值越大，财政缺口就越大，越没有能力开展环境治理，从而导致环境绩效越差。

2.4.2　环境审计影响环境治理间接效应

2.4.2.1　研究设计

我们借鉴温忠麟和叶宝娟（2014）的做法，构建如下中介效应模型：

$$EG = cEA + \varphi_1 Others + e_1 \qquad (2-2)$$

$$M_i = a_i EA + \varphi_2 Others + e_{2i} \qquad (2-3)$$

$$EG = c'EA + b_i M_i + \varphi_3 Others + e_{3i} \qquad (2-4)$$

式中，M_i 为中介变量，包括环保投入（EP）、政府竞争（GC）和制度环境（IE）。系数 c 为环境审计（EA）对环境治理（EG）的总效应，系数 a_i 为 EA 对 M_i 的效应，系数 b_i 是在控制了 EA 的影响后 M_i 对 EG 的效应，系数 c' 是控制了 M_i 后 EA 对 EG 的直接效应，$a_i b_i$ 为 EA 对 EG 的间接效应。$\varphi_1 \sim \varphi_3$ 为控制变量回归系数，e_1、e_{2i}、e_{3i} 为回归残差。

上式中，中介变量 EP 参照林长华（2013）的做法，用"ln（环境污染治理投资额）"表示；GC 参照张军等（2007）的做法，用"ln（人均外商直接投资 +1）"表示；IE 采用王小鲁和樊纲（2019）编制的"市场化指数"表示。

2.4.2.2　估计结果

从表 2 - 7 的结果来看，环境审计对环境治理的总效应（c）显著，达到了 0.121，环境审计对环保投入的效应（a），环保投入对环境治理的效应（b）均在 1% 水平下显著，分别达到了 0.197、0.095。由此，环境审计可通过提升环保投入促进长江经济带的环境治理工作。与此同时，表中倒数三行的检验显示，运用 Bootstrap 法抽样 1000 次后，Z 统计量仍然通过了 1% 显著水平检验，且 95% 置信区间也不含 0，再次证实了间接效应的存在。

表 2 - 7　　　　　　　　　　环保投入机制的间接效应检验

变量	EG	EP	EG
EA	0.121 *** (3.25)	0.197 *** (4.07)	0.118 *** (3.01)
EP			0.095 *** (3.37)

续表

变量	*EG*	*EP*	*EG*
控制变量	YES	YES	YES
F 统计量	185.478 [0.00]	87.415 [0.00]	71.283 [0.00]
Adj R – squared	0.522	0.507	0.499
间接效应	0.0187 *** (2.74)	间接效应占比	15.467%
eff	Bootstrap Z	95% Conf. Interval	[95% Conf. Interval]
_bs_1	3.20 *** [0.00]	0.013	0.161
_bs_2	3.45 *** [0.00]	0.017	0.175

注：_bs_1 和_bs_2 代表采用 bootstrap 进行中介效应检验时偏差矫正的置信区间，_bs_1 代表间接效应，_bs_2 代表直接效应。

由表 2－7 可知，中间接效应在 1% 水平上显著，大小为 0.0187，占比达到 15.467%。这表明长江经济带环境审计对环境治理的影响中，环保投入的间接机制与效应同时存在，并且呈现出"环境审计——环保投入——环境治理"的作用路径。具体来看，随着环境审计水平的提升，长江经济带环保投入实现了较快增长，无论是排污设备、治污技术，还是环境保护、生态修复等都有了较大改观，从而一定程度上提升了环境治理水平。但与中央对长江经济带"不搞大开发、共抓大保护"的总体要求相比，环保投入机制的间接效应作用还相对有限，这也从侧面证实了可能存在的"逆效应"。正因如此，环保投入机制的间接效应减弱、作用路径不畅，这在长江经济带后续发展中应予以重视。

类似的估计得到表 2－8 的结果。显然，以政府竞争（*GC*）为中介变量情形下，*a*、*b* 通过 1%、5% 显著性检验，说明环境审计可通过优化政府竞争间接促进环境治理的提升。进一步的间接效应结果显示，数值达到了 0.0168，占总效应的比例为 13.914%，表明长江经济带环境审计对环境治理的影响中，政府竞争的间接机制与效应同时存在。随着环境审计水平的提升，各地政府不仅要算"经济账"，更要重视"生态账"，政府竞争朝着更加健康持续的方向优化，使得各地不把"大开发"放在首位，通过提升环境治理水平，实现"共抓大保护"的目标。与环保投入的间接效应相比，政府竞争的间接效应偏弱，意味着环境审计通过增加环保投入产出治理效应，要优于通过优化政府竞争产生治理效应。

表 2 – 8　　　　　政府竞争机制、制度环境机制的间接效应检验

变量	a	b	c
GC	0.183 *** (3.85)	0.092 ** (2.82)	0.121 *** (3.25)
IE	0.132 *** (2.89)	0.057 (0.96)	0.121 *** (3.25)
变量	c'	间接效应	间接效应占比
GC	0.113 *** (2.98)	0.0168 *** (2.65)	13.914%
IE	0.105 ** (2.41)	0.075 ** (1.97)	6.218%

注：括号内为 T 值，***、**、* 分别代表 1%、5%、10% 显著性水平，后同。

以制度环境（IE）为中间变量情形下，仅 a 通过 1% 显著水平检验，需运用 Bootstrap 法抽样 1000 次，结果发现其 Z 统计量达到 2.13、2.96，在 5%、1% 水平下显著，95% 置信空间亦不包含 0，间接效应成立。从表 2 – 8 可知，制度环境的间接效应达到了 0.075，占总效应

的比例为 6.218%。可见，制度环境的间接机制与效应存在，并且呈现出"环境审计→制度环境→环境治理"的作用路径。具体而言，随着环境审计水平的提升，各地不断优化市场化水平，促进环境信息的公开化、透明化，让更多的公众参与到环境保护中来，使得地区制度环境有了较大改观，从而提升了环境治理水平。制度环境机制犹如一面镜子，对于那些环保压力大的地区有着积极的倒逼意义。

综上所述，环境审计可通过环保投入、政府竞争和制度环境三个机制间接作用于环境治理，且它们的间接效应及占比均由大到小，充分显示了环境审计治理效应中间接机制的重要性。因此应进一步发挥间接机制的作用，破除三大传导路径中的体制机制障碍，加大环保投入，引导政府合理竞争，持续优化制度环境建设，从而产生更大的间接效应。事实上，长江经济带既是一个休戚与共的有机整体，又跨行政区域，需分区域治理，在环境审计推行成熟的地方采取协调推进的策略，让直接效应与间接效应齐头并进；而在环境审计开展不太成熟的地方，应优先发挥直接效应，逐步打通障碍，提升间接效应，从而形成有差异、渐进式的改革路径。

第3章

环境审计协同促进环境治理的理论分析

生态治理是一项复杂而又艰巨的系统工程，涉及各地区、各层级政府以及各部门单位，传统的"单打独斗""碎片化"治理方式难以根治跨区域跨部门生态问题，协同治理成为解决跨区域跨部门生态问题的必然选择和根本之策。本章首先，从协同治理理论与环境审计、多元共治与环境治理、环境治理多元协同理论等理论出发分析环境审计协同的理论基础；其次，从制度法规视角、审计功能视角和 PSR 模型视角分析环境审计协同促进环境治理的机制和路径；最后，从政治保障、组织保障、制度保障等角度分析如何充分发挥党委审计委员会的作用，构建党委审计委员会治理模式下跨区域、跨部门、多主体环境审计协同治理体系。

3.1 环境审计协同促进环境治理的理论基础

3.1.1 协同治理理论与环境审计

协同治理理论起源于 20 世纪 90 年代德国物理学家赫尔曼·哈肯（Hermann Haken）创立的协同学。协同的本义是强调"相互协调，共同作用"，即开放系统中的系统要素间通过相互作用形成整合效应。治理理论兴起于 20 世纪 80 年代，强调在公共事务管理中多元主体的协调配合与互动合作。协同治理主要由治理主体的自组织性、多样性、子系统间的协同竞争与合作以及共同的规则制定等内涵组成，协同治理的实质是建立创新合作的协同愿景，在事务处理过程中制定复杂的社会共同的制度规则，形成信息共享网络，从而实现多个主体的联合行动、多个结构子系统的资源整合集中与共享，实现治理系统有序化与公共利益最大化。

第一，多个子系统相互"协同"合作是协同理论的核心特征。这种合作使系统能够产生新的结构和功能，尽管本组织各行动者之间仍存在竞争，但可以利用相互合作和资源整合来实现一致的政策目标，实现整体大于部分之和的效果。并且各子系统间通过形成相互依存、风险共担、利益共享的关系，使系统从无序到有序，实现新的平衡。

第二，多元化主体通过"协同"管理实现一致的目标。具体来看，多元主体既包括同级政府各部门、上下级政府与不同区域各部门，也包括社会、市场以及公民个体等，当主体在面对共同的社会问题时，协同治理理论通过实现一系列合理有效的战略安排，使得各主体之间协同合作，妥善处理各主体之间的相互关系、权力、责任以及承诺，最终使社会公共问题得到合理解决，实现一致的目标。

第三，协同治理能够协调多元参与者的利益。协同治理强调在一致的目标下，政府部门之间从政策制定到执行的全过程能够实现目标、工具、措施等方面的相互支持与配合，从而达到减少组织相互冲突、实现整体收益最大化的目的。近年来，王会金等（2013）、王楠楠等（2017）将协同理论引入审计领域，研究发现，有效的协同能够提升政府审计的效率，充分发挥国家审计服务国家治理的作用。总之，协同治理一方面建立了顺畅且稳定的制度化利益表达体系和利益表达机制，使各方能够进行有效的对话协商和信息沟通，加强了各多元化主体的利益共识；另一方面利用市场机制创建公平的利益分配体系，实现多元主体利益协调。

环境审计协同则是基于协同理论的视角，协调督促环境责任主体履职，并对环境治理的整体过程进行评估与分析。一方面，环境审计协同包括国家层面各职能部门之间的协同审计和区域间协同审计，以及二者之间的协同。环境审计协同需明确多元主体职责分工，提升政府各部门环境监管和督查的效能。在中央审计委员会的集中统一领导下，强化审计对各环境管理部门的监督效力，加强审计与各职能部门的资源整合，聚焦环境审计重点，强化各部门在信息采集、审计内容、审计方法、审计程序、审计整改、审计成果运用、追责问责等环节的协同。另一方面，环境审计协同也包括政府、市场和社会的协同。在加强政府环境审计主导作用的同时，促进与企业内部环境审计、社会环境审计的合作，从而进一步提升审计的效率、客观性与全面性。同时，环境审计协同让审计控制力延伸至"全生命周期"。从深化环境治理执行情况审计入手，通过对多个主体之间的过程控制，可以向前和向后追溯环境监督，将监督的关注点由以前的环境治理资金使用转移到全周期，将审计方法从审查核实转移到环境政策分析，将审计活动覆盖到环境审计的全阶段。在此基础上，充分发挥环境审计协同的预警机制。综合预警机制是环境审计协同治理生态环境的重要反映，审计协同不仅是信息共享、行动一致，更重要的是环境政策评价与预警干预。这不仅需要监督和审议环境治理，同时需要评估执行程序公正性、结果的效率性，还需要提出更多有价值的政策性问题，为政策制定者提供一定的战略性和前瞻性的建议。

3.1.2　多元共治与环境治理

20 世纪 70 年代，英、美等国家学者以公共政策和项目实施为例提出多元共治思想，强调要通过多元主体的协同联动，产生

"1 + 1 > 2"的效益，实现公共利益的最大化。在多元共治环境治理模式下，政府是环境治理最核心的主体，牵头环境治理活动，企业、公众及社会通过发挥各自优势，形成协同联动效应。相比传统"单打独斗""碎片化"的环境治理方式，环境治理多元共治模式具有如下典型特征：

首先，环境治理多元共治强调治理主体的多元性。一方面，杨宏山和石晋昕（2018）认为环境审计协同中多元共治强调多方的协作管理，包括把不同层次政府、不同区域的公共部门等纳入治理体系；另一方面，褚添有（2017）认为在传统的社会治理共识中，只有政府和市场这两个治理主体，但多元共治理论中将其他第三方机构同政府和市场一起纳入社会治理体系，而公共治理视角下，王俊敏和沈菊琴（2016）更加强调政府在"多元共治"中的主导作用。

其次，环境治理多元共治的关键点是多元主体的协同联动。在环境治理的过程中，需要不同层面的主体共同努力才能最终实现环境治理的目标。王敬波（2020）认为通过同级政府部门之间、上下级政府之间与不同区域部门之间等机构协作，能解决我国在环境治理中存在的缺少跨地域治理机构设置、监督机制设置不合理等诸多问题，从而推动环境治理机构从离散趋向于集中，从部分趋向于整体，从碎片趋向于整合。同时，依靠政府、行业企业、社会公众、民间组织等不同的主体，在它们各自的领域发挥自身的作用和价值，从而形成一个具有层级多、方位多、路径多的环境治理体系，这样就能很好地避免由于环境治理模式单一引起的失灵、缺失和效率低下的问题。

最后，环境治理多元共治强调治理结构的网络性与利益的共赢性。从府际关系的视角来看，横向协同是同级政府部门之间的协同；纵向协同是具有上下级关系的政府部门之间的协同；网络性结构的多元共治模式是建立纵向、横向或纵横相结合的网络状结构，形成资源共享、互惠合作的机制。在多元利益格局下，协同治理主体之间由于资源、利益等方面的差异，会形成复杂的博弈关系，并以追求各自利益最大化为目标，因此，多元主体势必导致彼此间利益冲突的可能。而多元共治的模式则是各主体建立协商与合作的伙伴关系，确立各方对生态环境保护的认同感并建立共同的环境目标，不以牺牲外部群体或环境的利益为代价，强调冲突的各方在问题的解决中满足各自的诉求，最终朝向寻求共识、合作共赢的方向发展。

3.1.3　环境治理多元协同理论

不同的环境治理主体有着不同的价值观、利益和能力，因此它们的治理目标和治理手段会有所不同。现如今环境治理主体已经从单一主体转变为多主体，行动也已经变成多主体共同参与的集体行动。

整体治理理论最早由英国学者派瑞·希克斯提出，它是指公共部门通过内部整合与流程再造，破除横向壁垒，实现各部门之间的信息共享，以减少公共部门分散设置的弊端，提升组织整体运行能力，提高公共服务质量。涂晓芳和黄莉培（2011）认为我国环境治理长期以来实行统一管理与分级分部门管理相结合的体制，整体治理理论倡导通过整体性的政府管理、横向纵向协作的管理和多方主体的协作，解决我国环境治理中亟待解决的诸如各部门职能目标分散、职能履行效果缺乏监管、跨区域的治理机构不足等问题。

为了实现政府环境审计协同，目前我国的环境治理审计监督主要是发挥好中央审计委员会的作用，在更大范围内开展审计与财政、生态环境、发展改革、农业农村、水利、自然资源、人大、司法、纪委监委等部门间的监督与协调，力争党内监督、人大监督、民主监督、行政监督、司法监督、审计监督、财会监督、社会监督、舆论监督、中央及地方生态环境保护督察、环境巡视监督等形成合力。中央审计委员会通过统筹谋划、协同联动，化解行政壁垒，破解"归口管理"

"条块分割"的环境治理窘境，在更大范围内推进横向协调（杨宏山和石晋昕，2018）。杨永杰和刘冲（2014）认为环境治理具有公共物品的基本属性，环境治理不能从市场方面得到有效的帮助。因为公共物品会导致"公地悲剧"，由于外部性特征，环境治理的成本不能与收益完全匹配，因此市场这只"看不见的手"并不能有效地调节环境治理。由于生态环境产权不完整，因此需要以政府作为代表的"政治集权"确定产权，并进行协调合作，达到提高环境治理效率的目的。但是，仅靠产权确认无法解决环境治理问题，这是因为生态系统环境本身的产权难以定义，确认的成本较高。由此可见，单纯依靠政府或市场机制无法有效开展环境治理。

"多中心治理模式"是环境治理的有效模式。多元治理主体的协同机制以政府为核心，在政府、企业、社会组织和公众之间进行合作与互动。首先，政府是环境治理的核心行动者，是环境治理的第一"责任人"。环境社会学学者王芳（2017）认为，生态保护不但需要市场的手段，还需要政府的努力和实践。政府对环境的管理首先需要各部门围绕环境治理目标进行协作，包括在不同职能、不同层次、不同区域的政府之间开展合作。其次，作为生态环境污染的主要"生产者"，企业应当是环境治理的"履责者"，承担其必须承担的环境治理责任。最后，汤金金和孙荣（2019）认为社会组织和公众是环境治理的"监督者"，也是推动环境治理的关键力量。

可见，整体治理关键依赖于政府领导和各部门协同参与的管理机制的建立；多元协同不仅强调政府在环境治理中的主导作用，同时，也强调构建政府、企业、社会组织和公众的多元互动与共治的网络结构与机制。

3.2　环境审计协同促进环境治理的理论分析

3.2.1　环境审计协同促进环境治理的制度法规视角

环境审计是一种包括但不局限于传统审计职能的特殊环境控制机制，它是通过对各级政府的环境责任履行情况进行全面监督，最终达到维护生态环境安全的目的（黄溶冰和赵谦，2010；邢祥娟和陈希晖，2014；谢志华等，2016）。环境审计是政府审计的重要组成部分，其主体主要是政府，它同时还在环境公共权力监督体系中发挥着重要作用。但无论是对于公共权力的监督实践还是对于重大环境问题的监督实践，其结果均表明，我国现阶段的环境治理和监督都存在不少问题，如由于监督主体之间没有良好的协调机制导致监督的整体效应并未形成。也就是说职责不同的各个监督主体都是以自己的方式完成监督责任，各自做自己的工作，监督力量微弱，不能够共同努力合力形成监督。

2015 年 12 月，中共中央办公厅、国务院办公厅印发的《关于完善审计制度若干重大问题的框架意见》明确指出，"建立健全审计与组织人事、纪检监察、公安、检察以及其他有关主管单位的工作协调机制"。此外，《关于实行审计全覆盖的实施意见》也提出，"适应审计全覆盖的要求，加大审计资源统筹整合力度，避免重复审计，增强审计监督整体效能"。这两个文件均强调了权力监督过程中的审计资源协同价值，突出了局部与整体之间、内部资源与外部资源之间以及运营成本与审计效益之间三个方面的辩证关系。

与此同时，2017 年 6 月，《领导干部自然资源资产离任审计规定（试行）》下发，要求"各级审计机关将继续加强与涉及自然资源资产管理和生态环境保护相关业务主管部门的协调""促进党内监督、人大监督、民主监督、行政监督、司法监督、审计监督、财会监督、社会监督、舆论监督形成合力"。2018年3月，中共中央根据《深化党和国家机构改革方案》组建中央审计委员会，作为党中央决策议事协调机构。2018年9月起，各省、直辖市一级党委的审计委员会也陆续成立并运行。审计委员会的成立，是推进审计管理体制改革的伟大创举，更是我国审计发展进入新时代的里程碑。习近平总书记在中央审计委员会第一次会议上，突出强调了审计机关内部的协同要求。此外，2019年8月，中央全面依法治国委员会发布《关于加强综合治理从源头切实解决执行难问题的意见》，也强调将一元主体转变为多元主体，将单一治理转变为综合治理，将末端治理转变为源头治理。2019年10月，《中共中央关于坚持和完善中国特色社会主义制度、推进国家治理体系和治理能力现代化若干重大问题的决定》进一步提出"必须健全党统一领导、全面覆盖、权威高效的监督体系，增强监督严肃性、协同性、有效性"。2020年3月，中共中央办公厅、国务院办公厅印发《关于构建现代环境治理体系的指导意见》，提出"加快构建陆海统筹、天地一体、上下协同、信息共享的生态环境监测网络"。

2021年6月，《"十四五"国家审计工作发展规划》要求强化审计工作的前瞻性、整体性和协同性，促进经济社会发展全面绿色转型。以上这些制度法规文件为构建环境审计协同机制，实现环境治理的目标，提供了一把"金钥匙"和"尚方宝剑"。事实上，于素梅（2014）、梅菁和何卫红（2018）、王爱国和张志（2019）的研究也表明，环境审计协同不仅提升了审计效率，消除了审计"死角"，还极大地推进了环境治理能力现代化。这是因为环境审计协同以自组织为基础，其输入条件包括外部能量流、信息流和物质流等，在序参量的作用下，系统中会通过大量子系统间的耦合协同而形成新的有序结构，从而显现出整体效应或集体效应。环境审计协同所产生的环境治理效应主要包括以下内容：（1）优化资源的配置，避免错位效应，以降低环境管理成本；（2）共享信息，成果互用，提高环境监测的有效性；（3）多轮驱动，消除空缺，共同创造，凝聚环境治理合力；（4）多学科融合，多模式集成，大兵团作战等可以充分利用各自的优势，形成规模效应。整合环境审计资源后，能够对特定环境问题进行深入研究，提供更准确的决策信息以及发现更全面的环境风险和科学地解决环境公权力问题，能充分发挥环境审计的优势。

3.2.2　环境审计协同促进环境治理的审计功能视角

戚振东和王会金（2011）在审计研究中融入协同理念，在复杂多变的经济环境中，实现国家审计的"免疫系统"功能，需要协同一切可以协同的力量。刘家义（2007）阐述了国家审计的"免疫系统"功能的三种表现形式：国家审计的揭示、抵御和预防功能。首先，揭示是三种表现形式中的基础，抵御和预防都是在揭示的基础上进行的；其次，抵御是三种表现形式中的关键一环，没有抵御，就没有威慑力，揭示的问题也不会被纠正，发现的漏洞也不会得到修复，更不会有预防行为；最后，预防是揭示与抵御的目的，其目的是确保经济社会健康运行。所以，审计功能的三个子系统是缺一不可的，它们构成了整个审计的全系统，不存在仅有其中一个子系统，而其他系统被完全放弃的情况。因此，从审计功能视角来看，环境审计的功能协同是内在要求，"免疫系统"的协同统一于环境审计工作的实践之中，共同保障生态环境的治理。王会金（2016）研究发现通过发挥政府环境审计的免疫功能、协同治理功能，能最大限度地提高审计覆盖率。

为了更好地验证环境审计协同对环境治理的作用，我们从审计功能的视角建立理论模型，进行严格的推导。

环境治理用 E 表示，其实际支出与政府政策计划之间的一致程度用 X 表示，显然 X 由 E 决定。变量 X 的取值范围是 $[0, 1]$，当 $X = 0$

时，表示环境治理支出完全偏离了政府的政策计划；当 $X=1$ 时，环境治理支出完全符合政府的政策计划。当需维持政府政策规划的标准时，执行部门还需要根据自身情况合理使用环境治理支出。例如，政府可能会规定企业在环境治理方面的投资应采用固定比例，并且企业已根据政策计划投资了合理的资金（$X=1$），但这并不表示企业对环境治理的投资已达到最大化，这需要取决于执行部门如何使用这笔资金。

进一步，我们引入 Y 来量化执行部门的努力程度，Y 越高意味着 E 越高。基于以上分析，环境治理应满足：

$$E = f(X, Y) \tag{3-1}$$

假设指标 A 可量化某地区的环境审计协同水平，则环境审计协同度越高，表示环境审计监督体系越合理。可是，环境审计协同水平 A 的作用在哪里体现呢？事实上，环境审计协调 A 的级别越高，审计协调部门将根据政府政策计划做出环境审计决策，即 X 是 A 的函数，此时，

$$X = X(A) \tag{3-2}$$

同时，更强的环境审计协同及其监督功能会让执行人员更加努力地工作，即 Y 也是 A 的函数，此时，

$$Y = Y(A) \tag{3-3}$$

根据前述论述，有

$$\begin{cases} \dfrac{\mathrm{d}X}{\mathrm{d}A} > 0 \\[2mm] \dfrac{\mathrm{d}Y}{\mathrm{d}A} > 0 \end{cases} \tag{3-4}$$

因此，环境治理满足以下情形：

$$E = f\{X(A), Y(A)\} = g(A) \tag{3-5}$$

根据式（3-4）和式（3-5），可以得到

$$\frac{\mathrm{d}E}{\mathrm{d}A} = g'(A) > 0 \qquad (3-6)$$

式（3-6）意味着环境审计协同部门得到更强的环境监督能力，环境治理水平更高，这符合普遍的预期。

接下来将环境审计功能协同的三个子系统——揭示、抵御与预防的指标量化为 A_1、A_2、A_3。三个环境审计功能子系统对整体审计功能的贡献也将随区域之间的异质性而变化。因此，

$$A = \beta_1 A_1 + \beta_2 A_2 + \beta_3 A_3 \qquad (3-7)$$

除了通过环境审计对环境进行监督和监管的三个子系统之外，它们之间的协调（合作）也将产生一定的作用。假设环境审计揭示、抵御与预防之间的协同度为 $\chi(A_1, A_2, A_3)$。不同的 χ 对环境治理有不同的影响。由此，

$$E = \chi(A_1, A_2, A_3) \times g(\beta_1 A_1 + \beta_2 A_2 + \beta_3 A_3) \qquad (3-8)$$

很可能片面地认为环境审计功能的三个主要子系统之间的协调度 $\chi(A_1, A_2, A_3)$ 越高，环境治理效果就越好。而产生该偏差的原因是 $\chi(A_1, A_2, A_3)$ 取决于三个主要子系统 A_1、A_2 和 A_3 之间的收敛性，并且系数 β_1、β_2 与 β_3 三者之间的不同，表示出固定 $A_1 + A_2 + A_3$ 可能对应于环境审计功能协同总体水平 $A = \beta_1 A_1 + \beta_2 A_2 + \beta_3 A_3$，进而对应于不同的环境治理效果。

当满足 $\beta_1 = \beta_2 = \beta_3$ 情况时，审计功能中的三大子系统发挥了相同的作用，则审计功能协同度 $\chi(A_1, A_2, A_3)$ 越高，环境治理效应越高。

当 β_1、β_2、β_3 不相同，即三者之间存在差异时，环境审计功能中的三大子系统则发挥着各自的作用，此时应提高贡献最多的环境审计协同功能的重视程度。随着协同度 $\chi(A_1, A_2, A_3)$ 的增加，三大系统之间的差别会变小，则会降低对环境审计功能子系统的重视程度，很有可能导致环境审计功能三大子系统协同度减少。

从上述环境审计功能协同的理论模型可以看出，环境审计的三个主要子系统——揭示、抵御和预防是必不可少的。它们共同构成了整体的国家环境审计。在任何情况下都不存在仅有一个子系统，而其他两个子系统被完全放弃的情况。因此，在初始阶段，当环境审计功能的协同作用 $\chi(A_1, A_2, A_3)$ 上升时，环境治理水平通常会提高。当协同程度提高到一定水平时，由审计部门的特征所决定的环境审计功能的侧重点（子系统）将逐渐减弱，并且随着协同程度的提高，环境治理水平可能会下降，即既要重视环境审计揭示、抵御和预防之间的相互作用，又要考虑因地制宜的战略选择，特别是注重从传统绩效审计向领导干部自然资源资产离任审计、环保政策跟踪审计转变等新的情况下的环境审计业务内容。

总之，环境审计功能协同对环境治理产生影响，而这种影响是动态变化的。李明（2015）、彭冲等（2017）实证研究表明，审计机关可以通过履行监督职能、咨询职能和协同监督职能，有效提高地方政府的治理效率；环境审计功能协同与财政支出效率之间存在非线性关系。

3.2.3　环境审计协同促进环境治理的 PSR 模型视角

加拿大统计学家拉波特（Rapport）和弗兰德（Friend）最早提出了 PSR 模式，包括压力（pressure）—状态（state）—响应（response），该模型后来成为研究区域环境可持续发展的环境治理分析框架，并被经济合作与发展组织（OECD）和联合国环境规划署（UNEP）所使用。PSR 模型成功建立了一种关于"压力—状态—响应"的基本思路：人类社会消耗巨大的资源，并且向环境排放废弃物，这在一定程度上对环境形成了压力（P），改变了环境质量状况（S）；同时面对环境质量的状态变化，多个环境治理机构通过一定的环境审计治理，共同对变化做出了反应（R）。下列模型反映了人类活动同环境审计相互协同作用的调节过程（如图 3 - 1）。

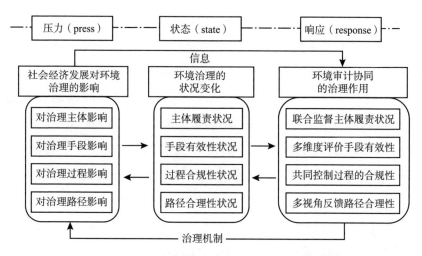

图 3 - 1　环境审计协同促进环境治理的 PSR 模型架构

PSR 模型提出了一个以因果关系为基础的分析思路，用来解释三个基本问题，即"发生了什么、现在的状况是什么以及将如何应对"。在国家环境治理框架下环境审计协同对环境治理的作用机理分析具有一定的借鉴意义。以 PSR 模型为基础，建立环境审计协同的机理效应的三个维度：（1）压力纬度（P）：环境治理会随着社会经济发展的变化而变化，其中环境系统中的要素（主体、手段、过程、实施路径）会随着经济社会的发展而逐渐出现新的特征。（2）状态纬度（S）：环境治理的状况变化。在环境系统要素变化的过程中，环境治理会出现新的问题。（3）响应纬度（R）：环境审计协同的治理作用。在面对环境治理变化中的相关问题时，我们可以通过运用环境审计协同部门（如财政、审计、生态环境、发展改革、农业农村、水利、自然资源、人大、司法、纪委监委等）的职能权利，建立联合监督、多维度评价、共同控制、多视角反馈功能为一体协同治理体系，形成党内监督、人大监督、民主监督、行政监督、司法监督、审计监督、财会监督、社会监督、舆论监督等一体、协同的系统化生态环境监督治理体系，促进环境质量提升，加快环境保障目标实现。

从图 3-1 可得到，环境审计协同的三个维度在相互作用，并且构成了环境审计协同促进环境治理的 PSR 模型框架。事实上，压力（pressure）—状态（state）—响应（response）之间的互动关系也被 PSR 模型反映出来。可以通过发挥环境审计协同机制（$R+$）的环境治理"纠偏工具"的作用，进而使环境治理效率（$S+$）得到提升，实现环境治理目标（$P+$）；反过来，如果无法有效发挥环境审计协同机制（$R-$），无法让环境治理的执行与落实得到保障（$S-$），也就不能实现预期目标（$P-$）。因此，要实现提升环境治理效率与实现环境治理目标，需要审计协同能力的提升。

3.3　基于党委审计委员会的环境审计协同系统构建

3.3.1　传统环境审计治理体制机制及存在的问题分析

国家审计是国家治理的基石和国家八大监督体系之一。自 1982 年我国恢复设立审计机关以来，国家审计在揭露和查处违法违纪问题、规范经济社会秩序、健全财政制度等领域发挥了重要作用。然而，随着政治、经济、社会环境的不断发展，现行国家审计体制机制并未很好适应党和国家、社会对国家审计的要求和期望，在环境审计方面亦是如此。首先，在传统环境审计治理监督体系下，监督主体多、监督职权分散化、碎片化现象普遍。在环境审计中，除了审计机关作为独立、专业和权威的审计监督主体之外，国务院和各地方政府内部还建立了具有一定监督职能的分支机构，如生态环境部门、发展改革部门、财政部门等，分别在各自主管部门的领导下履行监督检查职能，使得环境治理监督职权分散化、碎片化，造成多头监督、监督标准不一、监督重复交叉等问题。其次，地方审计机关受同级政府制约多，严重影响审计独立性。根据《中华人民共和国宪法》，我国国家审计实行双重领导体制，即地方各级审计机关应接受本级人民政府和上一级审计机关领导。在此情况下，地方审计机关在审计工作中受到一定的阻力。最后，传统环境审计体制导致党对环境审计工作缺乏集中统一的领导。环境审计涉及各区域以及财政、审计、生态环境、发展改革、农业农村、水利、自然资源、人大、司法、纪委监委等多部门，这些部门有其自身特殊的政治属性，如果缺乏党的集中统一领导，难以协调各区域各部门的资源，更不用说实现环境审计协同。而且在传统环境审计体制下，各地审计机关的人、事、财等都由当地人民政府管理，这些制约也会影响各级审计机关独立行使职权，影响环境审计的独立性和环境审计结果的及时性、客观性、全面性。

鉴于传统审计治理体制存在的弊端日益凸显，为了适应新发展阶段的审计需求，2018 年 3 月，中共中央推出《深化党和国家机构改革方案》，组建了中央审计委员会，以打造集中统一、全覆盖、权威高效的审计监督体系。中央审计委员会作为党中央决策、议事、协调的专门机构，有助于理顺我国环境审计管理体制，推进全国环境审计工作协同，促进环境审计协同机制的建立和效能发挥。

3.3.2　党委审计委员会在环境审计协同中的功能定位

3.3.2.1　政治保障——党委高位推动和提升审计政治站位

2018 年 3 月，中共中央印发了《深化党和国家机构改革方案》。

该方案称：为加强党中央对审计工作的领导，构建集中统一、全面覆盖、权威高效的审计监督体系，更好发挥审计监督作用，组建中央审计委员会。中国共产党中央审计委员会是党中央决策议事机构，履行党的审计监督权。中央和各级党委审计委员会的成立标志着我国国家审计体制从行政型审计体制向治理型审计体制的跨越，是我国审计事业发展的里程碑。首先，党委审计委员会的设立是党对审计治理体制改革的探索与创新，凸显了党和国家大力发展审计事业的决心和信心。其次，党委审计委员会的设立体现了审计的国家治理职能，有助于提高政治站位。以环境审计为例，党委审计委员会主导便于从新时代党和国家生态文明建设的目标、要求和总体布局出发，确保把思想和行动统一到党中央决策部署上来，确保审计工作的正确方向，从健全党和国家监督体系的高度来确立资源环境审计的使命和战略规划。最后，以党委审计委员会为载体搭建的垂直型审计组织体系，通过"高位推动"协调各方党委，为环境审计提供最根本有力的指导和保障，是促进国家环境审计体制跨入新阶段的制度选择，是加强党的领导、强化审计独立性的政治保障。如图3-2所示，在传统审计中，国家审计权是从宪法层面被授予监督权力，与立法权、行政权、司法权等并列，但在中央审计委会治理模式下，国家审计的政治地位得到提升。中央审计委员会治理模式打破了国家审计实为政府内部审计的尴尬局面，从而更好地发挥审计监督的治理作用，同时，政治上以更强的权威性约束党员领导干部规范行使其权力并履行环境审计协同责任，由此更好地实现国家审计与中央审计委员会两者功能的融合，实现新的历史方位下中国审计的新担当（厉国威和励雯翔，2021），毋庸置疑，在党委审计委员会领导下，环境审计的权威性和独立性将得到更高水平的提升。

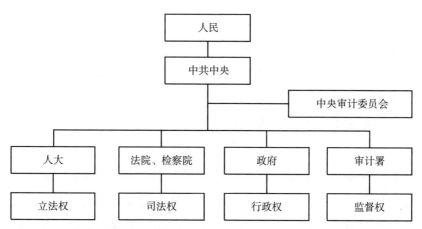

图 3 - 2　审计委员会治理模式下监督权与立法权、司法权、行政权的关系

3.3.2.2　组织保障——理顺审计体制和推进环境审计统筹

长期以来，我国国家审计系统施行上一级审计机关和本级人民政府"双重领导"的特殊管理机制。在该制度下，上级审计机关的领导主要体现在审计业务上，审计机关的人、事、财、物乃至审计项目选择、审计计划制定、审计意见提炼都受制于本级地方政府，严重影响国家审计的独立性。特别是部分地方对审计工作不重视、不支持，有的甚至干扰、阻挠国家审计工作。如图 3 - 3 所示，随着中央审计委员会和各地方审计委员会的成立，我国集中领导、分级垂直管理的审计管理体制逐步形成，中央设立中央审计委员会，并下设办公室和秘书机构，地方各级党委分别设立省、市、县党委审计委员会，并下设办公室和秘书机构，受中央审计委员会的垂直领导。国家审计署在中央审计委员会的领导下开展工作，省级、市级、县级审计机关则在省级、市级、县级党委审计委员会的直接领导下依法履行审计监督职能，这从根本上扭转了地方政府干预地方审计的现象，将审计工作独立于政府监督之外，打破了国家审计实为政府内部审计的尴尬局面，切实提高了国家审计的独立性。以环境审计为例，审计署环境审计部

门在中央审计委员会领导下开展工作，围绕国家生态文明建设需要和国家环境治理方针政策落实需求开展环境审计工作；各地方党委审计委员会在上级党委审计委员会领导下决定环境审计工作方向、规划和重要项目，并在上级审计机关指导下具体实施环境审计工作，保障了审计机关在更大程度上依法独立行使环境审计监督权，依照法律规定和审计事实，客观公正地认定问题，报告问题，向社会披露问题。与此同时，党委审计委员会的集中统一领导和"高位推动"，能够发挥总揽全局、协调各方的领导核心作用，从而有效整合各区域、各层级政府以及财政、审计、生态环境、发展改革、农业农村、水利、自然资源、人大、司法、纪委监委等多部门资源，并将环境审计监督与党内监督、人大监督、民主监督、行政监督、司法监督、财会监督、社会监督、舆论监督等更好地进行协同，为环境审计协同提供最根本、最坚强的指导和保障。

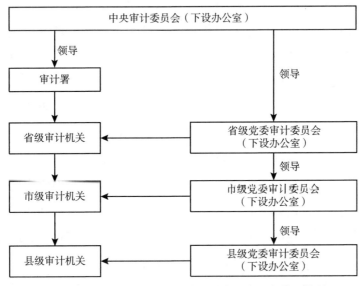

图 3 - 3 中央审计委员会主导下环境审计垂直管理体制

3.3.2.3　制度保障——加强环境审计工作引领

以习近平同志为核心的党中央高度重视国家治理体系与治理能力建设的科学性，强调"坚决破除一切妨碍科学发展的思想观念和体制机制弊端"。一是在党委审计委员会领导下，从战略高度总揽全局，厘清党委、政府和人大各自在资源环境审计中的监督责任，健全环境审计责任终身追究制等，助力形成"源头严防""过程严管""后果严惩"的全过程环境审计监管体系；二是在党委审计委员会领导下，着力环境审计制度创新和环境审计内容系统化、规范化，建章立制；三是在党委审计委员会领导下，审计团队培育、审计技术创新及应用更为便利。党委审计委员会的领导便于优化审计资源配置效率，促进审计人员专业素质提升，引导和规范审计人员注重 3S 技术、大数据技术、人工智能技术等数字技术在环境审计中的应用。

3.3.3　基于党委审计委员会的环境审计协同系统运行模式

3.3.3.1　基于党委审计委员会的跨区域环境审计协同系统

长江经济带是一个空间整体性极强、关联度很高的区域，长江经济带内不仅各自然要素间联系极为密切，而且各区域之间相互制约、相互影响极其显著。在行政分割情况下，"属地治理"容易导致各地区在生态治理时陷入"各自为政""画地为牢"的无序状态。国家虽然出台了《长江经济带生态环境保护规划》《长江经济带生态保护修复规划（2019—2035 年)》等制度并成立了推动长江经济带发展的领导小组，但尚未清晰界定流域各地区、各部门的责任边界，也缺乏流域生态治理方面实质性的行政载体，导致各地区各部门在流域生态治理过程中相互推诿、相互掣肘。协同治理"有名无实"，更不用说多主体间的资源整合、信息共享等，各地区为了追求各自的政绩，导致目标利益不一致，形成自我发展与协同发展目标割裂、区域利益矛盾等问题。如图 3 - 4 所示，在党委审计委员会治理模式下的长江经济带环境审计跨区域协同是"中央审计委员会—审计委员会省际协同联动中心—长江经济带各省（市）环境治理与环境审计系统"组成的多层级环境审计协同系统。

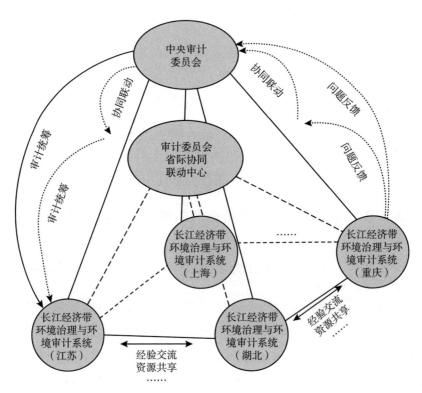

图 3 - 4　长江经济带环境审计跨区域协同模式

　　首先，作为党中央决策议事协调机构，中央审计委员会负责研究制度并组织落实在环境审计领域坚持党的领导、加强党的建设的具体措施，讨论和决定环境审计监督重大措施和重大改革事项，审议通过国家环境审计重要计划以及出台深化环境审计制度改革措施等，如制定全国性或全域性生态保护战略和环境审计战略、审议通过长江经济带环境保护规划、长江经济带环境审计规划等环境治理和环境审计政策制度；审议长江经济带 11 个省市的年度环境审计报告，审议决定长江经济带环境审计发展规划、年度审计计划、审计结果运用等，对环境治理和环境审计领域重大工作做出部署，如安排区域性环境治理和环境审计项目、统筹布局长江经济带环境审计数据中心建设；统筹安排各地区环境审计资源，推动区域审计力量整合；审议通过审计委员会省际协同中心提交的跨区域协作方案和生态补偿方案等；指导研究环境审计领域新问题、新形势。

其次，作为环境审计协同的第二层级，审计委员会省际协同中心是在中央审计委员会领导下成立的跨区域决策议事协调机构，直接受中央审计委员会领导。审计委员会省际协同中心负责研究区域层面制度并组织落实在环境审计领域坚持党的领导、加强党的建设的具体措施；负责建立完善委员会各成员单位工作协调机制，建立协调会议制度、联络员制度；统筹调配长江经济带各省市环境治理和环境审计资源，组织跨区域的环境审计工作交流；议事决策长江经济带环境审计领域重大工作部署；审议决定长江经济带 11 省（市）环境审计发展规划、年度审计计划、审计结果运用等；审议制定长江经济带环境审计标准、审计评价指标、审计成果应用方式方法、审计信息披露方案等；不定期召开专题会议，研讨环境审计重大事项，比如制定长江经济带横向补偿方案等。

最后，各省（市）党委审计委员会是环境审计跨区域协同的第三个层次，它主要负责建立健全委员会各成员单位工作协调机制，建立协调会议制度、联络员制度，推进各省（市）范围内各部门、各层级政府等的环境审计协同；组织研究全省（市）环境审计监督发展战略、规划、重大措施和改革事项，综合协调推进环境审计项目实施、环境审计结果运用等环境审计监督重大事项，统筹推进环境审计法律法规、政策制度等落实；统筹协调各市级党委审计委员会工作，审议各市级党委审计委员会提交的各项审计报告；研究处理有关方面向委员会提出的重要事项及相关请示；负责建立完善环境审计监督重大事项督察督办制度，对环境审计查出问题整改工作或其他重大事项进行专项督察；定期或不定期召开会议，贯彻落实各省（市）委、中央审计委员会、审计委员会省际协同中心、审计署的有关决策部署，研究有关问题，推动相关部署落实。

3.3.3.2 跨层级跨部门跨项目多主体的环境审计协同

长江经济带生态治理除了需要各省（市）的协同联动，还需要上下级审计机关、审计机关内部各业务科室或项目组以及财政、审计、生态环境、发展改革、农业农村、水利、自然资源、人大、司法、纪委监委、社会公众等不同部门或责任主体的协同。传统"部门分割"下各部门权利职能冲突严重，"扯皮推诿"现象严重，使生态治理陷入"人人有责，但无人负责""九龙治水、无龙治水"的窘况，而上下级审计机关、审计机关内部科室或项目组之间的协同不到位严重制约环境审计资源配置，影响环境审计的规范性、系统性。如图3-5所示，长江经济带各省（市）党委审计委员会以各省（市）环境审计协同资源平台、联席会议机制等为载体，统筹辖区内的环境治理和环境审计工作。具体来讲：一是推进财政、审计、生态环境、发展改革、农业农村、水利、自然资源、人大、司法、纪委监委等部门或责任主体的协同联动，防止各部门相互割裂，解决数据碎片化、数据质量较差、信息化管理碎片化、业务系统间数据无法贯通的问题。二是统筹辖区内各市、区县审计机关的环境审计工作，探索各省（市）"统一部署、统一方案、统一组织实施、统一处理标准和统一审计报告"的"五统一"审计模式，推进环境审计业务的规范化、精细化。三是指导和规范审计机关内部科室之间和项目组之间的协同联动，力争做到"一审多项""一果多用",发挥"1 + 1 > 2"的审计效果。

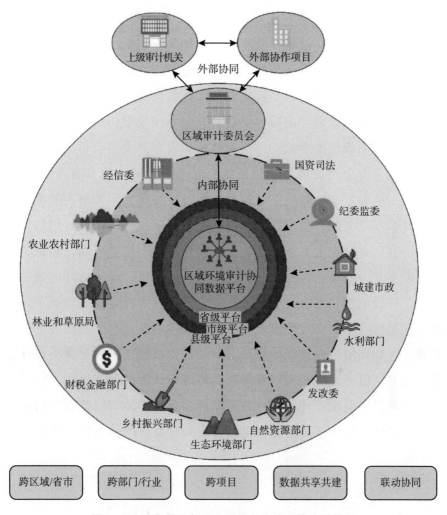

图 3 - 5 跨层级跨部门跨项目多主体环境审计协同

  需要注意的是,在党委审计委员会治理模式下,要实现环境审计协同的落地见效,我们认为需要把握两大核心:一是要充分发挥党委审计委员会办公室的功能。党委审计委员会是党委决策议事协调机构，而不是审计机关，党委审计委员会办公室是其履行职能、行使职权的组织载体。因此，应在编制允许的前提下，明确界定党委审计委员会及其下设办公室的职能职权和权责义务，并落实到具体责任人，实现党委审计委员会及其办公室的"实体化"运行，助力形成以党委审计委员会办公室为牵头部门，其他业务部门共同参与的环境审计协同治理组织框架。同时，要将党委审计委员会及下设办公室的运行情况及成效纳入绩效考评范畴，倒逼其充分发挥议事协调功能，确保环境审计协同治理提质增效。二是要健全党委审计委员会运行机制。首先，要建立健全重大事项报告制度，规范报告的流程、内容、形式、范围等，从而定期、高质量地披露党委审计委员会牵头落实的重大环境审计事项、关键环境审计改革举措、环境审计跨区域跨部门协调情况等。其次，健全党委审计委员会治理模式下的协调机制，包括重大事项督察督办制度、跨区域跨部门联席会议制度、环境治理信息共享机制、环境治理利益协调机制等，在党委审计委员会统筹协调下，实现不同地区、不同部门和流域上下游的环境治理信息、资源等的互通共享，优化环境治理及环境审计资源的配置。最后，健全党委审计委员会及其下设办公室参与环境治理、环境审计等的制度规则，如健全环境审计提议制度、环境审计结果申诉制度、环境审计整改督察制度等，明确党委审计委员会及下设办公室的权责，凸显其主体地位。

第4章

长江经济带环境治理及环境审计协同现状

扎实开展前期调研，找准问题、摸清症结、厘清原因是环境审计协同治理体系构建的基础。本章先是分类调研剖析长江经济带环境治理及生态环境质量情况；其次，采用问卷调查法、实地调研法、档案数据分析法等分析长江经济带环境治理、环境审计及环境审计协同情况；最后，剖析当前环境审计及环境审计协同存在的问题及原因，为后文构建环境审计协同机制及实施路径夯实基础。

4.1 长江经济带环境治理情况

4.1.1 长江经济带环境治理投资情况

如表4-1所示，2008～2019年长江经济带11省（市）的生态环保投资总体呈上升趋势，而且各地区生态环保投资存在显著差异。相比而言，长江经济带11省（市）环保投资量逐年增加，但长江经济带环保投资占GDP的比重仍较低。当然，这可能是因为江苏、浙江、湖南、安徽处在长江中下游，承受了来自上游的环境压力，而且经济发展较快，需要更多生态环保投资。但总体而言，长江经济带投资占

GDP 的比重始终较低。

表 4 – 1　　　　2008～2019 年长江经济带各区域环保投资总额　　单位：亿元

区域	2008年	2009年	2010年	2011年	2012年	2013年	2014年	2015年	2016年	2017年	2018年	2019年	2019 年环保投资占 GDP 比重（%）
上海市	154	160	134	145	134	177	250	220	205	160	211	204	0.54
江苏省	396	370	466	527	657	800	881	953	765	715	612	537	0.54
浙江省	520	198	334	210	375	346	474	440	650	452	423	453	0.73
安徽省	139	139	180	212	330	468	429	440	498	505	463	469	1.26
江西省	39	70	157	173	316	235	231	236	313	315	441	595	2.40
湖北省	90	151	147	184	286	235	317	247	465	435	464	649	1.42
湖南省	91	146	107	101	190	224	214	538	200	219	440	202	0.51
重庆市	67	110	176	210	187	162	168	139	144	222	246	245	1.04
四川省	101	104	89	109	178	220	288	216	290	308	613	560	1.20
贵州省	23	21	30	47	69	106	170	138	118	217	344	393	2.34
云南省	44	80	106	88	132	189	152	141	146	143	261	250	1.07
总计	1664	1549	1925	2007	2855	3162	3574	3705	3797	3693	4517	4558	1.00

资料来源：中国环境统计年鉴、中国生态环境状况公报、中国生态环境统计年报。

由表 4 – 2 可知，2004～2019 年三大经济带的环保投入递增趋势明显，从三大经济带环保投入对比来看，长江经济带的环保投入一直稳居三大经济带之首，每年约占三大经济带环保投入的 50%；黄河经济带次之，每年约占三大经济带环保投入的 30%～40%；珠江经济带环保投入量最小，仅占三大经济带环保投入的 10%，这主要是因为长江经济带体量大且长江经济带的战略地位高，也从侧面客观印证了本书的重要意义。

表 4 – 2　　　　　2004～2019 年三大经济带环境治理投资额　　　单位：亿元

年份	长江经济带	黄河经济带	珠江经济带	总计
2004	739.2	456.8	182.3	1378.3
2005	899.8	545.5	255.4	1700.7
2006	908.5	640.7	250.4	1799.6
2007	1093.6	803.8	271.4	2168.8
2008	1664.1	1021.4	324.9	3010.4
2009	1548.5	1176.5	473.2	3198.2
2010	1925.4	1434.9	1716.5	5076.8
2011	2007.3	1482.7	609.0	4099.0
2012	2854.8	2358.5	652.1	5865.4
2013	3161.7	2684.8	772.3	6618.8
2014	3573.7	2893.0	826.1	7292.8
2015	3705.3	2556.2	832.1	7094.0
2016	3796.9	3005.2	1349.6	8151.7
2017	3692.6	3125.4	1444.4	8262.4
2018	4517.3	2710.2	1399.2	8626.7
2019	4558.0	2697.9	599.6	7855.4

资料来源：中国环境统计年鉴、中国生态环境状况公报、中国生态环境统计年报。

4.1.2　长江经济带固体废物整治情况

为了深入贯彻落实习近平总书记关于长江经济带"共抓大保护、不搞大开发"的方针，全力确保长江干线汛期安全，依据《中华人民共和国防洪法》《中华人民共和国水法》《中华人民共和国河道管理条例（修订）》等法律法规，2018 年，水利部印发《关于开展长江经济带固体废物清理整治的函》，开展了针对长江经济带 11 省（直辖市）的境内长江干流、主要支流、重点湖泊及其沿线的固体废物清理整治工作。截至 2018 年 9 月底，共对排查出的河道管理范围内的

1376 处固体废物进行了清理整治，到 2019 年初，经地方进一步鉴别，20 处非固体废物不在河道管理范围内，其余 1355 处已完成清理整治，见表 4 - 3。

表 4 - 3　　　　　　　　长江经济带固体废物清理整治清单汇总

省份	排查出的点位总数（处）	经进一步鉴别		已完成清理点位数（处）	已完成清理点位占比（%）	剩余待清理整理固体废物点位数量（处）
		非固体废物点位数量（处）	不在河道管理范围内的固体废物点位数量（处）			
上海	18			18	100	
江苏	151	6		145	64	
云南	84		5	79		
湖南	64			64	48	
江西	536	2		534	99	
贵州	22			22	55	
重庆	69		1	68	83	
四川	54			54	83	
湖北	232	5	1	225		1
安徽	127			127	99	
浙江	19			19	100	
合计	1376	13	7	1355	68	1

资料来源：中国环境统计年鉴、中国生态环境状况公报、中国生态环境统计年报。

如图 4 - 1 所示，从全国危险废物（含医疗废物）处理能力来看，2019 年底，全国危险废物（含医疗废物）经营单位核准收集和利用处置能力达到 12896 万吨/年（含收集能力 1826 万吨/年），2019 年度实际收集和利用处置量为 3558 万吨（含收集 81 万吨），其中，利用危险废物 2468 万吨，处置医疗废物 118 万吨，采用填埋方式处置危险废物 213 万吨，采用焚烧方式处置危险废物 247 万吨，采用水泥窑协同方式处置危险废物 179 万吨，采用其他方式处置危险废物 252 万吨。

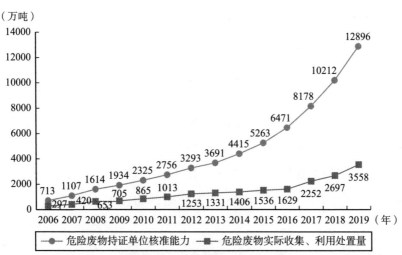

图 4 - 1　2006 ~ 2019 年危险废物持证单位核准能力及实际收集、利用处置情况

资料来源：全国大、中城市固体废物污染环境防治年报。

　　由图 4 - 2 可知，2019 年各省（自治区、直辖市）危险废物持证单位实际收集和利用处置量最多的是江苏省，而同处于长江经济带的

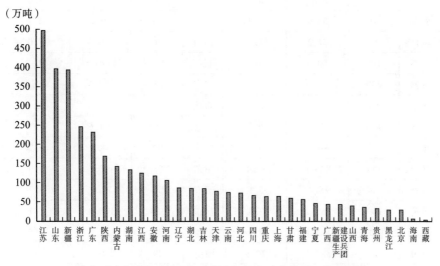

图 4 - 2　2006 ~ 2019 年全国 31 个省（自治区、直辖市）

危险废物实际收集和利用处置量

资料来源：全国大、中城市固体废物污染环境防治年报。

浙江、湖南、江西、安徽、云南等地区的危险废物持证单位实际收集和利用处置量也较高。

4.1.3 长江经济带自然保护区设置情况

近年来，我国加大环境保护，增设较多自然保护区，目前，全国共有自然保护区 2750 个，自然保护区面积 14716.7 万公顷，自然保护区面积占我国面积的 14.3%。其中，长江经济带的自然保护区 1096 个，自然保护区面积 1778.2 万公顷，如表 4-4 所示。

表 4-4 长江经济带自然保护区建设情况

地区	自然保护区数（个）	自然保护区面积（万公顷）	保护区面积占辖区面积比重（%）	地区	自然保护区数（个）	自然保护区面积（万公顷）	保护区面积占辖区面积比重（%）
全国	2750	14716.7	14.3	北京	20	13.5	8.2
上海	4	13.7	5.3	天津	8	9.1	7.6
江苏	31	53.6	3.8	河北	45	70.9	3.7
浙江	37	21.2	1.7	山西	46	110.2	7.0
安徽	106	50.6	3.6	内蒙古	182	1270.3	10.7
江西	200	122.4	7.3	辽宁	105	267.3	13.4
湖北	80	106.3	5.7	吉林	51	252.6	13.5
湖南	128	122.5	5.8	黑龙江	250	791.6	16.7
重庆	57	80.2	9.6	福建	92	44.5	3.2
四川	169	830.1	17.1	山东	88	113.6	4.9
贵州	124	89.4	5.1	河南	33	77.8	4.7
云南	160	288.2	7.3	广东	384	185.0	7.1
陕西	60	113.1	5.5	广西	78	135.0	5.5
甘肃	60	887.1	20.8	海南	49	270.7	6.9
青海	11	2177.3	30.1	西藏	47	4137.1	33.7
宁夏	14	53.3	8.0	新疆	31	1958.4	11.8

资料来源：中国环境统计年鉴、中国生态环境状况公报、中国生态环境统计年报。

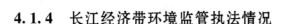

4.1.4　长江经济带环境监管执法情况

在强化环境督察执法方面，近年来长江经济带各区域还通过强化奖惩机制来激励各区域的环境保护行为。2009～2017 年间[①]，长江经济带各区域受理的行政复议环境保护案件数和行政处罚环境保护案件数都显著增加，尤其是 2015 年，除浙江和湖北之外，长江经济带其余 9 个省（市）的环境保护案件数陡增。究其原因，可能是 2015 年《生态文明体制改革总体方案》和新《中华人民共和国环境保护法》等的出台与实施，我国的环境保护迈入新纪元，强化了环境保护，环境保护案件随之增加，见表 4 - 5、表 4 - 6。

表 4 - 5　　　　长江经济带各区域受理行政复议环境保护案件数　　单位：件

地区	2009 年	2010 年	2011 年	2012 年	2013 年	2014 年	2015 年	2016 年	2017 年
上海	—	16	24	11	8	8	45	55	63
江苏	54	56	29	12	23	48	61	69	72
浙江	42	110	17	28	22	29	22	30	35
安徽	1	11	11	28	9	13	32	34	39
江西	3	5	1	11	8	6	5	5	6
湖北	12	9	1	2	7	24	24	27	29
湖南	18	15	3	10	7	11	23	25	30
重庆	47	54	28	32	42	37	61	65	72
四川	17	31	14	10	13	8	2	5	8
贵州	2	1	3	—	—	4	7	7	7
云南	4	4	3	2	7	29	32	30	41

资料来源：中国环境统计年鉴、中国生态环境状况公报、中国生态环境统计年报。

---

　　① 数据来源于"中国环境保护数据库"。该数据库中环境监管执法数据只更新到 2017 年，故此处受数据资源限制，我们主要分析 2009～2017 年长江经济带的环境监管执法情况，并未分析 2017 年以后的环境监管执法情况。

表4-6　　　　长江经济带各区域本级行政处罚环境保护案件数　　　　单位：件

地区	2009 年	2010 年	2011 年	2012 年	2013 年	2014 年	2015 年	2016 年	2017 年
上海市	—	1172	1158	963	2145	2006	2595	2724	2940
江苏省	9892	9704	6172	5002	5813	6210	7952	8012	8346
浙江省	8469	19479	9936	9743	9979	12054	11553	12106	13090
安徽省	268	757	690	665	763	870	1166	1240	1377
江西省	2190	1935	1930	1717	1553	1603	1360	1400	1512
湖北省	998	1604	1609	1209	2232	1432	2531	2601	2753
湖南省	1410	1566	2676	2141	1718	1651	1775	1814	1902
重庆市	1609	924	1548	804	1453	1605	2474	2511	2600
四川省	1456	1133	1769	1596	1629	1853	2344	2412	2511
贵州省	699	688	456	994	855	1059	1887	2015	2109
云南省	520	943	1423	865	1189	924	2177	2255	2308

资料来源：中国环境统计年鉴、中国生态环境状况公报、中国生态环境统计年报。

4.1.5　长江经济带中央环保督察情况

2015 年 7 月以来，中办、国办先后印发《环境保护督察方案（试行）》《中央生态环境保护督察工作规定》《中央生态环境保护督察整改工作办法》等，明确督察制度框架、固化督察程序和规范、界定督察权限和责任，为环保工作深入发展奠定坚实的法治基础。2015 年底，我国中央生态环保督察开始试点，着力啃"硬骨头"、消除"老大难"问题，解决长期想解决而未能解决的生态环境治理中的突出矛盾和重大问题。随后，2016 年 7 月到 2018 年 9 月，国家生态环境部门分四批对长江经济带 11 省市开展了首轮中央生态环保专项督察，并通过"回头看"跟踪专项督察的整改效果，共移交责任追究问题 860 个，追责问责 1431 人，解决了长江岸线保护、洞庭湖非法矮围整治等大家关注的生态问题。当然，我们也要看到中央生态环保专项督察整改仍存在敷衍整改、表面整改、虚假整改等问题，如何强化

"督"与"被督"的协调联动,抓好整改"后半篇文章"是长江经济带环境治理的关键和着力点如表4-7所示。

表4-7　长江经济带首轮中央生态环境保护督察及"回头看"情况

地区	督察批次	督查时间	回头看批次	回头看时间	整改问题数量	问责人数	敷衍整改、表面整改、虚假整改情况
上海市	第二批	2016.11.24 ~ 12.30	第一批	2018.5.30 ~ 7.7	46	71	—
江苏省	第一批	2016.7.12 ~ 8.19	第一批	2018.5.30 ~ 7.7	38	137	8 个典型案例
浙江省	第四批	2017.8.7 ~ 9.15	第一批	2018.5.30 ~ 7.7	46	109	—
安徽省	第三批	2017.4.24 ~ 5.28	第二批	2018.10.30 ~ 12.6	144	151	5 个典型案例
江西省	第一批	2016.7.12 ~ 8.19	第一批	2018.5.30 ~ 7.7	61	106	—
湖北省	第二批	2016.11.24 ~ 12.30	第二批	2018.10.30 ~ 12.6	84	221	5 个典型案例
湖南省	第三批	2017.4.24 ~ 5.28	第二批	2018.10.30 ~ 12.6	76	167	6 个典型案例
重庆市	第二批	2016.11.24 ~ 12.30	第一批	2018.5.30 ~ 7.7	152	79	—
四川省	第四批	2017.8.7 ~ 9.15	第二批	2018.10.30 ~ 12.6	89	160	6 个典型案例
贵州省	第三批	2017.4.24 ~ 5.28	第二批	2018.10.30 ~ 12.6	72	120	6 个典型案例
云南省	第一批	2016.7.12 ~ 8.19	第一批	2018.5.30 ~ 7.7	52	110	8 个典型案例

资料来源:中央生态环保督察通报。

4.2　长江经济带生态环境质量情况

生态环境是人类生存发展的根基，生态环境变化直接决定人类文明的演进更替。作为我国经济重心所在、活力所在，长江经济带的生态安全是中华民族永续发展的重要支撑。开展生态环境质量评价，确保长江经济带生态不被破坏具有重要的意义。如表4－8所示，从2001年到2020年，长江经济带生态环境整体呈稳中向好态势，具体来讲，生态环境变好的区域面积约占41.04%，生态环境变差的区域面积约占34.11%，生态环境质量保持稳定的区域面积约占24.85%。其中，生态环境变好的区域主要集中在云贵川、三峡库区、江苏北部和安徽中北部，生态环境恶化的区域主要集中在长三角地区、洞庭湖周边、江汉平原、安徽西北部、江浙沪沿海城镇地区。

表4－8　2001～2020年长江经济带生态环境等级变化及面积占比

类别	生态环境等级变化	面积（km²）	面积百分比（%）
变差	−5（生态环境指数降低0.4以上）	19094	0.96
	−4（生态环境指数降低0.4以内）	26763	1.35
	−3（生态环境指数降低0.3以内）	71781	3.62
	−2（生态环境指数降低0.2以内）	201603	10.16
	−1（生态环境指数降低0.1以内）	357667	18.03
不变	0（生态环境指数保持不变）	493111	24.85
变好	1（生态环境指数增加0.1以内）	418589	21.10
	2（生态环境指数增加0.2以内）	280989	14.16
	3（生态环境指数增加0.3以内）	86634	4.37
	4（生态环境指数增加0.4以内）	20364	1.03
	5（生态环境指数增加0.4以上）	7682	0.39

资料来源：中国环境统计年鉴、中国生态环境状况公报、中国生态环境统计年报。

4.2.1　长江经济带水环境质量情况

从长江经济带509个水质观测站观测数据来看，长江流域Ⅰ～Ⅲ
类水质断面和劣Ⅴ类水质断面分别占比91.7%和0.6%，与2018年
相比，前者上升4.2个百分点，后者下降1.2个百分点。其中，干流
和主要支流水质均为优。当然，需要说明的是长江经济带各地区水质
存在显著差异，局部水环境问题依然突出。其中，云南和重庆Ⅰ～Ⅲ
类水的占比分别是84.5%和88.6%，安徽、江苏庆Ⅰ～Ⅲ类水的占
比分别是72.8%和77.9%，贵州、江西、浙江、四川、湖北、湖南
Ⅰ～Ⅲ类水占比则达到90%以上，相对较好，见表4－9。

表 4－9　　　　　　　　　　2019 年长江流域水质质量状况

水体	断面数（个）	2019 年各类型水质的比例（%）					
		Ⅰ类	Ⅱ类	Ⅲ类	Ⅳ类	Ⅴ类	劣Ⅴ类
干流	59	6.8	91.5	1.7	0	0	0
流域	509	3.3	67	21.4	6.7	1	0.6
跨界断面	60	3.3	81.7	13.3	1.7	0	0
主要支流	450	2.9	63.8	24	7.6	1.1	0.7

水体	断面数（个）	比 2018 年变化（%）					
		Ⅰ类	Ⅱ类	Ⅲ类	Ⅳ类	Ⅴ类	劣Ⅴ类
干流	59	0	13.5	－13.6	0	0	0
流域	509	－2.4	12.3	－5.7	－2.3	－0.8	－1.2
跨界断面	60	－8.4	11.7	0	－3.3	0	0
主要支流	450	－2.6	12.1	－4.6	－2.6	－0.9	－1.3

资料来源：中国生态环境状况公报。

4.2.2　长江经济带大气环境质量情况

表4－10反映了长江经济带的大气污染排放情况，由表可知，从

SO_2 的排放情况来看，江西、贵州、安徽的 SO_2 排放比较多，其中，江西省的 SO_2 排放远高于全国平均水平，当然，这可能源于江西地区产业结构的影响。从 NO_2 的排放来看，上海、重庆、江苏、安徽、浙江五个省（直辖市）的排放较多，长江经济带江西、湖北、湖南、四川、云南、贵州这六个省的排放相对较少；从 CO 的排放来看，湖北、安徽、江西、湖南、重庆、江苏等 5 个省（直辖市）的排放量较大，而四川、云南、贵州、浙江、上海 5 个省（直辖市）的 CO 排放相对较少；从臭氧排放来看，江苏、安徽、湖北、重庆 4 个省（直辖市）的排放比其他 7 个省（直辖市）多一些。此外，由降水 pH 平均值可知，云贵地区和湖北省的空气质量最好，湖南、浙江、江西、江苏、上海等 5 个省（直辖市）空气质量优良率最低。

表 4－10　　　2019 年长江经济带各省市六项污染物年均值状况

地区	SO_2	NO_2	PM_{10}	$PM_{2.5}$	CO	O_3	降水 pH 平均值
江苏	9	34	70	43	1.2	173	5.49
上海	7.2	42	45	35	0.66	151	5.34
云南	9	16	38	22	1	127	6.34
浙江	7	31	53	31	1	154	5.13
重庆	7	40	60	38	1.2	157	5.82
湖北	9	26	70	42	1.4	158	6.81
江西	13	24	24	35	1.4	151	5.12
贵州	10	18	38	24	1	118	6.40～7.89
安徽	10	31	72	46	1.2	165	5.79
湖南	9	25	61	41	1.4	148	5.03
四川	9.4	27.8	52.9	34.4	1.1	134	5.97
全国	11	27	63	36	1.4	148	4.22～8.56

资料来源：2019 年各省（自治区、直辖市）生态环境状况公报。

4.2.3 长江经济带森林资源保护情况

近年来，随着长江经济带生态环境保护战略的实施，长江经济带的生态环境逐步得到修复恢复，环境质量有所提升。如表 4-11 所示，以森林资源保护为例，2018～2019 年，长江经济带共完成植树造林 248.21 万公顷，约占同时期全国植树造林总量的 35.13%。其中，川渝两地、湖北、湖南和贵州等长江中上游地区植树造林面积较大，这可能是因为这些地区面积本身比较大，且工业用地对地区面积的占用比较低。进一步从森林覆盖率来看，截至 2019 年年底，长江经济带 11 个省（直辖市）的森林覆盖率平均值为 44.93%，相当于全国森林覆盖率平均值的两倍。其中云贵地区、江西、浙江、湖南、重庆地区的森林覆盖率比长江经济带其他 5 个省（直辖市）的森林覆盖率高，森林覆盖率均高于 50%。

表 4-11   长江经济带造林面积、森林覆盖率及生态环境状况指数

省市/全国	全年完成造林面积（万公顷）	森林覆盖率（%）	生态环境状况指数
江西	6.98	63.10	76.11
江苏	4.40	12.19	66.10
浙江	1.43	61.15	69.20
贵州	34.68	59.95	优 8.9%、良 84.6%、一般 6.5%
上海	0.75	17.60	62.40
安徽	5.12	28.65	68.60
云南	26.40	62.40	优 44.19%、良 55.81%
湖南	33.30	59.90	77.80
湖北	29.92	39.60	70.50
四川	62.56	39.60	71.90
重庆	42.67	50.10	—
小计	248.21	—	—
全国	706.70	22.96	51.30

资料来源：2019 年各省（自治区、直辖市）国民经济统计公报、2020 年生态环境公报。

另外，从生态环境状况指数来看，江西、湖南 2 个省份的生态环境指数分别为 76.11 和 77.80，生态环境状况指数级别为优，而其余的云贵川、湖北、江苏、浙江、上海、安徽、重庆 9 个省（直辖市）的生态环境状况指数在 62.40 ~ 71.90 之间，均远高于全国生态环境状况指数平均值 51.30。云贵地区的生态环境状况最好，贵州地区的生态环境状况优良率为 93.50%，而云南的生态环境状况优良率达到 100%。

4.2.4　长江经济带水土流失状况

近年来，长江经济带十分重视土壤环境保护，先后密集出台了《长江经济带生态环境保护规划》、"土十条"等文件，并组织开展了土壤污染状况详查工程、污染土壤治理与修复试点示范工程、土壤污染治理技术创新工程、土壤污染风险管控体系建设工程等系列工程，稳步推进长江经济带土壤环境保护工作。从水土流失治理来看，2018 年全年，长江经济带 11 省（直辖市）水土流失的总面积为 40.10 万平方千米，约占地区总面积的 21.35%，比 2011 年全年的水土流失量少了 38964.96 平方千米（约占地区总面积的 19.46%）。2019 年，长江经济带 11 省（直辖市）的水土流失量进一步下降，全年水土流失量为 29.39 万平方千米。其中，水土流失最严重的是云贵川、湖南、湖北和重庆等地区，尤其是嘉陵江中下游、金沙江下游、赤水河上中游、岷江沱江中下游、三峡库区等区域的水土流失问题最为严重，这些地区 2019 年的水土流失面积达到地区面积的 4.50% ~ 31.32%，如图 4 - 3 所示。

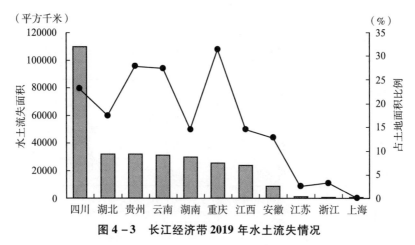

图 4 - 3　长江经济带 2019 年水土流失情况

资料来源：水利部长江水利委员会编《长江泥沙公报 2019》。

4.2.5　长江经济带资源利用效率情况

长江经济带环境治理从根本上还在于生产生活方式的绿色转型，因此，转变经济增长方式，提高资源利用率非常重要。表 4 - 12 列示了长江经济带各区域单位 GDP 耗水耗能情况，由表 4 - 12 可知，2019年长江经济带各地区单位生产总值能耗都有所下降。从水资源利用效率看，浙江、上海每万元 GDP 的耗水量分别是 27.87 立方米和 27.1立方米，用水最节约。从电力资源利用效率看，上海、湖北、湖南、重庆的用电效率较高。

表 4 - 12　　　　**2019 年长江经济带单位 GDP 耗能耗水情况**

地区	单位 GDP 用水量 （立方米/万元）	单位 GDP 用电量 （千瓦时/万元）	单位 GDP 用电量 下降率（%）
安徽省	77.01	619.90	- 1.25
江西省	101.30	620.30	- 1.38

地区	单位 GDP 用水量 （立方米/万元）	单位 GDP 用电量 （千瓦时/万元）	单位 GDP 用电量 下降率（%）
湖南省	84.78	468.99	−2.37
重庆市	32.70	491.49	−5.16
四川省	55.58	565.44	−1.37
贵州省	63.69	918.75	−4.83
上海市	27.10	411.10	−5.50
浙江省	27.87	754.79	−3.42
江苏省	59.42	628.75	−4.37
湖北省	64.79	483.17	−1.98
云南省	67.04	780.25	−2.97

资料来源：国家统计局数据库。

4.2.6 长江经济带声环境质量情况

4.2.6.1 全国城市声环境质量

2019 年，直辖市和省会城市各类功能区共监测 3438 点次，昼间、夜间各 1719 点次。昼间共有 1523 个监测点次达标，达标率为 88.6%，夜间共有 1033 个监测点次达标，达标率为 60.1%。表 4-13 列示了 2019 年直辖市和省会城市的功能区总点次达标率。由表 4-13 可知，位于长江经济带的杭州、郑州、合肥、南昌、武汉、长沙、成都等城市的昼间总点次达标率偏低，昼间总点次达标率更低，声环境质量较差。

表 4-13　　　　　2019 年直辖市和省会城市功能区总点次达标率　　单位：%

城市名称	总点次达标率		城市名称	总点次达标率	
	昼间	夜间		昼间	夜间
北京	93.8	75.0	武汉	81.3	54.2
天津	90.0	63.8	长沙	78.3	50.0
石家庄	93.8	70.8	广州	65.9	40.9
太原	94.4	75.0	南宁	96.4	46.4
呼和浩特	100.0	42.1	海口	100.0	68.8
沈阳	96.4	67.9	重庆	96.6	70.5
长春	93.8	45.3	成都	84.2	47.4
哈尔滨	79.4	38.2	贵阳	93.8	25.0
上海	90.4	66.8	昆明	96.9	65.6
南京	99.0	86.5	拉萨	87.5	81.3
杭州	84.8	44.6	西安	96.9	34.4
合肥	75.0	73.3	兰州	82.1	42.9
福州	86.3	53.8	西宁	65.0	40.0
南昌	87.5	62.5	银川	95.0	77.5
济南	83.3	63.3	乌鲁木齐	96.7	66.7
郑州	75.0	31.3	—	—	—

资料来源：中国环境噪声污染防治报告。

4.2.6.2　道路交通声环境质量情况

道路交通声环境是影响区域声环境质量的重要因素，2019 年全国共有 322 个地级及以上城市报送了昼间道路交通声环境质量监测数据，共监测了 21039 个点位，共监测道路长度 36492.6 千米。全国城市昼间道路交通噪声平均值为 66.8dB（A）。其中，昼间道路交通噪声强度评价为一级的城市为 221 个，占 68.6%；二级的城市为 85 个，占 26.1%；三级的城市为 15 个，占 4.7%；四级的城市为 2 个，占

0.9%。进一步由表 4-14 的直辖市和省会城市昼间道路交通噪声监测结果来看，2019 年，直辖市和省会城市昼间道路交通声环境质量共监测道路长度 9906.6 千米，道路交通噪声昼间平均等效声级为 68.5dB（A）。其中，位于长江经济带的武汉市、长沙市、成都市、合肥市、上海市、贵阳市、杭州市、南京市、南昌市、昆明市、重庆市等 11 个城市昼间道路交通噪声超 70dB（A）比例分别是 40.0%、42.8%、25.7%、39.8%、34.2%、45.0%、30.2%、13.8%、19.0%、6.6%、4.3%，多数城市的声环境质量较好。

表 4-14　　2019 年直辖市和省会城市昼间道路交通噪声监测结果

单位：dB（A）

城市	覆盖路长（千米）	超 70dB（A）比例（%）	Ld dB（A）	城市	覆盖路长（千米）	超 70dB（A）比例（%）	Ld dB（A）
哈尔滨	120.2	78.9	71.8	呼和浩特	223.5	20.5	68.3
武汉市	394.4	40.0	69.3	兰州市	123.3	23.9	68.8
长沙市	355.7	42.8	69.4	西宁市	85.7	53.9	69.9
沈阳市	144.0	48.3	70.0	南宁市	159.7	34.5	69.0
西安市	202.1	53.9	69.9	郑州市	131.3	18.9	67.0
济南市	191.3	43.7	69.6	杭州市	707.9	30.2	68.6
太原市	137.6	29.6	68.7	乌鲁木齐	378.4	12.1	64.9
成都市	214.8	25.7	69.2	南京市	279.7	13.8	67.5
长春市	279.7	29.3	69.4	天津市	499.5	20.3	67.6
福州市	335.3	40.5	68.7	石家庄	399.2	20.7	66.9
上海市	204.1	34.2	68.2	南昌市	252.1	19.0	66.7
贵阳市	285.2	45.0	69.8	昆明市	296.4	6.6	67.4
海口市	145.4	26.2	68.9	重庆市	533.9	4.3	65.6
合肥市	591.7	39.8	68.6	拉萨市	53.0	4.7	67.8
北京市	962.7	46.6	69.6	银川市	198.8	8.9	65.9
广州市	1019.9	39.3	69.3	—	—	—	—

资料来源：中国环境噪声污染防治报告。

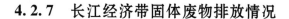

4.2.7 长江经济带固体废物排放情况

按照生态环境部《大中城市固体废物污染环境防治信息发布导则》要求,各省(区、市)生态环境厅(局)应规范和严格信息发布制度,每年定期发布辖区内的大、中城市固体废物污染环境防治信息并汇总向生态环境部上报,2014~2019年信息发布城市数量见表4–15。2014~2019年每年强制101~104个大、中城市发布当年的固体废物污染环境防治信息。其中,从2019年102个强制发布城市和98个自愿发布城市所发布的固体废物污染环境防治信息来看,2019年上述200个城市共产生一般工业固体废物13.8亿吨,其中含医疗废物84.3万吨、工业危险废物4498.9吨、生活垃圾23560.2万吨。在本书中,根据这200个大、中城市发布的固体废物污染环境防治信息来分析长江经济带固体废物污染情况。

表 4 – 15 　　　　　　　 2014~2019 年信息发布城市数量　　　　　　单位:个

发布年份	强制发布城市		自愿发布城市	总数
	重点城市	模范城市		
2014	47	54	162	263
2015	47	56	141	244
2016	47	56	143	246
2017	47	57	110	214
2018	47	57	98	202
2019	47	55	98	200

资料来源:全国大、中城市固体废物污染环境防治年报。

4.2.7.1 一般工业固体废物

根据2019年各省(区、市)大、中城市发布的一般工业固体废

物产生情况，一般工业固体废物产生量排在前三位的省（区、市）是
内蒙古、辽宁、山东，而长江经济带的江苏、四川、湖北、浙江等省
的一般工业固体废物分别排到全国的第四、第六、第九和第十位，排
放量偏高，如图4-4所示。

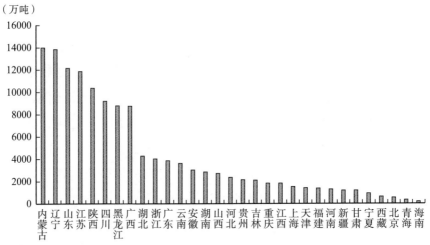

图4-4 2019年全国31个省（自治区、直辖市）一般工业固体废物产生情况

资料来源：全国大、中城市固体废物污染环境防治年报。

4.2.7.2 工业危险废物

根据2019年全国31个省（区、市）大、中城市发布的一般工业
固体废物产生情况统计可知（见图4-5），处在长江经济带的江苏
省，其工业危险废物产生量排名全国第二，长江经济带中的湖南、浙
江、四川分别排在第四、第五和第七位。

4.2.7.3 医疗废物

根据2019年各省（区、市）大、中城市发布的医疗废物产生情
况统计可知（见图4-6），长江经济带中的四川、浙江、江苏、上
海、湖北、湖南等六个省份所产生的医疗废物分别排在全国的第二、

第三、第五、第六、第七位和第八位，远远高出全国其他地区。

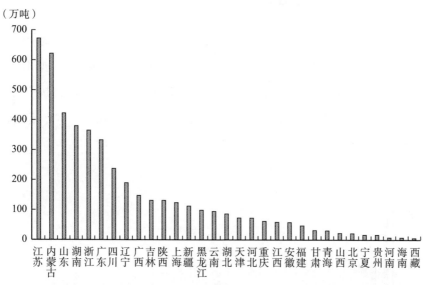

图 4 - 5　2019 年全国 31 个省（自治区、直辖市）工业危险废物产生量

资料来源：全国大、中城市固体废物污染环境防治年报。

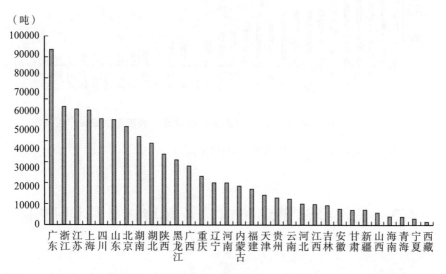

图 4 - 6　2019 年全国 31 个省（自治区、直辖市）医疗废物产生量

资料来源：全国大、中城市固体废物污染环境防治年报。

4.2.7.4 城市生活垃圾

根据2019年各省（区、市）大、中城市发布的生活垃圾产生情况统计可知（见图4-7），长江经济带中的江苏、浙江、四川、湖北、上海、湖南、重庆等七个省（市）所产生的城市生活垃圾分别排在全国的第二、第三、第五、第六、第七、第八位和第十位，远远高出全国其他地区。

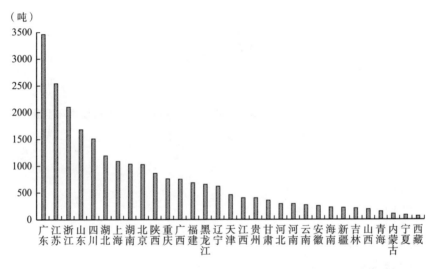

图4-7 2019年全国31个省（自治区、直辖市）城市生活垃圾产生情况

资料来源：全国大、中城市固体废物污染环境防治年报。

4.3 长江经济带环境审计及环境审计协同调研

为了跟踪长江经济带各省、市、区县环境审计及环境审计协同情况，了解长江经济带各层级审计机关对生态环境政策和环境审计协同政策的知晓度和认可度，了解长江经济带各层级审计机关环境审计内容、方法、程序、审计结果应用等情况，分析长江经济带环境审计协同机制建设存在的问题与不足，我们课题组到长江经济带 11 省（直辖市）省级审计机关和重庆市万州区、渝中区、大渡口区、江北区、沙坪坝区、渝北区、巴南区、长寿区、江津区、开州区、梁平区、忠州区的生态环境局和审计部门进行了实地调研并召开座谈会（座谈会提纲详见附件 2 和附件 4），除此之外，项目组还委托长江经济带 11 省（直辖市）的审计厅（局）向审计署各省（直辖市）特派办、重庆各区县审计局以及上长江经济带其他省份审计厅（局）发放长江经济带环境审计协同调查问卷（电子问卷），问卷调查对象为审计厅（局）分管人事的负责人与环境审计小组成员。

4.3.1　环境审计协同调研问卷设计

课题组根据全面性、代表性、有效性等原则，在查阅审计署、审计厅（局）网站等相关资料后，结合环境审计协同治理实践设计了长江经济带环境审计协同调研初始问卷。首先向重庆市各区县审计局、生态环境局发放了 50 份问卷进行了试调查，并根据初步调查的反馈情况对调查问卷的内容、语句表述和设问方式进行了优化调整，以提高问卷调查的信度和效度。通过上述试调查和反馈修改，项目组最终设计出如研究报告附件 3 所示的调查问卷。问卷总共包括参与调查的环境审计人员基本信息、环境审计协同认知情况、环境审计协同实务情况、环境审计结果协同运用情况 4 个模块，共设计 25 道题，分别为 12 个单选题，11 个多选题，2 个量表题（采用里克特 5 级量化评价标准），如表 4 - 16 所示。

表 4 – 16　　　　　　　　　　　　问卷调查内容模块

分类	题号	调研内容
Ⅰ 参与调查的环境审计人员基本信息	1 – 5	了解参与问卷调查的环境审计人员总体情况
Ⅱ 环境审计协同认知情况	6 – 9	了解被调查者对环境审计协同的重要性、重视程度以及对环境审计协同政策、环境审计协同影响的认知情况
Ⅲ 环境审计协同实务情况	10 – 16	了解被调查者所在地区或单位开展环境审计协同的机构、模式、方式、机制及环境审计协同的具体实施情况
Ⅳ 环境审计协同成果运用情况	17 – 25	了解被调查者所在地区或单位环境审计结果协同运用情况

4.3.2　环境审计协同问卷调查实施

4.3.2.1　问卷发放与处理

此次问卷调查的受访者主要是长江经济带各级审计机关的环境审计人员，由各审计机关人事部门随机抽取环境审计人员进行问卷发放。本次调查共发放 360 份问卷，现场（座谈会期间）发放 78 份，网络（以微信、邮件等方式）发放 282 份，实际回收问卷 328 份，剔除无效问卷（问卷回答明显不对的或者前后存在矛盾的问卷）后共回收有效问卷 306 份，有效率为 93.29%。

4.3.2.2　问卷可靠性分析

对参与此次问卷调查的长江经济带环境审计人员基本情况进行分析，既便于掌握长江经济带环境审计人员业务素质情况，又便于分析调查对象选择的合理性。如表 4 – 17 所示，参与此次问卷调查的环境审计人员大多来自地市级审计机关，占比 59.15%，来自省厅级和县级审计机关的环境审计人员占比为 12.75% 和 28.10%；从被调查者的专业背景来看，长江经济带环境审计人员多是审计/财务专业出身，占比达到 57.52%，拥有计算机专业背景的环境审计人员最少，仅占 3.92%，这可能是当前环境审计过程中大数据、区块链、人工智能等技术应用少的原因；从被调查者的学历结构来看，长江经济带环境审计人员以本科学历为主，占比 70.26%，专科学历占比 11.11%，有一定数量的研究生和博士生，研究生和博士生主要分布在省厅级审计机关；从被调查者的技术职称来看，被调查的环境审计人员中，55.56% 是中级职称，高级职称偏少；从参与调查的环境审计工作经验来看，目前长江经济带各层级审计机关环境审计人员多是最近 3～5 年开始从事环境审计业务的，这类人员占比 66.67%，环境审计工作经验在 3 年以下占比 33.33%，5 年以上的没有。

表 4-17　　　参与此次问卷调查的环境审计人员基本情况统计

信息	被调查者类别	人数	百分比（%）
参与调查的环境审计人员所在单位级别	县级审计机关	86	28.10
	地市级审计机关	181	59.15
	省厅级审计机关	39	12.75
环境审计人员专业背景	工程/环境类专业	28	9.15
	经济/管理类专业	45	14.71
	计算机专业	12	3.92
	审计/会计类专业	176	57.52
	其他专业	45	14.71
环境审计人员学历结构	研究生学历	45	14.71
	本科学历	215	70.26
	专科学历	34	11.11
	其他学历	12	3.92

信息	被调查者类别	人数	百分比（%）
环境审计人员技术职称	高级职称	57	18.63
	中级职称	170	55.56
	初级职称	68	22.22
	其他职称	11	3.59
环境审计工作年限	5年以上工作经验	0	0
	3～5年工作经验	204	66.67
	3年以下工作经验	102	33.33

为了验证本次问卷调查的可靠性，本书利用SPSS软件对调查问卷进行了信度检验。本次回收有效问卷306份，问卷调查标准化后的克朗巴哈系数（Cronbach's alpha）为0.79，大于0.7（一般认为，该系数大于0.7时，调查问卷可靠性较强），换句话说，本次问卷调查得出的结果基本可信。

4.3.3 环境审计及环境审计协同情况

4.3.3.1 长江经济带开展环境审计的主体

从审计组织机构来讲，我国环境审计可以由政府审计、内部审计和社会审计（第三方独立审计组织）来开展。但鉴于资源环境的公共性、环境审计的专业性和复杂性等，全国范围内针对自然资源和生态环境的民间审计尚未发展起来，而利益驱使下被审计单位或区域内部进行的环境审计更是少之又少，因此，长江经济带环境审计还是以政府审计为主。

4.3.3.2 长江经济带环境审计的主要目标

长江经济带环境审计的主要目标是贯彻落实党中央、国务院及各省（直辖市）关于生态文明建设的决策部署，根据各地区经济社会发展特点和自然资源禀赋，围绕坚决打好污染防治攻坚战，推进生态文明建设工作，通过审计各地区贯彻执行上级关于生态文明建设的方针政策和决策部署、遵守自然资源资产管理和生态环境保护法律法规、重大事项决策及执行、目标任务完成、监管责任履行、资金管理使用及有关项目建设运行等情况，揭示自然资源资产管理和生态环境保护领域存在的突出问题和风险隐患，督促各地区切实履行自然资源资产管理和生态环境保护责任，促进长江经济带自然资源资产管理优化和维护长江经济带生态安全。

4.3.3.3　长江经济带环境审计的内容框架

（1）贯彻落实长江经济带环境保护重大方针政策和决策部署情况。

主要审查相关地方政府落实长江经济带生态环境保护规划等相关政策的情况，比如生态文明体制改革任务、各项规划、行动计划、重点任务滚动计划等。

第一，审查生态文明体制相关改革任务推进不力问题。主要考察河长制、生态保护补偿、生态保护红线、跨区域生态保护和环境治理联动机制等生态文明体制改革所涉及各项改革任务和各地区出台的环境治理规划、实施方案等在长江经济带各省（直辖市）的推进情况及效果，发现存在的问题、缺陷和障碍，提出审计整改建议，助力生态文明体制改革各项任务落地生效。

第二，审查未严格落实环境保护目标责任问题。以长江经济带各地区生态保护规划为依据，对标各项目标任务，审查长江经济带各省（市）完成环境目标任务的情况。这些环境保护目标任务主要包括两个方面：一是生态环境主要指标，包括了解和审查长江经济带各区域资源环境开发利用量，生态环境质量等；二是与环境保护有关的阶段性目标任务落实情况。

第三，审查相关地方不同部门、区域、上下级之间的行业、产业发展规划不衔接的问题，特别是产业发展规划可能还有大开发的意图，与生态保护规划冲突的情况。长江经济带各省市发展规划和行业规划要与《长江经济带发展规划纲要》相衔接，对不符合纲要的内容要及时调整更改。

（2）长江经济带资源、生态保护情况审计。

主要审查相关地方执行主体功能区、最严格水资源管理、岸线开发利用管理，湿地等生态保护制度的情况。

第一，主体功能区资源、生态保护情况审计。为了落实长江经济带"不搞大开发、共抓大保护"的总体战略，国家将长江经济带各地区进行了"优化开发、重点开发、限制开发、禁止开发"等四种功能定位，并按主体功能区规划要求，建立生态环境硬约束机制，列出负面清单，设定禁止开发的河段、岸线、区域等。环境审计应该按照长江经济带主体功能区的发展规划要求，对标对表，审查各地区主体功能区建设规划落实情况，强化生态环境分区管治。

第二，最严格水资源管理制度执行情况审查。最严格水资源管理制度执行情况审查也就是根据 2012 年国务院发布的《关于实行最严格水资源管理制度的意见》和 2016 年水利部与发展改革委共同发布的《"十三五"水资源消耗总量和强度双控行动方案》，审查长江经济带各省（市）水资源消耗总量和强度双控的执行情况，包括规范取水许可审批管理等制度建设及执行情况。

第三，岸线开发利用管理情况审查。其核心在于监督审查三项内容：一是监督和考核在河湖源头、上游、支流的禁止开发区、重要生态功能区、生态敏感区违规开发建设，或过度开发水电等资源破坏生态环境的行为；二是审查未经合法审批在河道管理范围内建设工程，非法侵占、围垦湖泊湿地、乱占滥用和占而不用岸线的问题；三是依据《入河排污口监督管理办法》和各省市的《长江入河排污口专项检查行动自查报告》《长江入河排污口专项检查行动重点复查总结报告》等，审查沿江取水口、排污口布局不合理的问题。

（3）长江经济带污染防控情况审计。

长江经济带污染防控情况审计是长江经济带环境审计的重中之重。它主要检查各地区突出环境污染问题，反映相关地方政府不作为、乱作为情况，即检查发现生态重要区域、水域存在的最紧迫、最重大的环境污染问题，比如个别湖库水质较差或水质恶化严重，个别企业或园区污染严重等。在发现突出环境污染或环境风险隐患的基础上，进而分析产生原因，是否存在相关地方政府、部门、单位在环境执法监管中未严格执行相关环境法律法规和行动计划，未落实地方政府责任，或在环境污染问题产生后，地方政府、部门、单位未积极推进污染治理的情况，导致环境污染问题得不到及时纠正。具体来讲，重点关注以下三个方面：

第一，重点审查江河湖库水质不达标甚至污染严重、企业非法排放污染物、不正常运行污染治理设施、监测数据弄虚作假问题。这里主要是依据《中华人民共和国水污染防治法》等规定，国家关于水十条、大气十条、土壤十条考核指标的文件、政策、法规等，审查重要江河湖库断面水质超标，甚至局部水域污染严重，以及相关重点工业企业不严格履行环保责任问题。

第二，审查企业是否违规生产、存放、运输危险化学品。长江经济带突发环境事件的污染物类型主要是危险化学品，历史上长江经济带多个省份都曾发生过危险化学品污染突发环境事件。环境审计机关可以根据媒体、生态环境部门等提供的信息，寻找违法线索，到地方安监部门核查危险化学品申报与登记信息，查询涉危企业环境情况审查结果，查看企业许可证和企业的生产、用电、税务记录等，核实企业有无违规生产、贮存及运输危险化学品等情况。

第三，审查工业集聚（园）区工业污染排放未得到集中处理或未达到预处理工艺要求却排入污染排放集中处理设施的问题。以污水废水处理为例，根据"水十条"和《中华人民共和国水污染防治法》的规定，新建、升级工业集聚区（园）（包括经济技术开发区、高新技术产业开发区、出口加工区等）应同步规划完善污水处理、固体废弃物处理等污染防治基础设施。比如，2021 年 12 月至 2022 年 3 月，中央第二生态环境保护督察组（以下简称督察组）对贵州省开展了第二轮生态环境保护督察，发现近年来尽管贵州省生态环境保护取得较大进展，但与党中央要求和人民群众期盼相比仍有差距，长江保护修复问题依然突出。具体表现如下：不少领导对贵州生态环境的脆弱性认识不足，存在盲目乐观、责任懈怠的情况，部分领导将环境保护和经济发展"割裂"甚至"对立"看待，使得部分地区的环境保护工作严重滞后于经济发展；赤水河流经遵义市茅台镇的 11 条支流中，有 4 条水质为劣 V 类；乌江流域"三磷"污染依然突出；生活污水收集处理设施建设滞后。全省污水收集率不高，其中安顺市紫云县污水收集率仅为 3.2%；抽查 64 个县（市、区）有 23 个存在污水直排溢流问题。从这一点可以看出，我们在环境审计时不仅要审查污染排放情况，还要关注污染防治体系建设情况。

（4）长江经济带工业结构和工业布局优化调整情况审计。

主要检查党的十八大以来相关地方工业产业结构调整变化情况，执行差别化区域产业政策、空间和环境准入等制度的情况。环保部等四部委都要求不同区域要实行差别化环境准入，如在长江经济带江淮地区和长江中游要严格限制涉危涉化建设项目环境准入、长三角地区优化开发区要进一步严格对石化、化工、印染、造纸等项目的环境准入等，长江经济带环境审计要重点审计诸如此类各区域的工业结构和工业布局优化调整情况。具体来讲，重点关注以下方面的问题：

第一，审查相关区域未严格控制钢铁、造纸、纺织、火电、制革等高耗水、高污染行业产能的问题和未严格落实新、改、扩建焦化、氨肥、有色金属、农药等十大重点行业项目主要污染物排放等量或减量置换要求的问题。《长江经济带生态环境保护规划》中要求严格控制高耗行业发展，并明确了在不同城市的重点限制行业，如限制上海、马鞍山、南京等地钢铁行业，杭州、成都、南昌等地造纸行业。审计中针对上述行业主要检查是否存在违规新增项目、新增产能的情况，特别是规划中明确的地市和产业要重点关注。

第二，重点审计长江中上游地区承接产业转移未严格把控环保准入关的问题。由于长江中上游地区承接产业转移的基础设施、管理制度等软硬件条件还不强，产业转移可能带来污染转移和风险集聚。因此长江经济带环境审计要重点审计沿江中上游省市承接产业转移环境风险评估、防控和产业准入负面清单制定等监管情况，下游高污染高排放企业向上游转移问题。

第三，重点审计在长江干流自然保护区、风景名胜区等重点管控地区的新建项目，审查这些地区新建项目的环境影响情况。

第四，审查各地整体产业结构布局、高污染行业分布情况，如通过数据分析、实地查看等方式审查是否存在违规新建化工项目问题。

第五，审计经停产整顿、限期治理仍排放不达标的沿江工业企业未依法关闭搬迁、退出的问题。

（5）长江经济带环境保护治理项目实施情况审计。

以环境保护治理项目为导向，审查项目资金使用的合法性和效益性，监督项目运行情况等，摸清中央和省级地方政府安排使用生态环境保护资金情况及相关项目的总体进度，找出阻碍因素并提出整改建议。我们需要重点关注以下几个问题：

第一，审查相关部门、单位是否存在通过多头、重复、虚假申报等方式骗取生态环境保护财政资金、闲置浪费资金、改变资金使用用途等问题。因此，环境审计过程中要重点审查财政资金分配、管理、使用方面的骗取套取、虚报冒领、跑冒滴漏、挤占挪用等问题。

第二，审查沿江城镇生活污水处理能力不足的问题。主要是因为沿江城镇在城市化进程中，由于城镇规模快速扩大、人口快速增加、工业生活用水量大幅上升等造成的城镇生活污水排放增长量超过了该地区生活污水处理能力的增长，使得部分城镇生活污水不能得到及时处理。从这一点来看，在环境审计时，还需重点关注该区域污水处理设施是否能跟上环境治理的需要。

第三，审查污染处理设施是否实现设计目标、是否存在污染处理设施运行不规范、污染处理设施二次污染或闲置浪费等问题。

第四，审查是否存在生态保护和修复项目质量未达到相应技术标准，后期管护不到位造成生态退化等问题，或因项目效益不佳等造成水质由好变差等问题。环境审计时要重点审计生态修复项目的建设质量和绩效，以及生态修复成果是否得到巩固，有无反弹情况。

4.3.3.4 长江经济带环境审计协同现状及存在的问题

为了掌握长江经济带环境审计协同情况，我们向长江经济带各级审计机关环境审计人员发放了 360 份问卷，其中，现场发放 78 份，网络发放 282 份，实际回收 328 份问卷，剔除无效问卷（回答明显不对的或者前后存在矛盾的问卷）后共回收有效问卷 306 份，有效率为 93.29%。下面我们通过分析问卷调查结果来厘清长江经济带环境审计协同现状及存在的问题。

（1）环境审计协同认识情况分析。

如表 4-18 所示，通过对长江经济带各级审计机关环境审计人员的调查访谈发现，68.30% 的被调查者认为长江经济带开展环境审计协同是必要的，但仍有 31.70% 的被调查者认为环境审计协同无实际意义。究其原因可能是当前环境审计协同更多是流于形式，并未发挥其实际效果，导致大家对其认可度较低。进一步地，从被调查者对长江经济带环境审计协同相关政策的知晓度来看，大多数被调查者一般熟悉和不太熟悉长江经济带的环境审计协同政策文件，仅有少部分被调查者比较熟悉环境审计协同政策文件（占被调查者总人数的9.26%）。另外，从各单位环境审计协同重视程度来看，59.26%的被调查者认为所在单位并不重视或者不太重视环境审计协同，仅有9.26%的被调查者认为所在单位很重视环境审计协同。

表 4 – 18　　　　　　　　长江经济带环境审计协同认知情况调查统计

调研题目	选项	有效问卷数（份）	所占比例（%）
是否有必要开展环境审计协同	环境审计协同非常重要	209	68.30
	环境审计协同没有必要	97	31.70
是否熟悉国家或本省（市）有关环境审计协同的相关文件精神	很熟悉	28	9.26
	一般熟悉	162	33.33
	不太熟悉	73	37.04
	不熟悉	42	20.37
贵单位是否重视环境审计协同	很重视	28	9.26
	一般重视	96	31.48
	不太重视	125	40.74
	不重视	57	18.52

表 4 – 19 报告了被调查者对环境审计协同作用功能的认识情况，51.63%的被调查者认为环境审计协同有利于环境保护及环境审计制度的建立健全；53.59%的被调查者认为环境审计协同有利于环保项目建设、实施和运行的规范有效；59.48%的被调查者认为环境审计协同有利于环境保护各责任主体的职责履行；55.56%的被调查者认为有利于环保资金管理、分配和使用的真实合规；11.11%的调查对象选择"其他"，但并未给出具体的影响内容。

表 4 - 19   环境审计协同作用功能认知情况统计

题目选项（可多选）	有效问卷数（份）	所占比例（%）
有利于环境保护及环境审计制度的建立健全	158	51.63
有利于环保项目建设、实施和运行的规范有效	164	53.59
有利于环境保护各责任主体的职责履行	182	59.48
有利于环保资金管理、分配和使用的真实合规	170	55.56
其他	34	11.11

（2）环境审计协同实施情况调查。

①环境审计协同组织方式调查。

如表 4 - 20 所示，从环境审计项目组织方式调研情况来看，目前长江经济带环境审计项目中，33.01%的项目以联合审计方式来组织开展，36.93%的项目采用平行审计方式，51.63%以协作审计方式来组织开展，83.01%以独立审计方式来组织开展。从各单位环境审计协同项目实施频率来看，各级审计机关每年开展 5 项以上环境审计项目的仅占12.75%，有将近 1/3 的单位甚至尚未开展过环境审计协同项目。

表 4 - 20   环境审计项目组织方式调研统计

调研题目	选项	有效问卷数（份）	所占比例（%）
贵单位开展环境审计项目的组织方式是什么（可多选）	协作审计	158	51.63
	平行审计	113	36.93
	联合审计	101	33.01
	独立审计	254	83.01
贵单位每年开展环境审计协同的项目有多少	一年 5 项以上	39	12.75
	一年 3~5 项	67	21.90
	一年 1~2 项	96	31.37
	一年 0 项	101	33.01

②环境审计协同组织建设调查。

如表 4 - 21 所示，仅有 68.62% 的审计机关已经建立环境审计协同组织机构，31.37% 的审计机关未建立环境审计协同组织机构。除此之外，从调查情况来看，在本地区内环境审计协同方面，仅有 14.71% 的审计机关已建立协同审计工作制度，27.78% 的审计机关已建立审计联席会议制度，64.71% 的审计机关已建立审计信息互通制度，但绝大多数（92.48%）被调查者认为目前并未有效落实协调配合机制；在跨地区环境审计协同方面，9.15% 的被调查者认为已建立跨区域环境审计协同管理部门，21.90% 的被调查者认为已建立跨区域环境审计协同约束机制，48.04% 的被调查者认为已建立跨区域环境审计协同监督机制，89.87% 的被调查者认为尚未打好跨区域环境审计协同基础。

表 4 - 21　　　　　　　环境审计协同组织机构建设情况统计

调研题目	选项	有效问卷数（份）	所占比例（%）
是否建立开展环境审计协同工作的专门组织或机构	已经建立	210	68.62
	尚未建立	96	31.37
贵单位在本地区内开展环境审计协同的基础如何（可多选）	贵单位所在地区已建立审计联席会议制度	85	27.78
	贵单位所在地区已建立审计信息互通制度	198	64.71
	贵单位所在地区已建立审计协同工作制度	45	14.71
	贵单位所在地区尚未有效落实协调配合机制	283	92.48

续表

调研题目	选项	有效问卷数（份）	所占比例（%）
贵单位开展跨区域环境审计协同的基础如何（可多选）	已建立跨区域环境审计协同监督机制	147	48.04
	已建立跨区域环境审计协同约束机制	67	21.90
	已建立跨区域环境审计协同管理部门	28	9.15
	尚未打好跨区域环境审计协同基础	275	89.87

③环境审计协同技术方法调查分析。

如表4-22所示，从长江经济带审计局的问卷调研来看，在被调查者中，84.38%的调查对象选择"文件查阅"，54.17%的调查对象选择"观察询问"，36.46%的调查对象选择"征求专家意见"，12.50%的调查对象选择"推理分析"，5.21%的调查对象选择计算分析。这表明当前的环境审计仍然更多依赖于传统的文件查阅、观察、询问等查证方法。由表4-23可知，从环境审计取证技术来看，在所有被调查者中，83.33%的调查对象选择"分析性程序"，67.71%的调查对象选择"审计抽样"，25.00%的调查对象选择"信息系统审计"，18.75%的调查对象选择"实地摄像"，20.83%的调查对象选择"污染物品取样"，选择"GIS与GPS"的比例较低，为3.13%，说明一些交叉科学领域的调查取证方法在审计实践中应用较少。

表4-22　　　　　　　　　环境审计查证方法

调研题目	回收的有效问卷（份）	所占比例（%）
文件审阅	216	84.38
观察询问	139	54.17
征求专家意见	93	36.46
推理分析	32	12.50
计算分析	13	5.21

表 4 – 23　　　　　　　　　　环境审计取证技术

调研题目	回收的有效问卷（份）	所占比例（%）
分析性程序 （财务数据与业务数据的复核）	213	83.33
审计抽样	173	67.71
信息系统审计	64	25.00
实地摄像（录像）	48	18.75
GIS 与 GPS	8	3.13
污染物样品取样	53	20.83

进一步由表 4 – 24 环境审计遇到的主要困难调查可知，在所有被调查者中，78.13% 的调查对象认为我国当前的环境审计缺乏专门审计技术和方法，16.67% 的调查对象认为环境审计普遍存在"上级审计机关的指导不够"等问题，38.54% 的调查对象选择"审计机关的权力不够"，56.25% 的调查对象选择"环境审计的依据、标准不健全"，36.46% 的调查对象选择"被审计单位资料不完整"。值得注意的是，没有一人选择"未遇到障碍"。

表 4 – 24　　　　　　　　　环境审计遇到的主要困难

调研题目	回收的有效问卷（份）	所占比例（%）
缺少专门审计技术和方法	200	78.13
上级审计机关的指导不够	43	16.67
审计机关权力不够	99	38.54
环境审计的依据、标准不健全	144	56.25
被审计单位资料不完整	93	36.46
未遇到障碍	0	0

④环境审计协同影响因素调查分析。

如表 4-25 所示，在环境审计协同影响因素调查中，被访者认为最重要的因素是落实合作各方职责，其次是拥有共同利益，而 80% 以上的被调查者认为上级行政推动和政府财政资金支持也都是影响环境审计协同的重要因素。从被访者对环境审计协同组织方式的构思来看，90% 以上的被访者认为要做好环境审计协同需要制定联合政策并开展联合项目。

表 4-25　　　　　　　　　环境审计协同影响因素调查

调研题目	选项	有效问卷数（份）	所占比例（%）
您认为影响环境审计协同的因素有哪些（可多选）	落实合作各方职责	296	96.73
	提供财政资金支持	254	83.01
	上级行政推动	260	84.97
	拥有共同利益	283	92.48
您认为环境审计协同可供的模式有哪些（可多选）	联合共同执法	272	88.89
	联合开展项目	294	96.08
	联合提供公共服务	260	84.97
	联合政策制定	277	90.52

（3）环境审计成果运用协同情况调查。

①环境审计结果报送情况调查分析。

从表 4-26 对环境审计报告报送对象的调查可知，100.00% 的审计结果会反馈向被审计单位，67.32% 的审计结果会提交至上一级审计机关，但只有 16.67% 的审计结果向协同审计单位分享；从环境审计报告的协同利用情况来看，仅有 11.11% 的环境审计报告被充分地协同利用，"极少协同利用"或"没有协同利用"的情况普遍。

表 4 - 26　　　　　　　　环境审计报送及利用情况统计

调研题目	选项	有效问卷数（份）	所占比例（%）
贵单位出具的环境审计报告一般向以下哪些单位进行报送（可多选）	本级政府主管部门	191	62.42
	上一级审计机关	206	67.32
	协同审计单位	51	16.67
	被审计单位	306	100.00
贵单位出具的环境审计报告被政府部门协同利用的程度如何	充分协同利用	34	11.11
	部分协同利用	147	48.04
	极少协同利用	96	31.37
	没有协同利用	28	9.15

②环境审计结果公开情况的调查分析。

如表 4 - 27 所示，62.75% 的被调查者认为环境审计结果已经实现"部分公开"，低于 20% 的被调查者认为环境审计结果实现了"全部公开""极少公开"和"不公开"，分别占比 9.15%、16.67% 和 10.78%。另外，从环境审计结果公开的频率来看，各审计机关一年内发布的环境审计公告的频次大多是 3～5 次，每年发布 10 篇以上环境审计公告的情况比较少见，仅占 3.59%。

表 4 - 27　　　　　　　　环境审计结果公开情况统计

调研题目	选项	有效问卷数（份）	所占比例（%）
贵单位环境审计结果协同公开情况如何	全部公开	28	9.15
	部分公开	192	62.75
	极少公开	51	16.67
	不公开	33	10.78
贵单位每年发布的环境审计结果公告有多少	一年 1～2 篇	101	33.01
	一年 3～5 篇	170	55.56
	一年 6～10 篇	23	7.52
	一年 10 篇以上	11	3.59

③环境审计成果协同运用情况调查。

如表4-28所示，85.29%的被调查者认为审计机关尚未建立环境审计成果共享平台。从环境审计成果利用方式来看，36.93%的环境审计项目已经形成长江经济带环境审计协同信息，31.37%的环境审计项目已形成协同审计专题报告或调研文章，27.78%的环境审计项目已形成环境审计协同问责追责依据，40.85%的调查者认为已经根据环境审计结果提出可操作性的审计协同整改建议，74.18%的调查者认为目前尚未有效落实审计成果协同转化机制。

表4-28　　　　　　　　　环境审计成果协同运用情况调查

调研题目	选项	有效问卷数（份）	所占比例（%）
贵单位是否建立环境审计成果信息共享平台	是	45	14.71
	否	261	85.29
贵单位环境审计协同成果的转化利用情况如何（可多选）	及时形成环境审计协同问责追责依据	85	27.78
	及时撰写审计协同专题报告或调研文章	96	31.37
	及时提出具有可操作性的审计协同整改建议	125	40.85
	及时形成环境审计协同信息	113	36.93
	审计协同成果并未得到有效转化利用	227	74.18

④环境审计协同整改情况调查。

如表4-29所示，从长江经济带各级审计机关环境审计人员的调查来看，仅有25.82%的受访者认为所在单位开展了环境审计整改情况协同跟踪监督；从被审计单位的审计整改情况来看，仅有11.11%

的项目按照环境审计意见进行了完全整改，25.82% 的项目按照环境审计意见进行了大部分整改，44.12% 的项目按照环境审计意见进行了部分整改，但仍然有 18.95% 并未得到实质性的整改。

表 4 – 29　　　　　　　　　　环境审计协同整改情况调查

调研题目	选项	有效问卷数（份）	所占比例（%）
是否持续跟踪被审计单位的环境审计整改情况	是	79	25.82
	否	227	74.18
被审计单位是否按照审计部门出具的审计意见进行整改	已经按照审计意见完全整改	34	11.11
	大部分已按照审计意见整改	79	25.82
	已按照审计意见进行部分整改	135	44.12
	很少按照审计意见进行整改	58	18.95

如前所述，尽管我国近年来不断创新审计理念和方法，拓展审计广度和深度，健全环境审计及协同理论体系，但总体来说，我国环境审计工作仍处于探索阶段，仍存在统筹协调难、审计取证难、数据挖掘分析难等问题。一方面，环境审计工作涉及方方面面，需要长江经济带各地区以及各部门的协调配合，但从我们的实地调研和问卷访谈得知，目前长江经济带各地区、各部门协同联动机制流于形式，彼此之间分块割裂、协同不到位问题突出，更不用说信息共享、行动同步。这不但影响长江经济带环境治理的统筹规划和协同配合，还会直接影响环境审计过程中的数据取证、审计数据分析、审计整改等工作；另一方面，环境审计涉及面广、范围大、专业性强、复杂性高，包括矿产、森林、土地、大气、水资源等各个方面，现行的环境监测技术难以覆盖全部地区，从而影响环境审计事项的查实、查深、查透，而且环境审计过程中涉及许多行业指标、专业技术、达标认定等，这些也都是当前环境审计人员的"短板"。

第5章

长江经济带环境审计协同内容框架

本章先是以环境治理目标为起点，阐明环境审计协同框架——包括"为什么协同""如何协同"；其次，从环境审计协同的内涵、特征、功能定位、内容框架等维度探讨环境审计协同理论框架；再次，开展环境治理责任主体梳理及权责剖析，即分解污染源头及所涉主管部门划分责任并将其固化，厘清各区域以及财政、审计、生态环境、发展改革、农业农村、水利、自然资源、人大、司法、纪委监委等部门在长江经济带环境治理中的权责义务，分析协同治理需求，找准环境审计协同的重点、难点和风险点；最后，以环境治理中的责任链和资源优势为主线，从环境审计的战略协同、管理协同、操作协同、结果运用协同四个维度构建基于党委审计委员会的环境审计协同内容体系。

5.1 长江经济带环境审计协同的必要性

5.1.1 环境审计协同契合环境治理问题的内在特质

首先，长江经济带环境问题往往是跨越多个政府或区域边界的公共问题，具有"非排他性""非竞争性"双重特征，权责归属难以界定，现有的"条块分割治理"和"属地治理"难以解决跨区域跨部门责任分担问题、滋生地保护主义和环境负外部性等问题，导致"公地悲剧"窘境（高翔，2014；李正升，2014；李正升和王俊程，2014）。如 2003 年山东薛新河污染、2005 年松花江重大跨界水污染事故、2013 年广西贺江水体污染事件等。其次，长江经济带环境治理涉及各省（市）以及各省（市）内多个部门，传统"部门分割"下各部门权利和职能冲突现象时有发生，"扯皮推诿"现象存在，使环境治理陷入"人人有责，但无人负责""九龙治水、无龙治水"的窘况。最后，长江经济带环境治理的外部性、整体性，使得生态问题已演变成长江经济带内各地区各部门各责任主体共同面对的棘手问题。环境审计协同通过促成各区域、各部门在政策制度与执行上步调一致、协同联动，将外部性问题"内部化"。

5.1.2　环境审计协同能破解环境治理低效失灵问题

根据 2014 年修订的《中华人民共和国环境保护法》，各地政府主导该地区的环境治理并对辖区内生态环境质量负责，即政府主导下的"属地治理"模式。尽管政府主导保障了环境治理的执行力，但也容易形成一种"公众将治理责任归于政府，政府也视为己任"的狭隘认知现象，最终导致政府不堪重负，应付了事。再者，在行政分割情况下，"属地治理"容易导致各地区在长江经济带环境治理时陷入"各自为政""画地为牢"的无序状态，区域之间缺乏统一的环境治理目标质量检测与监控、环保政策制度及问责问效制度，更不用说信息共享和资源整合（胡若隐，2006；王书明和周寒，2015；张超，2007；赵凤仪和熊明辉，2017）。此外，属地原则将环境治理权责局限在本行政区域内，对其他区域力不能及。由于环境治理的外部性特征，即便本区域环境治理较好，周围区域的污染输送也可能使其徒劳无功，因此，要扭转传统治理模式的低效失灵问题，核心在于打破刚性的行政分割问题，构建跨区域跨部门的环境治理协同联动机制，实现协同联动、资源整合（王会金，2013；王会金，2014；王会金，2016）。环境审计协同主张在党委审计委员会统筹协调下，推进跨区域跨部门多主体协同联动，使长江经济带环境治理成为一个开放的系统空间，通过多主体的协同整合、资源共享等，实现长江经济带环境治理的有序化、合作化、高效化（杨肃昌等，2018）。

5.1.3　环境审计协同能缓解环境治理的非均衡性

长江经济带涵盖 11 个省、自治区、直辖市，每个区域的经济、文化、受污染程度、价值目标等各有不同，导致各地区环境治理的非均衡性（戴胜利和李迎春，2018）。首先，相对于上游地区，长江下游地区经济发展较快、环境污染负面冲击较大，环保意识较强，而上游地区的重心仍处于追求经济增长阶段，对环境治理具有"高认同度、低践行度"的状态，最终出现"上游不作为、下游干着急"现象；其次，受各地方经济发展水平、技术人才等限制，各地区环境治理技术、审计监督能力等并不均衡。以重庆地区环境审计为例，重庆主城区的环境审计评价更细致，而各区县乡镇的环境审计往往流于形式，系统性、规范性较差（赵彩虹和韩丽荣，2019）。因此，需要通过环境审计协同实现跨区域跨部门的资源整合、信息共享，促进各地区环境治理的均衡有序发展。

综上所述，环境审计协同体系通过加强跨区域跨部门的协同联动，追求环境治理的共生性、整体性、系统性，实现环境治理由属地治理向区域共治转变、政府治理向社会共治转变、单一主体治理向多元协同治理转变。

5.2　长江经济带环境审计协同的可行性分析

尽管长江经济带环境审计协同涉及各地区以及每个地区的财政、审计、生态环境、发展改革、农业农村、水利、自然资源、人大、司法、纪委监委等各个部门，但不同区域不同部门的职能职责也有重合相通之处，这些为长江经济带环境审计协同奠定了良好基础。一是价值目标趋同。在长江经济带环境治理方面，尽管各区域各部门分管领域和工作内容各有侧重，但其目标存在共性，都是确保国家生态环保政策落实，改善长江经济带生态环境，这为跨区域跨部门的长江经济带环境治理力量和资源整合提供了前提条件。二是职能属性类似。财政、审计、生态环境、发展改革、农业农村、水利、自然资源、人大、司法、纪委监委等各个部门都可以说是长江经济带生态监督体系的子系统，其实质是规范权力运行和环保政策落实，防止权力滥用和私用。三是所需信息存在重叠。尽管各地区各部门在分管领域、职能属性等方面略有不同，但所需利用的信息基本相同，如生态环境保护政策制度、生态资源资产数量及价值、生态环境质量情况及分布特征、生态环境监测标准等。四是各级党委审计委员会的相继设立为环境审计协同提供了坚实的政治保障、思想保障和组织保障。党委审计委员会不但有助于提升环境审计工作的政治站位和权威性，还能通过"高位推动"协调各方的党委，统筹各区域、各部门、各层级政府及其他环境治理责任主体的资源，为环境审计协同添砖助力。

5.3　环境审计协同的内涵、特征及价值取向

5.3.1　长江经济带环境审计协同的内涵

长江经济带环境审计协同是在中央和地方党委审计委员会领导下，树立全国、全区域审计治理"一盘棋"的理念，从长江经济带环境治理整体性、系统性着眼总揽全局，把方向、谋大局、定政策，厘清主体责任，聚焦审计重点，靶向发力，并在厘清长江经济带各区域和区域内各部门权责边界的基础上，整合资源，强化各区域各部门在环境治理、环境监测、数据共享、审计数据分析、审计成果运用等领域的协同联动，做到"一审多项""一审多果""一果多用"，促成各区域各部门多主体共谋、共建、共管、共评、共享的长江经济带环境审计协同治理大格局。长江经济带环境审计协同治理强调审计治理主体的多元性、审计治理过程的联动性、审计治理信息的共享性和审计治理目标的共赢性，从而规避行政区划、部门归属等的地理分割、刚性限制等弊端。

长江经济带环境审计协同则是立足于长江经济带整个环境治理系统，促进中央政府和地方政府、地方政府各部门（财政、审计、生态环境、发展改革、农业农村、水利、自然资源、人大、司法、纪委监委等）以及政府部门与社会公众（非政府组织、私营企业、社会中介机构、媒体等）的协同联动，促成党内监督、人大监督、民主监督、行政监督、司法监督、审计监督、财会监督、社会监督、舆论监督、中央及地方生态环境保护督察、环境巡视监督等形成合力，打造"一体化"的多元共治环境治理体系，为长江经济带可持续发展提供坚实后盾。

一是要有系统治理思维。长江经济带是一个一体化经济带，需要

统筹谋划、通盘考虑。系统治理既强调系统性，又要求协同性，通过整合各方面资源、力量来提升整体实力，产生"1 + 1 > 2"的协同效应，甚至获得超过局部效益简单相加几倍、几十倍的效益。长江经济带跨度大，涉及面广，其丰富的生态环境是沿江沿岸 5 亿多居民的"生态福利"与公共资源。对于生态环境自身而言，理论上不可避免地存在"公地悲剧"问题与强烈的负外部效应，而长江经济带如此大体量的经济体与生态体，必须要有系统治理思维。而环境审计协同是系统治理的重要手段，它可以把长江经济带复杂的生态环境系统各要素联动起来，将环境治理的各方资源与力量统筹起来，实施整体性管理、系统性治理，从而有效防止"公地悲剧"，避免跨区域环境治理的外部性和低效失灵问题。需要指出的是，长江经济带是个复合生态系统，其组成要素、性质功能、结构分布等有着千差万别，环境审计要因地制宜、分类开展。

二是要有科学严密的环境审计协同体系。长江经济带环境审计协同不仅仅是一种思维和理念，还包括环境审计的战略协同、管理协同、操作协同、结果运用协同等多个维度内容。与此同时，要实现环境审计协同，还需构建跨区域跨部门多主体的环境审计决策机制、协调沟通机制、信息共享机制、结果运用机制等。因此，要实现环境审计协同必须建立一个科学严密的理论体系。

5.3.2　长江经济带环境审计协同的特征

5.3.2.1　审计主体多元协同合作

长江经济带涵盖 11 个省（市），各地区之间形成联系紧密的上下游流域关系和经济链条，生态环境彼此交互影响。长江经济带环境审计协同需要中央和地方、政府和公众以及各地政府内各部门的多方面深度合作，扬长避短。在这些协作过程中，审计机构是审计协同治理的发起者甚至是主导者、领导者，其他公共组织是审计协同治理的参与者。

这种协同模式主要有四类：一是政府组织之间的协同合作。即审计机构与立法司法、纪检监察、财税金融、自然资源、生态环境、城建市政等部门之间的协同合作，促成党内监督、人大监督、民主监督、行政监督、司法监督、审计监督、财会监督、社会监督、舆论监督、中央及地方生态环境保护督察、环境巡视监督等形成合力；二是环境审计机关与社会市场（会计师事务所审计、媒体监督、舆论监督等）的协同。社会市场是一种扁平化的组织，因为没有严格的官僚层级制的约束，存在信息传递、信息沟通等优势，同时也能够发挥社会舆论的"道德歧视"力量作用，降低正式制度监督治理成本。通过环境审计与社会市场的协同，能降低信息获取成本，利用市场舆论压力，推动环境审计发现问题的整改和官僚体制的"短板"弥补。三是环境审计机构的内部协同。包括最高政府审计机关（中央审计委员会和国家审计署）、各地区审计机关、基层审计机关和各单位内部审计、社会审计等各级审计主体之间的协同。四是政府、非政府组织等公共组织与企业组织、社会公众、媒体之间的公私协同合作。

5.3.2.2 环境审计目标的战略性

协同治理是长江经济带环境治理的主要思路和根本要求，环境审计协同需要着眼于国家和长江经济带经济社会发展的战略性规划和目标定位，通过顶层设计规划和有效落地实施，助力打造持续有效的跨区域、跨部门、多层次的协同发展体制机制和审计监督体系。具体而言，一方面，环境审计目标站位要高，与长江经济带国家战略相契合，并推动"优美长江"战略目标的达成；另一方面，环境审计也应从审计的角度制定自身发展的战略目标，要以实现可持续发展为己任，不断转变审计理念、探索审计方法、创新审计手段、变革审计模

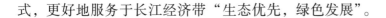

式，更好地服务于长江经济带"生态优先，绿色发展"。

5.3.2.3　环境审计内容的多样性

长江经济带环境治理牵涉多方面，包含水、土壤、大气、声音等生态环境，需要审查监督贯彻落实长江经济带环境保护重大方针政策和决策部署情况、各区域执行生态保护制度情况、工业结构和工业布局优化调整情况、生态环境保护治理项目实施情况等，需要财政、审计、生态环境、发展改革、农业农村、水利、自然资源、人大、司法、纪委监委等部门从多方面深度合作，扬长避短，促成党内监督、人大监督、民主监督、行政监督、司法监督、审计监督、财会监督、社会监督、舆论监督、中央及地方生态环境保护督察、环境巡视监督等形成合力。例如，在重大政策贯彻落实跟踪审计中，要监督资源环境政策项目落地情况；在经济责任审计中，需核查生态文明体制改革任务和自然资源开发重大事项；在乡村振兴审计中，要关注资源环境保护和生态扶贫；在企业审计中，要评估去产能、贯彻落实环保政策。

5.3.3　长江经济带环境审计协同的价值取向

5.3.3.1　通过审计协同破解审计取证难问题

环境审计专业性强、牵涉面广，涵盖水、大气、土壤、矿产、森林等各种类型的审计，需要大量专业性数据的审计取证和审计分析，但在现实环境审计过程中，涉及的许多专业技术、行业指标、监测数据、达标认定等也是当前审计人员的"短板"。这客观上要求财政、审计、生态环境、发展改革、农业农村、水利、自然资源、人大、司法、纪委监委、社会中介机构、科研部门、非政府资源环境保护组织等协同参与环境审计工作，以便高效率、低成本地进行审计取证和审计数据分析。

5.3.3.2 通过审计协同推进环境审计工作落地

党的十八大强调指出："必须树立尊重自然、顺应自然、保护自然的生态文明理念，要在经济建设、政治建设、文化建设、社会建设过程中融入生态文明理念、观点、方法……形成节约资源和保护环境的空间格局、产业结构、生产方式、生活方式。"这些新时代、新格局、新定位对我国当前环境审计工作提出更多更新的要求，但从我国目前的环境审计力量建设来看，各地区环境审计机关无论是技术资源还是人力资源建设都明显滞后于环境审计的现实需要，当前环境审计工作还多停留在相关资金管理使用和政策落实情况审计方面。加强环境审计协同体系建设，是有效发挥环境审计功能作用的重要手段。我们认为，需要从以下三方面着手：一是加强财政、审计、生态环境、发展改革、农业农村、水利、自然资源、人大、司法、纪委监委等部门的协同联动，通过生态环境数据协同、审计数据分析协同、审计成果运用协同等，助力环境审计查实、查准和审计整改问责有度有力，推进各部门尽职尽责，促成党内监督、人大监督、民主监督、行政监督、司法监督、审计监督、财会监督、社会监督、舆论监督、中央及地方生态环境保护督察、环境巡视监督等形成合力；二是将环境审计与常规审计进行协同，在开展财政、固定资产投资、金融、企业、外资、经济责任、社保、行政事业等常规审计中，把环境审计内容纳入各常规审计的内容框架之中合并实施，做到"一审多果""一审多用"；三是推进内部审计、社会审计和国家审计的协同，有效发挥内部审计的日常过程监管作用和外部审计在独立性、专业性等方面的优势，有效提升环境审计效率。

5.3.3.3 通过审计协同推进环境审计成果转化运用

环境审计主要是通过对自然资源资产管理、开发利用行为和环境治理相关政策落实、资金使用管理行为的纠偏，从而助力相关部门、单位的政策制定和实施。众所周知，环境问题具有全域性、地区性的典型特征，这就决定了环境治理和环境审计工作并非一个区域、一个部门、一个单位的事情。在过去相当长时间内，我国环境治理和环境审计工作主要依靠行政力量来主导，市场机制不充分，但行政主导固有的行政分割、政府干预、低效率、追求短期政绩等缺陷，容易导致环境治理形成从上到下的被动式服从模式，缺少从下到上内生性、主动性变革创新，因而不能满足长远的生态文明建设需要。在自然资源资产管理、开发利用行为和环境治理中，一些地方政府不作为、乱作为、欺上瞒下等现象时有发生，少数地方甚至出现政府官员违规带头破坏生态，以致环境破坏久拖不治。而环境审计协同的深度嵌入和制衡机制，能够做到环境治理的激励相容，将相关政府部门、企事业单位、社会组织、公众的环境利益捆绑在一起，通过层层压力传导和内外监督机制，让环境决策更为科学全面，让环境问责机制落实落地，拓宽了环境审计成果运用渠道，提升了环境审计协同效果。与此同时，及时制定修订相关法律法规，完善环境审计协同的顶层设计，打通社会公众参与环境审计的渠道，建立环境审计成果运用的"一步到位"机制。

5.4　长江经济带环境审计协同内容框架

从内容框架上来看，环境审计协同主要包括战略协同、管理协同、操作协同、结果运用协同四个维度的协同，下文我们将分别进行阐述。

5.4.1　长江经济带环境审计战略协同

5.4.1.1　环境审计战略协同的内涵

战略是一种从全局考虑谋划实现全局目标的规划。环境审计战略是审计机关根据国家环境治理方针政策、环境审计目标定位、自身能力等所做的前瞻性谋划。环境审计战略实质上是战略管理理论在环境审计领域的应用与延伸，是国家环境审计理念和构想的最高体现。环境审计战略决定了环境审计工作的深度和广度，是国家环境战略理念在环境审计领域的具体化与实现形式，是做好环境审计功能定位，明确环境审计发展目标、发展思路、推动环境审计工作的基础。从环境审计战略协同本质来看，环境审计战略协同至少包括两层内涵：一是环境审计与国家生态文明建设战略的协同，作为国家审计的核心组成部分，环境审计必须适应国家经济社会的发展需求；二是中央及各级党委审计委员会或审计署应着力协调各区域、各层级审计机关的环境审计工作与国家生态文明建设战略的协同，即长江经济带环境审计内容框架、审计标准、审计愿景等都要服务于贯彻落实长江经济带环境保护重大方针政策和决策部署、服务于长江经济带资源生态保护和污染防控情况、服务于长江经济带工业结构和工业布局优化调整、服务于生态环境保护治理项目实施等，且各区域、各层级审计机关的环境审计目标定位、环境审计愿景、环境审计规划等要协调配合，打造集中、统一、权威高效的长江经济带环境审计协同治理体系。

5.4.1.2　环境审计战略协同的实施

环境审计战略协同实施包括环境审计战略协同方案制定、环境审计战略协同执行和环境审计战略协同控制等。其中，环境审计战略协同方案制定是指通过内外部环境因素、优劣势分析等制定环境审计战略协同方案；环境审计战略协同执行是战略协同的实际执行过程；环境审计战略协同控制是对环境战略协同运行、执行情况和协同结果进行综合评价、检查、反馈，运用定量化的评价结果，对战略系统的整体运转状况进行绩效评估。

（1）环境审计战略协同方案制定。

环境审计战略协同方案制定是环境审计协同体系建设目标的细化、分解、落实方案和内容安排，是环境审计协同从理念走向实践的关键步骤。具体来讲，环境审计战略协同规划包括以下五方面的内容：

①环境审计战略协同制度。主要包括环境审计制度、环境审计协同制度、环境审计协同程序等制度建设。国家要着力创新环境审计协同制度，促进环境审计协同系统化、规范化和标准化管理。

②环境审计战略协同组织规划。一是环境审计组织架构设计。国家要结合我国生态环境统筹治理的现实需要，适时优化调整环境审计协同组织架构，重新定位环境审计组织功能。比如成立长江经济带环境审计专委会等。二是环境审计人员配置，包括合理配置环境审计队伍的专业结构、知识结构、年龄结构等，确保环境审计人员团队与环境审计协同体系建设需求相匹配。

③环境审计战略协同运行机制规划。环境审计战略协同强调跨区域、跨层级、跨部门的"审计协同"，这些需求依赖程序化的组织设计、业务流程设计，通过环境审计协同计划、运行协调、控制管理等运行机制及动态优化，将环境审计协同从理念真正转化为环境审计目标、环境审计规划、环境审计实施、环境审计整改问责等方面的协同。

④环境审计战略协同人力资源规划。人力资源规划主要强调做好近期、中长期的环境审计人力资源需求预判，适时制定适应性的动态

优化方案。

⑤环境审计战略协同信息化建设规划。信息化建设是指适应大数据、人工智能、物联网等新兴技术需求，制定环境审计技术改革规划，建构环境审计数据分析系统和技术支持体系，做好环境审计信息化人才培养等。

（2）环境审计战略协同控制。

在环境审计实施环节，应该适时检查环境审计各项工作是否与环境审计战略协同规划一致，并与初定目标进行比较，评价环境审计协同效果，寻差距、找问题，结合当前所处内外部环境进行分析，及时纠正偏差，确保环境审计协同目标实现。从环境审计协同控制过程来看，包括事前、事中和事后三个阶段的控制。

①环境审计战略协同实施的事前控制。在环境审计战略协同实施之前，各级环境审计部门应该做好环境审计战略协同条件分析、协同机会识别、协同内容规划，明确环境审计战略协同目标，然后制定系统、规范、科学合理的导向性环境审计战略协同规划。

②环境审计战略协同实施的事中控制。各级环境审计机关及相关监督部门应持续跟踪、动态反馈环境审计实施过程，尤其要全过程、全方位监督和控制重大环境审计协同行动，适时纠正内外部偏差，确保环境审计战略协同实施的各项工作与预期目标协调一致。

③环境审计战略协同实施的事后控制。各级环境审计机关及相关监督部门应利用反馈回来的信息，定期和不定期评价环境审计协同效果、相关部门或人员环境审计协同绩效等，结合条件变化，一是将上述评价结果与相关人员绩效考评、职位晋升等挂钩，倒逼环境审计协同各主体认真履职履责；二是适时修正或调整环境审计战略协同具体目标，确保环境审计协同效果。

5.4.2　长江经济带环境审计管理协同

5.4.2.1　长江经济带环境审计制度协同

长江经济带环境审计制度协同是在协同治理理念下，长江经济带各地区、各层级政府、各个单位部门通过"相互对话"使环境治理及其审计评价制度相互兼容、协调的方式，具体包括环境审计评价制度、排污许可制度、环境标准制度、环保督察制度、总量控制制度等制度的协调统筹，推动"多规合一"。制度协同要求制度目标匹配一致，功能和内容耦合增效，它是消除各项制度冲突、减少制度矛盾的有效途径。其中，环境审计评价制度协同不仅包括各种环境审计准则的协同，还包括环境审计工作中各种不成文的惯例、规范等（如环境审计文化协同）。而排污许可制度、环境标准制度、环保督察制度、总量控制制度等制度协同则强调长江经济带各地区、各层级政府、各个单位部门在生态环境治理方面的政策合作、协调以及整合，实现跨地区跨层级跨部门生态治理的"多规合一"。

制度协同是实现权威、协调、高效的生态协同治理的前提，因此长江经济带应从整体性、系统性着眼，统筹制定一部法律，建立流域统一、综合监管、审计考评制度，事实上，"一个流域（区域）一部法律"已成为国际上流域（区域）立法的趋势，世界各地很多流域（区域）都有专门的一套法律。通过流域（区域）立法，打破长江经济带上中下游和长江流域干支流、左右岸、水中与岸上的行政区划界限和壁垒，构建长江经济带生态治理一体化机制。从内容上来看，长江经济带生态治理立法包括长江经济带生态治理行为规范、生态质量监测、生态治理评价、生态问责问效等方面的立法。首先，整合长江经济带生态环境保护和生态污染防治方面法律，明确各责任主体的权责、生态防治行为规范；其次是制定长江经济带生态质量监测及监察条例，明确政府监管部门和企业在环境监测监察中的责任和义务，明确失职失责惩罚标准并严格依照条例进行惩罚和追责；然后是出台长江经济带生态资源补偿实施条例，以法律法规、条例制度的方式明确补偿对象、补偿原则、补偿方式、补偿标准等；最后是科学构建长江经济带环境审计考核体系及问责问效机制，即将长江经济带生态治理绩效指标和生态环境协同治理效率指标纳入政府绩效审计和官员绩效审计评价指标之中，倒逼各地区政府及政府官员重视生态治理。

5.4.2.2 长江经济带环境审计组织机构协同

组织机构协同是指长江经济带各地区、各层级环境治理及环境审计机关各个职能部门之间的协同，他们是推进环境审计协同的主体。长江经济带环境审计组织机构协同包括组织结构协同、组织职能分工协同、组织规模协同等。组织规模协同是要求环境审计机关编制定员与其承担的职责任务相匹配协调。组织结构协同是环境审计机关内设职能处室应与环境审计机关承担的职能任务相匹配协调，并根据环境审计职能任务发展，进行适应性调整。专业化分工是提高环境审计管理、监督服务效率的重要途径，但专业化分工也会带来信息沟通、职能协调等成本，组织职能分工协同即是在清楚界定环境审计机关职能界限的基础上，实现职能分配的协调配合，促进协同效益产生。

2018 年，我国组建国家审计的最高议事决策机构——中央审计委员会，旨在强化党对审计工作的领导，构建集中统一、权威高效、全面覆盖的审计监督体系，随后各地党委纷纷成立审计委员会。作为跨区域经济带，长江经济带应发挥中央及各级党委审计委员会的议事协调作用，依托党委审计委员会建立各层级环境审计协调机制，研究出台《党委审计委员会成员单位工作协调推进机制》《党委审计委员会办公室会议制度》等，明确规定了各成员单位协调会议、联络员制度、督察督办、主任办公会议等相关内容、程序和要求，推动长江经济带 11 省市环境治理及环境审计力量融合，更好地履行长江经济带环境审计工作的领导、全局谋划、重大事项决策、监督和审议职能。此外，在横向组织协同方面，要把各地区、不同层级以及同一地区财政、审计、生态环境、发展改革、农业农村、水利、自然资源、人大、司法、纪委监委等不同部门协同联动起来，促成党内监督、人大监督、民主监督、行政监督、司法监督、审计监督、财会监督、社会监督、舆论监督、中央及地方生态环境保护督察、环境巡视监督等形成合力，打造规模、层次、方式、职能等相互协调配合的网络化环境审计协同组织体系。

5.4.2.3　长江经济带环境审计日常管理协同

环境审计日常管理协同是指环境审计协同体系下日常管理程序、管理方法、管理措施等方面的协同联动。具体来讲，一是环境审计执行过程中环境监控指标、环境监控标准、环境审计技术、审计内容框架、审计指标体系、审计成果运用等方面的协同联动；二是环境审计内部日常管理，如数据采集、数据清洗、数据归档管理等领域的协同；三是环境审计文化建设、环境审计理论研究、环境审计人员素质培训等方面的交流互动。

5.4.2.4　长江经济带环境审计资源协同

环境审计机关资源协同是基于协同理论理念，综合运用各种管理方法、手段，整合不同地区、不同层级政府以及不同部门的物质、人力、技术、信息、文化等资源，推进跨地区跨部门多主体合作和协调，实现资源利用的一致性、互补性和环境审计资源投入产出效益最大化。具体包括人力资源协同、数据资源协同、技术资源协同。

（1）环境审计人力资源协同。环境审计需要不同领域专家的技术、智力支撑来实现，审计过程中的矛盾和冲突也需要不同领域专家进行协商和讨论。换句话说，环境审计协同在很大程度上是环境审计人员的协同，即通过对环境审计人力资源的分配协调、人力资源管理实践的配合、人力资源的协同开发利用，形成环境审计人力资源的组合优势和协同效应。环境审计人力资源协同包括横向协同和纵向协同。横向协同是指不同地区、不同层级环境审计机关人力资源管理的协同和环境治理各责任部门人力资源管理的横向协同整合；纵向协同是指人力资源管理与环境审计工作协同，即将环境审计协同绩效目标（包括从环境审计战略→环境审计管理→环境审计业务操作→环境审计成果运用，从战略层到部门再到岗位个人）进行层次分解，并将环境审计协同绩效目标的实现与每个岗位的人力资源管理挂钩。

（2）环境审计信息资源协同。环境审计信息协同是指环境审计体系内部各组成机构、要素，通过对审计信息的收集、储存、加工、传递和利用等，使环境审计信息得到快速、准确、有效的传递与反馈，达到环境审计系统内部和成员组织间有效共享的一种信息管理状态（王会金，2013）。环境审计机关的信息流范围较广，不仅包括环境审计机构的信息流，如规章制度信息、组织结构信息、环境审计执行过程信息、环境审计整改问责等，还包括来自社会、来自被审计单位、来自其他监督主体的信息流。由于不同信息来源、不同主体对上述信息的描述、认知、信息需求、信息处理方式都存在差异，因此，需要将不同信息来源、不同主体的信息进行协同整合，推进信息的标准化、规范化。

（3）环境审计技术方法协同。环境审计技术方法是指环境审计执行过程中环境审计规划、环境审计数据取证、环境审计线索分析、环境审计分析判断、环境审计意见选择、环境审计成果运用等一系列活动中方法手段的总称。环境审计技术方法协同强调各地区、各部门、各单位在环境审计技术开发应用、环境审计技术推广、环境审计技术平台升级等方面的协同联动。从技术属性的角度，环境审计是一门监督评价学科，从本质上说是收集环境审计证据、还原经济活动或经济事项，并将之与有关标准对照判断的社会活动。随着时间的推移，经济活动或经济事项随之变化，这就要求环境审计技术要不断更新，不断根据审计对象的特征研发新兴技术，不断地根据环境审计项目特征运用新技术、新方法、新手段。为了降低环境技术开发应用成本，加快环境审计技术转型升级，各地区、各部门、各单位要加强技术交流、传播和共享。基于此，长江经济带环境审计要坚持科技强审，创新审计模式，引导和规范审计人员注重 3S 技术（遥感 RS、地理信息系统 GIS 和全球定位系统 GPS）、大数据技术、人工智能技术、区块链技术等在资源环境审计中的应用，切实提高审计监督整体效能。与此同时，要引导规范数据采集范围、标准、频率等，搭建跨区域、跨部门的资源环境信息共享平台、大数据分析平台等，为扎实推进审计技术创新夯实基础。

5.4.3　长江经济带环境审计操作协同

环境审计操作协同主要包括环境审计执行中工作流程和审计内容的协同。

5.4.3.1　环境审计流程协同

环境审计流程协同是通过环境审计项目流程设计、再造、规范化等，实现环境审计项目周期内各个环节的协同。环境审计流程协同将环境审计内部流程和外部流程紧密地联系在一起，实现环境审计内外部系统的沟通。与其他审计不同，环境审计的对象多是非财务信息，各地区、各部门环境审计对象、内容、标准等都存在显著差异，环境审计质量也参差不齐，这里边既有环境审计人员素质水平、环境审计人员职业态度等主观因素影响，也有环境审计业务流程差异、环境审计标准不同、环境审计方案内容差异等客观原因。长江经济带环境审计流程协同要以修订完善《审计法》和《审计准则》为抓手,建章立制,探索"统一部署、统一方案、统一组织实施、统一处理标准和统一审计报告"的"五统一"审计模式,推进审计业务的规范化、精细化。

5.4.3.2 环境审计内容协同

审计内容是审计的重要基础性问题,审计内容的核心焦点是"审计什么",它包括审计对象、审计主体、审计业务类型、审计标的(审计事项清单)、审计载体(审计证据的来源)。对应地,长江经济带环境审计内容协同是指长江经济带各地区、各层级政府、各部门单位环境审计过程中审计对象、审计主体、审计业务类型、审计标的、审计载体这五个主要方面的协同。当然,在确定环境审计内容时要注意三个方面:一是以政策文件作为审计依据,以政策的执行情况和制度建设情况作为审计内容,侧重于评价政策制度、产业结构调整等的生态效果;二是在环境审计项目筛选方面,侧重于考察重大环境治理项目;三是要将环境审计与环境治理责任主体的履职情况审计挂钩。

5.4.4 长江经济带环境审计成果运用协同

5.4.4.1 长江经济带各部门对环境审计成果的运用

根据党的十八届三中全会《中共中央关于全面深化改革若干重大问题的决定》"建立生态环境损害责任终身追究制"的规定,领导干部自然资源资产责任审计应当为生态环境损害责任终身追究制提供基础依据。

(1)党政领导对环境审计结果的运用。通过进行环境审计数据取证和数据分析,便于被审计单位的党政领导掌握生态环境质量情况和生态环境开发利用、保护等状况,为长江经济带生态环境管理决策提供依据。

（2）组织部门对环境审计结果的运用。一是组织部门会根据党政干部管理条例，将环境审计结果与党政领导干部考评、任免、奖惩、问责挂钩；二是针对环境审计中反映的问题进行及时研判，协助有关部门拟定整改措施。

（3）纪检监察部门对环境审计结果的运用。一是结合环境审计反馈的问题，诊断相关生态环境管理和环境治理制度的科学性，从体制机制角度研究制度改革创新之策，及时堵塞制度漏洞；二是对环境审计发现的案件线索、违法违纪行为进行及时查处。

（4）生态环境部门对环境审计结果的运用。一是了解生态环境质量、生态环境开发利用、生态环境保护中的薄弱环节，根据环境审计发现的问题，及时制定相应措施，推进生态环境管理和生态环境保护制度改革。二是对审计发现的破坏资源、污染环境的重大案件启动调查、追责程序，针对环境审计发现的问题及时进行研究，并将其作为生态环境制度政策改革的重要参考依据。

（5）审计机关对环境审计结果的运用。一是根据需要，将审计结果、审计发现的问题以适当的方式向纪检监察部门、组织部门、巡视机构、被审计单位进行反馈，协助和配合有关部门查实审计项目有关的问题及事项；二是在一定范围内公开环境审计结果，比如以环境审计报告的形式向社会公告相关审计情况；三是针对环境审计发现的典型性、倾向性、普遍性问题和有关环境审计整改建议，以专题报告等形式报送本级党委、政府和上级审计机关及其他有关部门。

（6）国资委对环境审计结果的运用。一是根据党政领导干部管理相关办法，将环境审计结果纳入党政领导干部考核范畴，将环境审计结果作为党政领导干部考虑考核、奖惩、任免的重要依据；二是针对环境审计发现的问题，及时制定整改方案，防止国有资产流失，同时针对普遍性、典型性、倾向性的问题进行研究，找寻国有资产监督管理制度的漏洞，并以此为依据改革相关制度。

5.4.4.2　长江经济带环境审计成果运用协同机制构建

环境审计成果运用协同是不同地区、不同层级政府以及财政、审计、生态环境、发展改革、农业农村、水利、自然资源、人大、司法、纪委监委等不同部门，整合环境审计信息资源，从内容汇报、信息共享、管理提升、质量控制、结果开发等不同维度加强环境审计结果协同，促成党内监督、人大监督、民主监督、行政监督、司法监督、审计监督、财会监督、社会监督、舆论监督、中央及地方生态环境保护督察、环境巡视监督等形成合力，获得环境审计协同治理效应。具体来讲，可以从以下方面入手：

（1）"两上两下"构建环境审计成果共享机制。一是开展环境审计集中审理，深化环境审计数据分析。长江经济带各地区、各部门尤其是环境审计部门应该将发现的环境治理问题及生态整改过程中遇到的困难及时上报当地审计厅（局）、地方党委审计委员会以及中央审计委员会。由中央及各审计委员会统筹协调环境审计工作，指导审计署、审计厅（局）集中开展环境审计，对相关问题及原因进行深度剖析解读。二是上传下达，促进环境审计结果全链条共享。将环境审计意见、环境审计整改意见、环境审计整改情况、环境审计问责情况等经过审理小组复核以后，共享到环境审计大数据平台，向各地区、各部门、各层级政府公开环境治理问题、相关原因、发生节点等。三是"四级六步"实现环境审计结果跨区域跨部门分享。即撰写环境审计报告、环境审计意见分享、环境审计督导整改、环境审计持续跟踪、环境审计后续评价、环境审计成果提炼六个步骤，实现国家审计署、审计局（厅）、环境审计主管部门以及其他基层单位四个层级的环境审计成果协同运用。同时，实现将环境审计成果与财政、生态环境、发展改革、农业农村、水利、自然资源、人大、司法、纪委监委等部门共享，作为党政干部职位晋升、追责问责、薪酬制定的依据；四是"地图导航"实现环境审计问题和风险全链条防控。各地区的环境审计机关和生态环境相关主管部门应该将各地区、各部门生态环境政策执行情况、生态环境基础数据、生态资源权属管理数据、生态资源开发利用数据、生态环境项目建设运行数据、生态环境专项资金项目管理数据及生态环境执法数据等上传至环境审计大数据系统并汇总整理，从而有利于相关部门及时掌握生态环境质量情况、环境治理决策情况、环境审计整改情况等，全方位梳理环境治理全链条可能存在的风险、关键风险控制点，形成地区部门间共享的环境审计风险地图。五是瞄准监督体系，夯实体制"扣扣子"。夯实审计监督体系，扣牢审计监督体制机制的"扣子"。要从整体层面上建立审计整改联动机制。健全财政、审计、生态环境、发展改革、农业农村、水利、自然资源、人大、司法、纪委监委等有关各方协调配合的审计整改工作联动机制，完善"审计整改报告、督查、联动、问责和结果公开"五大工作机制，使审计整改工作有章可循，推动了审计整改工作的规范化、制度化。

（2）"标准化"指引，保障环境审计成果运用质量。一是环境审计部门做好环境审计整改问责"明白纸"编制归档工作，实行环境审计成果运用、整改问责、后续评价等三级复核，明确审计整改要求与时限，按时按质进行环境审计整改；二是审计部门下发环境审计整改标准，适时监控审计整改过程，并要求环境治理各责任主体详细记录水、大气、土壤、固体废弃物、噪声等各类生态环境问题的整改情况、整改成效等；三是晒出三张清单，厘清责任"担担子"（颜盛男和孙芳城等，2019）。对照环境审计报告、环境审计处理处罚决定书等，制定被审计对象"环境审计整改责任清单""环境审计整改问题清单""环境审计整改清单"三张清单，落实政府分管领导环境审计整改牵头责任、被审计单位党政"一把手"第一责任人责任以及被审计单位分管负责人、直接责任人责任，层层压实责任"担担子"，倒逼被审计单位落实整改措施。

（3）依托新兴技术，打造环境审计成果协同运用平台。一是打造数字化环境审计系统，通过对环境审计发现问题、整改进度、支撑资料及后续审计等信息的及时储存、传递、共享，推进环境审计成果应用的全过程电子监控和线上线下对接；二是革新环境审计理念，创新审计内容和组织形式。一方面要转变环境审计工作重点，实现环境审计从"合法合规性审查"向"生态安全风险防控"转变；另一方面要施行常态化审计，对关键业务节点甚至实现适时跟踪和实景扫描，确保环境审计问责整改落地见效。

（4）完善一本台账，助力审计公告"系统化"。一是环境审计成果信息协同。政府审计成果运用的主体通常包括财政、审计、生态环境、发展改革、农业农村、水利、自然资源、人大、司法、纪委监委等。环境审计机构在报送环境审计成果时，应对环境审计发现的问题进行分类整理、系统归档，有重点地向相关部门分享或汇报其职能范围内的环境审计信息，以最大化利用环境审计成果。二是完善一本台账，动态监管"钉钉子"。各地区、各层级环境审计部门要建立健全环境审计协同治理台账、环境审计问题整改台账，由各级审计机关督促被审计对象报送审计整改落实情况、审核整改资料、认定整改成果、填写整改督查记录、填报项目整改台账。三是建立健全跟踪落实制度推动审计成果运用。

（5）落实一项制度，环境审计问责追责敢"亮剑"。一是要将环境审计情况及问题整改，纳入部门和领导班子年度实绩考核，推进审计整改常态化制度化；二是地方政府应会同财政、审计、生态环境、发展改革、农业农村、水利、自然资源、人大、司法、纪委监委等部门，加强对审计问题整改的督查督办，及时跟进整改进度，适时开展巡查回访，定期予以督查通报；三是完善大要案线索查处、会商、移送、反馈的协作机制，不断提升问责效率和问责深度，对环境审计问题重视不够、整改不力、屡审屡犯、敷衍塞责的，敢于"亮剑"；四是按照有关规定，提请组织人事部门启动追责问责程序，并把环境审计结果及其审计整改情况作为对领导干部考核、任免、奖惩等的重要参考依据，不断探索完善对领导干部权力运用的监督方式。

第6章

长江经济带环境审计协同机制构建

　　要从根本上解决跨区域、跨部门、多层次的环境审计协同问题，必须追根溯源，厘清这些问题的深层次原因，继而找到破解对策。从宏观来看，要实现环境审计协同不外乎两条路径：一是改革政府管理体制，即调整生态环境管理机构内部结构；二是创新运行机制。前者侧重于从体制着手，采用"物理式"整合模式，通过组织整合实现环境审计协同。尽管这种"大部制"管理会带来一定的协同效应，但长江经济带横跨11个省（市），各地区生态环境、经济社会发展状况差别较大，"大部制"环境审计机构设置难度大也未必科学，因此，改革政府体制并非是推进环境审计协同的万能之策，后者侧重于构建跨区域跨部门多主体的议事协调机制，这种方式灵活性高，但权威性不如前者。

6.1　加强统筹谋划，创新多主体审计协同决策机制

　　美国著名管理学家和社会科学家赫伯特·西蒙（Herbert A. Simon）指出"管理就是决策"，长江经济带环境审计协同决策体制机制事关环境审计全局。长期以来，如何健全和完善政府行政决策体制

机制也是我国深化改革的焦点问题。在历次党代会中，都要讨论健全政府行政决策体制机制的议题，这充分说明健全公共事务决策体制机制的现实性、迫切性。事实证明，我国的政府行政决策模式改革总体上还是非常成功的，重大公共事务决策过程已从非制度化决策走向制度化决策、从个人专断走向集体决策和共识型决策、从经验决策走向科学决策。尽管如此，我国有些重大决策还是存在一些问题，缺乏公共性甚至受到社会公众的质疑，公共事务决策权力部门化、部门权力利益化、部门利益法定化的问题时有发生。究其原因，政府决策部门化及碎片化是困扰跨区域跨部门决策的重要因素。因此，破除政府决策部门化和碎片化、健全重大公共事务决策体制机制成为当前乃至今后很长一段时间内我国全面深化改革的核心任务之一。

6.1.1　加强环境审计治理决策中枢系统建设

根据现有文献，公共事务决策体制是指拥有公共事务决策权力的行为主体形成的稳定组合和关系结构，从静态来看，公共事务决策体制是决策主体和决策权力的结构安排，是公共事务决策体系的"骨架"；从动态来看，公共事务决策体制是决策主体、决策程序、决策环节、决策方式和规则、决策流程等一系列决策机制运行和设计的过程。作为政府公共事务决策体制的一种，我国环境治理及环境审计决策体制仍处于探索阶段，国外的一些技术性做法值得我们借鉴。

6.1.1.1　长江经济带环境治理决策系统的瓶颈

对于长江经济带环境治理及环境审计而言，决策体制的突出问题是决策权力过度碎片化、分散化，决策执行成本高，决策监控系统乏力等。

一是在决策中枢方面，决策权力碎片化、分散化。作为一项公共性决策，长江经济带环境治理及环境审计决策事关中央、地方以及社会公众的利益，需要协同中央政府各部门之间、中央政府和地方政府之间、各级地方政府之间的利益，但限于环境治理问题各层次、各区域、各部门权责难以厘清，部分地区党政职责关系尚未理顺，甚至存在以党代政或以政代党问题，导致决策中枢系统混乱，跨区域跨部门的整体性重大决策难度大。

二是在决策执行系统方面，过度依赖各级政府，政府部门决策权力过大，决策执行成本高。对于环境治理及环境审计而言，各级政府既是重大决策的执行者，又是重大决策的制定者，甚至还是考评监管者，既当组织员，又当运动员和裁判员，这种"一身三任"体制弱化了决策中枢的决策权力。更何况在我国五级政府体制（中央——省、直辖市、自治区——地级市——县、县级市——乡镇）下，中央重大公共事务决策还需要经过许多中间层次的转换，从而引发"信息扭曲""政策变形"等问题，这些都直接影响公共事务决策的执行成本和执行效率。

三是决策监控系统乏力。虽然我国建立起各种行政监督体系，但重大公共事务决策"监督缺位""监督滞后""监督缺威"等现象仍然存在，尤其是在地方县、镇、乡等基层政府层面，政府决策的监督更弱。

6.1.1.2 国外政府公共治理决策系统的共同点

国外尤其是西方发达国家（如美国、OECD国家等），都设有相对较完善的政府行政决策、执行、监控机构，由强有力的决策中枢机构，负责协调政府重大公共事务活动，确保公共事务决策的整体性和协同性。其中，比较典型的有美国的总统议会制、英国的内阁议会制、法国的半总统制决策系统，如表6-1所示。

表 6 – 1　公共事务决策过程中 OECD 国家决策主体的力量对比情况

国家	政府行政中枢	内阁	职能部门	立法机构
OECD 威斯敏斯特体系国家	强	强	强	弱
美国	强	弱	强	强
OECD 大陆法系国家	强	有时较弱	强	有时较弱

（1）美国式的总统议会制。美国实行总统、立法机关和司法机关三权分立、相互制衡的总统制国家。总统及其办公室是最有权力的重大公共事务决策中枢，总统、国会、联邦政府行政机构等共同对政府重大公共事务负责。根据总统行政办公室的意图，联邦政府各行政机构负责各自具体领域、行业的公共事务决策，同时在决策发布之前，美国联邦政府设立专门机构（如信息和规制事务办公室）对联邦政府各行政机构的重大决策进行审查评估。信息和规制事务办公室（The Office of Information and Regulatory Affairs，OIRA）主要从公共事务决策是否合法、公共事务决策是否反映总统行政办公室政策重点、公共事务决策是否科学，公共事务决策预期效益（或成本收益如何）等方面审查联邦政府各行政机构的重大公共事务决策。国会是重大公共事务决策的决策中枢和监控机构，每年有数以千计的议案提交国会审议，国会下设的各种委员会负责特定领域的提案审议。联邦行政部门是重大公共事务决策的执行机构，负责执行总统命令和各项公共政策。尽管联邦行政部门仅仅是执行机构，但随着现代公共事务的复杂化，联邦行政部门也能对重大公共事务决策作出决定。联邦咨询机构和信息机构是重大公共政策的监督机构，它们与总统办公室等机构共同形成一个"小内阁"。

（2）英国式的内阁议会制。在英国，内阁是最高层次公共事务决策机构，所有重大决策都主要体现内阁集体决议、集体负责的精神。与美、法由总统最终裁决重大公共事务的体制不同，英国重大公共事务决策几乎都是由内阁会议裁决，且首相在此过程中的作用至关重要。

与英国公共事务决策体制类似，日本首相领导下的内阁是日本重大公共事务活动的决策者，首相办公室及政策司（Policy Directorate）负责政策协调，其中，首相战略小组（Prime Minister's Strategy Unit）为首相决策提供战略性决策建议及支撑素材，首相政策小组负责草拟公共事务决策。英国和日本议会在重大公共事务决策中的作用微乎其微，虽然理论上负责裁决政府公共事务议案，但在实践中政府行政部门与立法机关联系紧密，内阁成员是从议员中选出的，英国首相是由占下院多数席位的政党党魁担任的，所以政府提出的议案完全可以凭借执政党在下院的多数席位强行通过。

（3）法国式的半总统制。像法国这样的国家，具有"总统制"和"议会共和制"的双重特点。内阁会议（部长会议）是法国的最高层次公共决策机构，是总统的咨询机构和执行机构。总统掌握重大公共事务决策的最终决定权。当然，在大公共事务决策制定中，总理也发挥着重要作用，他是法国政府决策中枢机构中重要的辅助性成员。一般来说，总统负责外部事务和军事，总理负责内政，总理办公室控制着政府部门协调和公共事务决策的重要工具。总理在公共事务决策中的政治辅助机构是内阁、行政辅助机构是政府秘书处（大多数是公务员）。这两个辅助机构都不大，相互配合、负责协调而不涉及具体决策工作。法国重大公共事务决策的监督机构是议会和最高行政法院。议会通过不信任投票监督政府，并且几乎所有行政决策均受到监督。20个政府内阁部门是重大公共事务决策的执行者。

6.1.1.3　强化环境审计治理决策中枢的有关思考

如前所述，加强政府重大公共事务决策中枢机构建设是提高政府公共事务管理能力的重要措施。根据我们的调研，美、英、法、德、日以及 OECD 国家主要采用建立综合性的决策协调中心来规避公共事务决策部门化、碎片化问题，缓解部门决策冲突和"规章打架"矛盾。基于此，我们认为环境审计亦可借鉴国外做法，构建权威统一高效的决策中枢系统。2018 年 3 月，中共中央根据《深化党和国家机构改革方案》组建中央审计委员会，作为党中央决策议事协调机构。2018 年 9 月起，各省、自治区、直辖市一级党委的审计委员会也陆续建立并运行。中央审计委员会的成立，是推进审计管理体制改革的伟大创举，更是我国审计发展进入新时代的里程碑。应发挥中央审计委员会的协调作用，依托中央审计委员会办公室建立地方协调机制，出台《中央审计委员会办公室关于建立地方协调机制的意见》，推动中央审计委员会与长江经济带 11 省市审计委员会形成合力，履行长江经济带环境审计工作的领导、全局谋划、重大事项决策、监督和审议职能。

具体来讲，中央和地方党委审计委员会及其协作机制可在以下方面起到引领作用，助力打造集中统一、全面覆盖、权威高效的环境审计协同治理体系，推动长江经济带绿色发展战略"落地见效"。

（1）坚定政治方向，提高审计政治站位。

一是要保持政治定力和战略定力。要以习近平新时代中国特色社会主义思想为指导，深入学习贯彻习近平总书记关于审计工作的重要指示要求，牢牢抓住党领导审计这一"主线"，把资源环境审计纳入党内监督的范畴，从政治上、组织上、制度上确立党对审计工作的集中统一领导，切实把思想和行动统一到党中央决策部署上来，确保审计工作沿着正确方向前进。二是把握审计定位、聚焦根本任务、抓好责任落实。要把"守初心、担使命，找差距、抓落实"贯穿审计全过程，从新时代党和国家生态文明建设的目标、要求和总体布局出发，从全面从严治党、不断提高党的执政能力和领导水平、健全党和国家监督体系的高度来确立资源环境审计的使命，要突出问题导向，在检查问题中悟初心、守初心，在整改落实、解决问题中勇作为、践使命，力戒形式主义抓好落实，做到发现问题精准，反馈问题严肃，整改问题盯牢，不断提升审计质效，更好地服务党和国家环境保护大局。

（2）加强统筹谋划，寻求审计制度突破。

一是树立全国、全流域、全省（市）污染防治和审计工作"一盘棋"理念。坚决摒弃过去分散实施、各自为政的思维，努力通过在央地协作、战略研究、系统部署上着力，从生态环境整体性和系统性着眼，从战略高度总揽全局，运筹帷幄，把方向、谋大局、定政策（如《生态文明建设责任清单》《"山水林田湖草"生态保护修复工程审计总体方案》《资源环境审计实施方案》等），厘清主体责任，聚焦审计重点，靶向发力，着力推动审计中心工作。二是深化审计体制改革，厘清"权责"义务，建立健全统筹协调机制。首先，要厘清中央与长江经济带各省市在环境审计方面的分工与协同，厘清党委、政府和人大各自在资源环境审计中的责任；其次，要改革完善审计管理体制，建立横向和纵向的协调机制；最后，要充分发挥中央及各级党委审计委员会的议事协调职能，深化各区域、各部门的协同联动。三是健全审计制度体系。如建立污染防治的"党政同责""一岗双责"及审计责任终身追究制等，形成"源头严防""过程严管""后果严惩"的全过程审计监管体系，确保环境保护工作的顺利开展。

（3）着力审计创新，强化审计工作引领。

作为审计工作的引领者，党委审计委员会还可在审计工作系统性、规范性和前沿性上下功夫见实效。一是要强化审计内容系统性引领。要着眼于污染防治的现实需要，引导审计工作向污染防治政策制度贯彻执行情况以及制度本身的科学性、合理性聚焦，围绕污染防治重大方针政策和重要决策部署的贯彻落实情况、产业准入控制与产业布局优化情况、污染防治项目建设运营情况、污染防治目标完成情况等，针对性地明确审计范围、厘清责任边界、完善审计评价标准、健全审计成果运用机制等，全程监督污染防治资金使用、质量管理和绩效评估，强化污染防治"问责""问效"。二是要强化审计程序规范性引领。以修订完善《审计法》和《审计准则》为抓手，建章立制，探索"统一部署、统一方案、统一组织实施、统一处理标准和统一审计报告"的"五统一"审计模式，推进审计业务的规范化、精细化。三是要强化审计技术前沿性引领。要坚持科技强审，创新审计模式，引导和规范审计人员注重 3S 技术（遥感 RS、地理信息系统 GIS 和全球定位系统 GPS）、大数据技术、人工智能技术、区块链技术等在资源环境审计中的应用，切实提高审计监督整体效能。与此同时，要引导规范数据采集范围、标准、频率等，搭建跨区域、跨部门的资源环境信息共享平台、大数据分析平台等，为扎实推进审计技术创新夯实基础。

6.1.2　建立环境审计决策评估追责机制

6.1.2.1　环境审计决策事前评估机制

构建事前、事后决策评估机制是国外公共事务决策体系的共同特点。以美国为例，作为联邦重大公共政策监督机构，联邦信息和规制事务办公室也负责公共事务政策的审查和政策效应评估，评价重大公共事务政策的合法性、合规性、科学性、效益性等。联邦信息和规制事务办公室对重大公共事务政策的审查时限最长为 90 天，无最低审查时限。据统计截至 2017 年 12 月，美国信息和规制事务办公室共审查 42846 件联邦政府公共事务决策，其中，重大经济决策有 3136 件（平均审查周期为 35 天），从审查成果来看，对联邦政府公共事务决策进行修改、撤销的决策事项比例分别为 31.74% 和 3.87%，见表 6 - 2 和表 6 - 3。

表 6 - 2　　　　美国信息和规制事务办公室审查联邦机构决策的
数量和时间（2000～2017 年）

联邦政府机构	审查数量（件）			平均审查时间（天数）		
	重大经济影响决策	非重大经济影响决策	总计	重大经济影响决策	非重大经济影响决策	总计
USDA	553	6655	7208	34	24	24
DOC	68	2673	2741	44	22	22
DOD	42	506	548	68	49	51
ED	65	1655	1720	35	30	30
DOE	97	435	532	111	34	48
HHS	790	4698	5488	39	43	42
DHS	56	277	333	58	53	54
HUD	79	1710	1789	52	40	41
DOI	147	2356	2503	14	24	23
DOJ	36	1401	1437	55	27	27
DOL.	171	1089	1260	84	57	61
STATE	7	301	308	38	46	46
DOT	284	3645	3929	47	29	30
TREAS	38	643	681	46	28	29
VA	26	1453	1479	59	41	41
EPA	471	4399	4870	65	43	45
总计	3136	39711	42847	49	34	35
总计百分比	7.31%	92.68%	100%	1	1	1

表 6 - 3　　　美国信息和规制事务办公室审查联邦机构决策的
结果分布（2000～2017 年）

	没有修改	有修改	撤销	不当发言	退回	紧急	立法司法截止	免于审查	暂停查审	合计
数量（件）	25848	13602	1660	168	432	242	637	56	201	42846
百分比（%）	60.32	31.74	3.87	0.39	1	0.56	1.48	0.13	0.46	100

续表

	没有修改	有修改	撤销	不当发言	退回	紧急	立法司法截止	免于审查	暂停查审	合计
USDA	5274	1499	212	32	52	57	66	3	13	7208
DOC	1936	476	84	4	16	94	122	1	7	2740
DOD	216	274	52	2	2	0	0	0	2	548
ED	744	879	70	1	10	1	1	1	13	1720
DOE	288	198	22	1	4	2	8	3	6	532
HHS	2803	2367	186	16	47	10	10	2	47	5488
DHS	87	226	17	2	1	0	0	0	0	333
HUD	792	745	164	31	27	1	13	1	15	1789
DOI	1799	548	63	6	14	6	61	0	6	2503
DOJ	959	390	65	1	7	6	6	1	2	1437
DOI	444	738	40	1	11	2	15	0	9	1260
STATE	156	121	22	4	0	1	2	0	2	308
DOT	2548	1138	90	16	34	37	48	1	17	3929
TREAS	464	184	25	0	2	2	2	0	2	681
VA	969	384	94	0	23	1	5	2	1	1479
EPA	2421	1828	170	19	89	7	261	28	47	4870

　　类似地，法国在 1985 年也建立起规范的政府公共事项决策审议制度，要求未经审议的国家级计划或项目不能启动。同时，法国还经常通过设立特别委员会对重大公共事务决策进行评议。根据国外的经验，我们建议以中央审计委员会和地方党委审计委员会为依托，建立长江经济带环境治理与环境审计政策评议制度，由中央审计委员会评议跨省（自治区、直辖市）的环境治理政策与环境审计决策，由各省（自治区、直辖市）负责审计评议本地区的环境治理政策与环境审计决策。评议内容包括环境治理政策与环境审计决策的科学合理性、合

法合规性、效益性、可行性和可控性，以及这些政策对社会稳定、经济发展、环境治理等的影响。要将上述评议作为环境治理政策制定与环境审计决策的重要依据，未经评议的环境治理政策或审计决策一律不得付诸实施。

6.1.2.2 环境审计决策评估问责机制

"重"政策制定、"轻"政策执行及绩效评估是我国公共事务决策中存在的突出问题。政策绩效评估是政策实施过程的最后环节，便于及时调整、改进原有政策，政策绩效评估的弱化和问责机制的缺失使得公共事务决策者权责不对等，容易滋生公共事务决策者责任心不强等问题。因此，许多西方国家采取设置决策监督机构（如国会）和聘请专门独立机构的方式来开展政策效应评估，如美国国会通常采用举行听证会、非正式会议、发布报告等方式对政府公共事务决策开展评估。此外，还有些国家在探索"自评估"式政策绩效考评，如日本在2001年颁布《政府政策评估法案》，要求各政府部门建立"公共事务决策自评估体系"，由总务省对各政府部门的自评估加以指导并对评估报告进行检查。

借鉴西方国家和日本的经验，我国可以以中央和各级党委审计委员会为依托，发挥其纵向协作、横向协同的议事作用，健全长江经济带环境治理与环境审计决策绩效评估及问责机制，形成审计问责的威慑力。首先，由中央审计委员会办公室牵头各地区党委审计委员会制定统一环境治理及环境审计决策自评办法、评价标准和打分原则；其次，由本级党委审计委员会定期向上一级党委审计委员会汇报辖区内环境治理决策、环境审计决策执行情况和生态质量变化情况并开展自我评估；最后，各级党委审计委员会办公室将环境治理决策、环境审计决策执行情况的评估结果向本级审计委员会和人大报告，并予以公示。

在对生态环境决策或环境审计决策进行效应评估之后，建立责任追究机制。坚持"谁决策谁负责"的原则，明确各地区、各级政府、各部门的决策失误责任追究主体，厘清集体责任与个人责任，实现权责一致、责任到人。完善决策失误的责任追究程序，做好决策责任记录，将责任追究结果连同评估机构向社会公开，避免出现重大决策失误得不到追究、只追究单位责任不追究决策人责任等现象。

6.2　狠抓力量整合，搭建跨区域审计协调沟通机制

长江经济带环境审计协同包含两个目标：一是促成跨区域跨部门的环境治理；二是形成跨区域跨部门的审计协同联动机制，确保环境审计质量。环境审计协同是环境治理的手段，环境协同治理是审计协同的根本目标。

6.2.1　构建跨区域跨部门多主体利益协同机制

协调各方利益、促进利益协同是化解各区域、各层级、各部门在环境审计协同过程中利益冲突的重要手段，也是实现环境审计协同治理的基本前提。如何开展利益协调分配是构建环境审计协同体系的关键点。

6.2.1.1　建立收益分配机制实现收益共享

在环境审计协同治理中，各地区、各层级政府、各部门、各单位虽然都以追求生态环境公共利益为最高目标，但各自的利益函数存在显著差异，诱发最终行为倾向的不同。要消除各地区、各层级政府、各部门、各单位的机会主义行为，促成生态环境及环境审计行为的一致性，就须合理分配收益，促成利益共享。一是应该按照"谁治理，

谁得益"的原则，建立跨区域跨部门审计协同收益分配机制，增强各环境治理主体和环境审计主体进行协同联动的积极性和获得感；二是针对环境审计协同过程中产生的利益分配不均或合理的利益损失，应建立跨区域跨部门的利益补偿机制。利益补偿机制既可以补偿部分地区或单位为了实现环境审计协同而损失的正当权益，也可以动态调节环境审计协同过程中的利益不均衡格局，促进各主体间的利益一致和行为协同。

6.2.1.2 导入财政预算制度确保机制运行

财政乃"庶政之母"，邦国之本，是实现国家治理的物质基础和重要支柱。政府治理水平很大程度上取决于财政预算能力。首先，在服务层面，建立与环境治理及环境审计配套的财政预算制度能够为环境审计协同提供必要的财政支持，有效调动各地区、各部门、多元力量资源参与到环境审计协同中；其次，在管理层面，财政预算有助于优化财政资源配置，缓解环境审计协同过程中利益分配不均问题，促进各主体利益均衡，为环境审计协同打下坚实基础；然后，在考评监督层面，作为一套监督制衡机制，财政预算绩效考评问责机制等既可以倒逼环境审计协同各参与主体的行为选择，又能通过预算绩效考评，及时跟踪考评政策绩效，确保政策制定和实施的正确性、效益性。

6.2.2 优化跨区域跨部门多主体行政协调机制

6.2.2.1 建构自上而下的行政协调机制

西方发达国家在推进跨部门协同中通常采用"自上而下"等级制跨部门合作方式。它们采取首相或内阁建立新组织机构的方式，"自上而下"推进跨部门协作，如通过成立新内阁/部委委员会、部际/部内或局际合作机构、府际委员会、核心机构、联合小组、高层网络组织、特别工作小组、跨部门计划或项目等，加强跨区域跨部门顶层设计，充分发挥和调动各协作部门的能动性，努力产生"1＋1＞2"的效果，而避免"1＋1＜2"的结果。同样，我国在推进各级政府自上而下跨区域跨部门行政协调方面也有着丰富经验，常用的做法有两种：一是构建高层领导会议决策机制（例如政府常务会、政府领导办公会等），总体协调跨部门重大事项；二是建立主要领导牵头机制，由主管或分管领导牵头辖区内各部门之间的行政协调。针对复杂的重大公共事务问题，采用高层领导会议决策和领导牵头制度能有效推进跨部门协同治理活动顺利开展。

长江经济带作为跨地区的经济带，应发挥中央和各级党委审计委员会的统筹协调作用，比如可以成立一个跨区域跨部门跨层级的行政协调机制，强化审计协调，形成长江经济带环境审计协同治理大格局。同时，充分发挥党委审计委员会把方向、定大局、定政策的作用，厘清主体责任、聚焦审计重点、靶向发力，着力推动环境审计中心工作，抓好重大事项的决策、监督和审议。

6.2.2.2　优化平级部门间协调议事机制

除了"自上而下"的行政协调之外，平级部门间的协同联动机制也是行政协同机制建设的基本内容。要在审计委员会框架下，把财政、审计、生态环境、发展改革、农业农村、水利、自然资源、人大、司法、纪委监委等不同部门相互关联起来，形成一个网络型的协同组织。在结构上要强调组织系统的构成要素之间在规模、层次、方式、职能等相互配合、形成默契。继续完善部际联席会议制度，明晰各部门责任，提高联席会议制度的务实性。在不改变现有政府组织机构设置的基础上，坚持整体协同理念，探索党委审计委员会框架下的跨区域、跨部门协同议事机制，淡化部门概念、打破部门壁垒、推进各部门统筹协调。

6.2.3 引入跨区域跨部门多主体行政缔约机制

跨区域跨部门行政协议是两个或两个以上的区域或行政部门，为提高管理效率，共同达成的合作行为。行政缔约制度是世界各国普遍采用的解决跨区域跨部门行政问题的新形式。美国联邦政府行政部门之间通常运用"行政协议"增强行政机关之间的协作联动。目前，我国各区域政府间合作中，也开始实施行政缔约机制，将区域间政府合作程序化、制度化。这种行政缔约通常以"合作框架协议""合作宣言""合作意见""合作备忘录"等形式出现。例如，2004 年"泛珠三角"区域政府签署了迄今为止规模最大、范围最广的政府间协议——《泛珠三角区域合作框架协议》。2011 年，为了整合行政资源，加强首都社会综合治理体系建设，北京市公安局、市商务委、市工商局、北京海关、北京出入境检验检疫局等部门共同签署《北京市五部门行政资源整合机制框架协议书》。

6.3 创新治理机制，构建多主体审计协同治理机制

6.3.1 建立跨区域跨部门多主体责任分担机制

环境审计协同将原来部门承担的管理责任转移到其他部门，势必影响管理责任边界划定，甚至导致权责模糊化，最终诱发环境审计协同参与各方相互推诿、转嫁责任等问题。因此，厘清责任边界是环境审计协同的首要前提。

6.3.1.1 厘清责任边界，尽量减少职能交叉重叠

权责边界模糊、交叉重叠是环境审计协同问题的根源。准确厘清

和落实环境审计协同体系各参与主体的责任，不但有助于补齐生态环境管理和环境审计的"短板"，还是考评各参与主体履职情况的前提。我国长江经济带很多地区、部门、单位权责划分不清晰，甚至有重叠、交叉、空白等现象。基于此，我们项目组调研了长江经济带部分省（直辖市）财政、审计、生态环境、发展改革、农业农村、水利、自然资源、人大、司法、纪委监委等部门，尝试厘清各部门在环境治理和环境审计协同体系中的权责，促成党内监督、人大监督、民主监督、行政监督、司法监督、审计监督、财会监督、社会监督、舆论监督、中央及地方生态环境保护督察、环境巡视监督等形成合力（见表6-4）。除此之外，长江经济带各区域应在中央审计委员会统筹协调下，研究制定《党政领导干部生态环境破坏责任追究办法》《环境保护工作任务》《环境保护重点攻坚任务》《环境保护重点任务分解表》《污染防治攻坚战实施方案》《环境保护工作责任规定（试行）》等政策制度，厘清环境保护责任清单，并在环境审计协同过程中，进行全过程全方位考评问责，倒逼各责任主体切实履职，形成齐抓共管工作格局。

表6-4 长江经济带各省（市）主要部门环境保护工作责任清单

各省（市）各层级机构	环境保护工作责任
各省（市、区、县）委	①贯彻落实环境保护相关方针、政策和决策部署；②加强对环境保护的组织、协调、领导；③组织环境保护制度改革；④建立健全生态环境保护责任制等
各省（市、区、县）政府	①贯彻落实环境保护相关方针、政策和决策部署；②对本辖区环境质量负责；③组织编制并实施环境保护规划，组织开展规划环境影响评价，依职权划定环境功能区并执行相应的环境质量标准，依职权划定生态保护红线并实行严格保护；④建立健全长江经济带环境治理目标责任制和环境治理绩效考评制度并组织实施，考核结果向社会公开；⑤对本辖区的环境安全负责；⑥向本级人大会议或者人大常委会报告环境状况及目标任务完成情况，及时向人大常委会报告重大环境事件

各省（市）各层级机构	环境保护工作责任
各层级政府宣传部门	①培育长江经济带环境治理和环境审计文化，使习近平生态文明思想成为社会主流价值观，成为社会主义核心价值观的重要内容；②营造有利于环境保护的舆论和社会氛围，配合协助环境保护部门建设生态文明宣传教育基地；③发挥新闻媒体在生态环境保护中的积极作用，指导新闻媒体等加强环境保护公益宣传
各省（市、区、县）环境保护部门	①贯彻执行长江经济带环境治理政策、法规、规章等；②牵头编制并组织实施长江经济带环境保护规划和实现方案，拟定并监督实施长江经济带各项环境保护专项规划；③组织开展各层级相关部门环境保护法律法规、标准、政策、规划执行情况；④实施排污许可、排污费征收、总量控制、约谈等制度；⑤组织对本级政府制定的经济和技术重大政策提出环境影响方面的意见；⑥牵头做好环境污染防治的监督管理；⑦负责全区环境执法监测、突发环境事件应急监测，承担生态环境质量调查评价、考核和预测预警；⑧会同有关部门做好环境治理实施和监督工作等
财政部门	①配合相关部门争取国家、地区环境保护财政资金和生态补偿资金支持；②负责环境保护财政资金的筹措、安排和监督工作，保障环境保护工作经费和能力建设资金
经济和信息化部门	①调整产业发展规划，确保生态环境保护与产业发展的契合，推进产业升级转型；②指导、协调工业企业节能管理，牵头推动工业企业节能降污、污染企业环保搬迁和关闭、淘汰落后产能和化解过剩产能工作，指导重点工业企业升级改造；③指导和督促所属企业落实环境保护主体责任，执行环境保护制度等
发展改革部门	①负责把环境保护纳入国民经济和社会发展规划；②组织拟定能源资源节约和综合利用的规划、政策并协调实施，会同相关部门在优化国土空间开发格局中落实环境保护政策措施；③加强固定资产投资项目准入管理，严格执行产业投资禁投清单，规划布局重大生态环境建设项目，按规定权限转报、审批、核准、备案生态环境项目；④牵头协调、组织实施环境保护补偿机制
科技部门	①组织生态环境保护科学技术研究、开发、应用和推广；②统筹设立生态文明建设科技专项，开展环境保护重点领域科技攻关，组织资源环境、新能源、新材料、生态农业以及重污染天气、水、土壤污染防治等难点指标关键技术的研究开发和工程示范
城乡建设部门	①加强城乡规划编制和修改工作，落实环境保护相关要求和具体内容；②将环境保护基础设施纳入城乡总体规划和城镇总体规划，合理划定城镇建设用地范围和城市开发边界；③牵头负责城市污水处理厂和管网的规划；④牵头所属辖区污水管网建设并指导督促企业主单位推进污水处理厂建设；⑤负责所属辖区城市直排口和污水管网的清查和修复工作；⑥牵头组织所属辖区黑臭水体整治工作；⑦负责城区供水水质管理和生活节水、自来水厂关闭和取水点优化调整

续表

各省（市） 各层级机构	环境保护工作责任
交通运输部门	①负责对所管辖江域船舶及码头污染防治实施监督管理，督促落实污染防治措施，处理船舶污染投诉；②指导督促有关交通工程落实污染防治措施；③按照本行业粉尘污染防治技术规范对交通运输生产经营活动实施监督管理
农业农村部门	①牵头依法关闭非城市建成区禁养区内的畜禽养殖等，推进农牧业废弃物减量化、资源化和无害化；②指导督促所属涉农企业落实环境保护主体责任及环境风险防范措施；③依法查处养殖环境违法行为。如落实渔业船舶污染防治措施，实施渔业水域生态环境保护；④负责对农业污染事故引发的突发环境事件的预防和应急管理。指导监督畜禽定点屠宰行业的环境保护工作
公安部门	①依法侦办涉嫌长江经济带环境污染违法的刑事案件和因违反长江经济带环境保护相关法律法规应当处以行政拘留的治安管理案件；②会同和配合有关部门妥善处置环境事件
监察部门	①对负有环境保护监管职责的单位和人员履行职责情况开展监督执纪问责；②实施生态环境损害责任终身追究；③对责任追究落实情况进行监督
市政管理部门	①牵头编制并组织实施城乡污染处理设施建设规划；②监督管理责任区域内的污染治理等工作
水务部门	①在水利资源开发专项规划中落实环境保护措施；②负责入河排污口设置和使用的监督管理；③牵头水资源保护和合理利用。实施农村饮用水安全保障工程。实施取水许可管理，牵头推进节水型社会建设和水土流失治理工作；④负责核定水域纳污能力，向环境保护部门提出水域限制排污总量意见；⑤在水利工程建设、水资源调度中落实污染防治和生态保护措施；⑥组织实施建制镇乡污水处理厂二三级管网建设；⑦加强本部门管辖单位的水质安全管理，督促相关单位做好综合应急预案并落实风险防范措施
审计部门	①对长江经济带各地区执行国家生态环境政策、方针的情况进行审计；②审计长江经济带各地区环保专项资金使用情况和使用效益；③开展领导干部环境离任审计；④开展环境专项审计、跟踪审计和专题审计
国资委	①推动国有经济产业布局和结构战略性调整；②指导督促所属企业落实环境保护主体责任及环境风险防范措施，并将其环境保护工作情况纳入所属企业负责人经营业绩考核，严格奖惩

续表

各省（市）各层级机构	环境保护工作责任
统计部门	①开展环境相关指标统计工作；②编制水资源资产负债表
林业部门	①组织实施林业生态保护与建设；②开展"三大山脉"、长江及主要次级河流等水生态空间森林资源保护与建设，建设长江经济带生态屏障
信访部门	①指导协调督办依法妥善处理环境保护信访事件；②督促长江经济带环境治理及环境审计各责任主体对各项环境保护及环境审计重大事项如何影响社会稳定、经济发展、环境治理等情况进行风险评估，并将风险评估报告予以备案，督促其将风险评估作为重大事项决策的重要依据
审判机关	①健全环境资源专门审判机构，落实环境案件集中管辖制度，加强环境事件审判工作和环境案件执行工作；②建立完善环境公益诉讼配套制度等
检察机关	①健全环境资源专门侦查、公诉机构，对有关涉嫌环境污染犯罪的案件依法审查起诉；②查办生态环境领域的贪污贿赂犯罪及渎职犯罪；③健全环境行政执法与刑事司法衔接机制
海事管理部门	①负责对所管辖江域船舶污染防治实施监督管理，处理船舶污染投诉；②对危险货物水路运输引发的突发环境事件的预防和应急工作实施监督管理，在安全事故应急预案中纳入预防诱发环境污染事故相关内容
经济开发区	①负责建立健全园区环境管理机构，落实专人开展环境管理工作；②负责制定园区发展规划及开发建设规划环境影响评价工作并落实园区规划环境影响跟踪评价制度；③推进园区环保基础设施建设和运行管理，确保各类污染治理设施长期稳定运行；④检查入园项目主体工程和污染治理配套设施"三同时"执行情况、环境风险防控措施落实情况、污染物排放和处置等情况，出现异常及时报相关部门查处；⑤健全完善园区环境风险防控体系，确保环境安全；⑥按照生态涵养发展区功能定位，贯彻实施新型工业发展战略和有利于环境保护的产业政策，全面落实产业投资禁投清单，推进经开区产业结构调整和优化升级等
企业事业单位	①自觉遵守环境保护法律法规、规章、标准和政策；②企事业单位应该加强污染减排技术创新，做好产业转型，淘汰落后产能，确保污染物排放不超过国家排放标准；③重点排污单位应当按照国家规定，安装污染排放监测和治理设备，确保设备正常运行，尽量将污染物排放处理好，同时保存原始监测记录；④依法向社会公开环境信息，接受社会监督；⑤建立环境保护责任制度，落实环境保护主体责任。若发生环境违法行为，企事业单位要依法承担相应的法律责任等

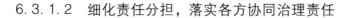

6.3.1.2　细化责任分担，落实各方协同治理责任

一是坚持"党政同责"原则，准确界定责任。在长江经济带环境治理过程中，"党政"分工不同、责任也存在差异。其中，党委主要负责思想引领、政治引领和重大事项决策等；行政首长主要负责环境治理过程的监督执行和日常管理，以及协调环境治理过程中的相关事项。二是坚持"权责对等"原则，考虑环境问题的潜伏性、时滞性、外部性等。三是对于不能划清的部门职能范围，必须明确相关政府部门在这些职能范围内的责任，确定谁是主体责任部门、谁是次要责任部门。以建立环境责任清单制度为"抓手"，为政府部门编制详细、清晰和完备的部门环境责任清单，从而明确各区域、各层级政府、各部门的环境治理责任，从制度上减少甚至避免部门职责重叠和冲突。

6.3.2　构建跨区域跨部门多主体沟通协商机制

有效的沟通协商是实现环境审计协同的基础，但由于受到政府科层组织层级金字塔的制约，跨区域跨部门沟通还有赖于有效的沟通协商机制。

6.3.2.1　建立平等沟通机制，打破层级沟通限制

政府部门沟通一般讲求"行政对等""相互隶属"等，故"跨层级沟通"的效果往往难以保障，比如生态环境部、国家林业和草原局（虽然在农林事务领域拥有许多交叉重叠职能，但从行政沟通来看，正部级的生态环境部和副部级的国家林业和草原局难以达成平等沟通）。因此，若要实现"有效沟通"，落实环境审计协同，应摒除一般的行政级别对等、相互隶属等科层制僵化安排，探索新的平等沟通机制，如建立跨区域跨部门环境审计协同政策论坛及圆桌会议，为部门间和部门人员之间平等对话、共同协商提供协商沟通平台。

6.3.2.2 提高信任合作意识，塑造协同文化氛围

参与各主体之间若缺乏信任，环境审计协同只能是"空谈"。"环境审计协同治理"强调的是各参与主体平等协作。根据大量学者研究，美、日、法、英等国属于"社会信任度较高的地区"，而中国、意大利南部等地区则是"社会信任度低于及格线的地区"。要推进长江经济带环境治理各参与主体的相互信任、协同互助，我们建议从以下方面入手：一是塑造多主体协同的组织文化氛围，要转变合作方式，要放下官僚作风。二是提升跨区域跨部门合作意识，塑造合作型组织文化氛围。组织文化对于塑造组织行为具有潜移默化的引导规范作用。合作型组织文化建设是一个长期的过程。一方面要提高公务员个体的跨部门合作意识；另一方面要与组织成员进行充分沟通，凝聚跨部门协同合作的共识，尤其是部门领导共识，形成共同目标。三是加强团队文化建设，消解协同文化冲突。

6.3.3 建立跨区域跨部门多主体治理运行机制

6.3.3.1 建立政策协同机制，联合制定整体性政策

针对环境治理这类公共性问题，长江经济带各地区、各层级政府应制定统一环境治理政策和环境审计制度、标准、准则框架，推进跨区域跨部门的环境治理和环境审计政策协同。比如，我国中央多个部委联合发布某项政策，共同解决某个跨部门的政策问题等。2018年以来，中央和地方党委审计委员会的相继成立，为打造集中统一、权威高效的长江经济带环境治理和环境审计体系奠定了坚实的组织基础。下一步的重点工作就是围绕长江经济带跨区域环境治理问题，充分发挥党委审计委员会的统筹协调作用，推动形成跨区域跨部门多主体协同治理机制。

6.3.3.2　建立联动执法机制，加强审计的协同联动

环境审计功能的发挥离不开严格的环境审计执行和问责执法，尤其是对于长期性、复杂性、跨界性的问题，需要协同国家审计、内部审计和社会审计，整合党内监督、人大监督、民主监督、行政监督、司法监督、审计监督、财会监督、社会监督、舆论监督等监督力量，提升环境审计执行和环境审计执法效率。在当前环境审计执行及整改问责环境下，可以考虑以党委审计委员会为依托，整合财政、审计、生态环境、发展改革、农业农村、水利、自然资源、人大、司法、纪委监委等部门分散化、碎片化的资源力量，强化各区域、各部门在污染防治、环境质量监测以及资源环境审计信息采集，审计内容、审计方法、审计程序、审计整改、审计成果运用、追责问责等方面的协同联动，促成党内监督、人大监督、民主监督、行政监督、司法监督、审计监督、财会监督、社会监督、舆论监督、中央及地方生态环境保护督察、环境巡视监督等形成合力，这既能发挥各参与主体各自的专业优势，又体现联动的整体效果，从而形成各方共谋、共建、共管、共评、共享的污染防治大格局，合力推进环境审计监督全覆盖。

6.3.3.3　探索公共服务机制，提升政府服务效率

公共服务机制和公共服务平台建设有助于整合优质资源，提高环境审计协同效率，成立长江经济带生态环境大数据信息共享服务中心，将水、大气、噪声、土壤等方面的信息管理职能进行统一归口，这便于环境审计协同体系中各参与主体进行数据提取、分析和整理，提升环境审计效率。

6.3.4　建立跨区域跨部门多主体信息共享机制

6.3.4.1　建立信息共享机制，助力协同政务建设

协同政务是基于大数据、"互联网 +"、云平台、物联网等新兴技

术，实现政府跨区域跨部门多主体协作，从而通过调整政府行政管理模式来优化资源配置的一种新型政府工作模式。近年来，我国电子政务建设进程有所加快，但值得注意的是这些电子政务系统往往只是部门内部的任务发布、流程跟踪与信息交流等，并未实现真正意义上的跨区域跨部门跨单位的政务系统链接。在推进长江经济带环境审计协同过程中，我们要做好环境审计协同数据信息系统的顶层设计，创新环境审计数据取证分析的技术方法，打破"信息孤岛"，成立跨区域跨部门的环境审计大数据分析平台，整合各地区、各部门、各单位的信息，为环境审计协同治理提供坚实的信息支撑。

6.3.4.2 依托大数据云平台，构建审计协同网络

环境审计协同的前提是数据资源规范化、标准化且评价标准等基本一致。当前，长江经济带环境治理各参与主体不但所获取的信息不一致，生态环境质量标准还存在一定差异。通过搭建环境审计协同云平台，规范数据采集、传输模式，创新审计技术、方法和手段，并与被审计单位或被审计"云平台"进行联网，在线采集、传输、分析和存储被审计单位或"云平台"的环境治理数据、财务数据、环境治理数据等。

6.4 加强绩效考评，构建多主体审计协同激励机制

6.4.1 建立跨区域跨部门多主体协同内外监督机制

一是加强相互监督，防止集体行动"搭便车"。尽管改善长江经济带生态环境是人们的共同心愿，这一共同利益构成环境审计协同治理的现实基础。但现实中，由于环境治理各主体的利益函数存在差异

性，使得各责任主体参与的积极性各有不同，单纯依赖生态环境质量改善这一共同利益的多主体协同治理未必可行。更何况环境治理的公共性特征，所有参与者皆能从环境治理中获益，却未必一定要付出相应的成本，从而滋生"搭便车"问题。为此，完善环境治理制度，促成环境治理各参与主体的监督制衡，防范环境治理的"搭便车"问题就显得很有必要。二是加强外部监督，优化监管环境。比如加强党内监督、人大监督、民主监督、行政监督、司法监督、审计监督、财会监督、社会监督、舆论监督等，融合多方力量，协同打造环境审计协同治理体系。

6.4.2 建立跨区域跨部门多主体协同评估激励机制

6.4.2.1 动态监测评估长江经济带环境治理效果

"没有评估就没有管理"。要确保环境治理效率，就需要发挥环境治理效果评估的"方向盘"与"制动器"作用。当前，我国环境审计工作仍处于探索阶段，环境审计评价指标体系系统性差、操作性差等问题突出，建立一套全面、系统、操作性强的评价指标体系势在必行。基于此，借鉴刘爱东和赵金玲（2011）、刘鑫（2021）；贺桂珍和吕永龙（2007）、林忠华（2014）、陈洋洋和王宗军（2016）、张丽达和杨敏（2022）、李璐（2013）的思路，结合我国生态文明战略实施的现实需求和生态环境开发、利用、保护和管理等的审计监督需求，依据我国生态环境管理相关政策制度、规章条例，我们从自然资源资产状态、政策落实情况、法律遵守情况、决策审批情况、监督履行情况、生态环境保护资金管理情况、协调发展情况七个维度尝试构建一套多层次、多维度的综合评价指标体系。这七类指标是一种"行为决策→行为过程→行为结果"的逻辑关系见图 6-1。

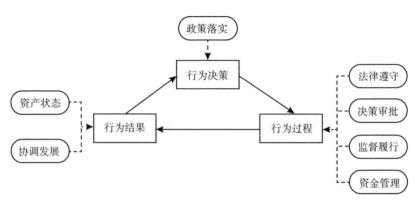

图 6-1 长江经济带环境治理效果一级指标之间的关系

（1）资产状态类指标。

资产状态类指标侧重于考察环境质量情况和自然资源资产开发、利用、保护和管理等情况。主要开展两类审计：一类是自然资源资产和生态环境的开发利用、管理情况审计，包括从城镇化率、人均耕地占有量、万元工业增加值用水量、万元 GDP 能耗、工业增加值固体废物产生量等维度构建指标；另一类是环境质量情况审计。长江经济带是一个复杂的生态系统，作为该生态系统的核心组成部分，水、森林、土地、空气、矿产等自然资源的数量质量变化情况直接影响生态环境保护。因此，在环境审计时，理应考察水、森林、土地、空气、矿产等生态系统核心资源要素的质量情况。具体来讲，本书主要用水资源总量、地表水水质达标率、林地保有量、森林覆盖率、耕地保有量、基本农田面积、空气优良天数、重污染天数比率、矿产资源种类、矿产资源综合利用率等核心指标侧面反映长江经济带环境质量情况见表 6-5。

表 6 – 5　　　　　　　　　　　　资产状态类指标

一级指标	二级指标	三级指标	四级指标	说明
资产状态类指标	自然资源资产和生态环境的开发利用管理情况	经济发展压力	城镇化率	根据统计年鉴数据计算
			人均耕地占有量	根据统计年鉴数据计算
		开发利用效率	万元工业增加值用水量	反映自然资源资产和生态环境利用的效率高低
			万元 GDP 能耗	
			工业增加值固体废物产生量	
	自然资源资产和生态环境的质量情况	水资源情况	水资源总量	反映水资源总体情况
			地表水水质达标率	反映地表水水质总体情况
		森林资源情况	林地保有量	反映森林资源总体情况
			森林覆盖率	反映森林资源丰富程度
		土地资源情况	耕地保有量	反映土地资源总体情况
			基本农田面积	反映永久基本农田保护工作的实际成效
		空气资源情况	空气优良天数	反映空气改善情况
			重污染天数比率	反映空气污染情况
		矿产资源情况	矿产资源种类	反映矿产资源总体情况
			矿产资源综合利用率	反映矿产资源利用情况

（2）政策落实类指标。

国家一系列关于环境治理的方针政策、决策部署等是长江经济带各区域自然资源资产管理、生态环境保护以及党政领导干部履职的顶层制度设计，对这些政策措施的贯彻执行情况进行审计是环境审计的核心内容之一。在环境审计过程中，我们主要关注各地区是否贯彻落实国家生态文明建设方针和政策，是否落实生态环境保护重大战略，是否落实供给侧改革，是否落实绿色 GDP 考核相关制度，是否编制生态环境保护总体规划，是否建立生态环境保护责任考评问责制度等见表 6-6。

表 6-6　　　　　　　　　　　　政策落实类指标

一级指标	二级指标	三级指标	说明
政策落实类指标	政策落实情况	与生态文明体制改革落实相关指标	自然资源资产各项改革任务是否有效落实
		与生态环境保护重大战略相关指标	有关资源环保的国家重大战略发展规划是否落实
		与供给侧改革相关指标	相关供给侧结构性政策是否落实；人民群众反映强烈的资源环境问题是否有效解决
		与绿色 GDP 考核相关指标	生态文明建设、绿色发展方面考核权重是否上升
	政策制定情况	是否建立生态红线制度	是否按照制度严格执行，是否做到应划尽划
		是否编制生态环境保护总体规划	编制流程是否符合规定，且与上级规划生态环境保护总体规划相协调，是否严格执行
		是否出台与生态环境保护有关的办法或规定	是否出台地方性法规
		是否建立项目投资环境评价制度	领导干部的相关决策是否经过环境影响评价
		是否对负面清单采取措施	能否按照国家标准执行负面清单；规定能否及时对负面清单采取措施
		是否建立环境保护责任考评问责制度	是否严格执行，落实到位

（3）法律遵守类指标。

法律遵守类指标评价各地区、各部门在政策法规制定、规划制定、重点任务推进和组织项目建设实施等过程中，遵守自然资源资产管理和生态环境保护法律法规的具体情况。主要的评价指标有环境评价问题数量、重大经济活动是否遵守环境法律法规、违法案件行政执法合规率见表 6 - 7。

表 6 - 7　　　　　　　　　　　法律遵守类指标

一级指标	二级指标	说明
法律遵守类指标	重大经济活动是否遵守环境法律法规	是否存在违反国家法律法规行为
	环境评价问题数量	反映自然资源管控情况，采用环评执行率和环评达标率来测度
	自然资源类违法案件行政执法合规率	是否存在执法不严，玩忽职守等情况

（4）决策审批类指标。

决策审批类指标主要评价长江经济带各地区、各部门和各单位在自然资源资产管理和生态环境保护方面重大决策程序的规范性、决策内容的合法性、决策实施的有效性和决策结果的效益性等，以界定各地区自然资源资产管理和生态环境保护重大事项方面的决策责任。同时，还要关注自然资源资产管理和生态环境保护重大项目计划的实施效果，审查是否因决策失误造成自然资源损失、浪费、破坏、污染等问题出现。主要评价指标有一般建设项目是否履行审批手续、重大在建项目建设前是否能履行选址报批程序、是否存在违规审批等见表 6 - 8。

表 6 - 8 决策审批类指标

一级指标	二级指标	说明
决策审批类指标	一般建设项目是否履行审批手续	建设项目论证过程、项目审批过程的合法合规性
	重大在建项目建设前是否能履行选址报批程序	
	是否存在违规审批	
	是否有环境影响评价内容	领导干部的相关决策是否经过环境影响评价
	是否对负面清单采取措施	能否严格按照国家标准执行负面清单；规定能否及时对负面清单采取措施

（5）监督履行类指标。

监督履行类指标用于评价各地区在自然资源资产管理和生态环境保护方面执行监督责任的情况，揭示有关地方和部门的监督执法情况，以及各地区长期得不到有效解决的资源环境突出问题。具体的评价指标为对自然资源资产开发、使用的监督管理情况；对环境生态红线的管控情况；环境监测及预警机制建立情况；对重大破坏生态环境行为的处置情况；对环境检测统计等弄虚作假案件的处理情况；对相关生态问题的监督整改情况等见表 6 - 9。

表 6 - 9 监督履行类指标

一级指标	二级指标	三级指标
环境保护监督情况	对自然资源资产开发、使用的监督管理情况	主管部门是否依法履行审批职责；主管部门相互之间能否有序协调工作；主管部门能否及时处置浪费问题；主管部门是否采取有效措施保护生物多样性
	环境生态红线管控情况	是否建立资源环境生态红线管控制度；是否划定环境质量底线、资源消耗上限、严格遵守生态保护红线，将各类开发活动限制在资源环境承载能力之内；是否注重资源环境生态红线指标约束；是否将各类经济社会活动限定在红线管控范围以内

续表

一级指标	二级指标	三级指标
环境保护 监督情况	环境监测及预警机 制建立情况	是否建立环境监测预警机制；当地环境监测预警机能否满 足实际需要
	对重大破坏生态环 境行为的处置情况	是否按时检查各类环境破坏隐患；是否及时处理重大破坏生 态环境问题；是否按照法律法规要求严格处理重大破坏生态 环境事件
	对环境检测统计等 弄虚作假案件的处 理情况	环境监测统计是否存在造假行为，相关案件能否依法处置
	对相关生态问题的 监督整改情况	对以前发现的生态问题事件能否监督整改；是否有相应的整 改制度；监督整改过程是否真实

（6）资金管理类指标。

资金管理类指标主要评价各地区在生态环境开发利用、环境治理相关资金的管理情况和使用效率情况。比如审计相关税费的征管情况，环保资金投入与使用情况，排污权、用水权等管理情况，重点环境保护项目运营情况、生态环境保护信息系统建设情况等见表6-10。

表6-10 资金管理类指标

一级指标	二级指标	三级指标	说明
资金管理 类指标	相关税费的征管情况	相关税费是否按标准征收；是 否存在违规使用税金的情况	依据税务系统获取的数据 计算
	环保资金投入与使 用情况	环保资金投入是否满足需求； 是否能持续获取政府环保资金， 环保资金项目投入是否合规； 上级环境保护专项资金使用率； 本级环境保护专项资金拨付率； 本级环境保护专项资金使用率	是否实现专款专用，是否 存在截留、挤占、挪用资 金的情况

续表

一级指标	二级指标	三级指标	说明
资金管理类指标	排污权、用水权等管理情况	排污权、用水权分配是否合理合规；排污权、用水权交易系统能否有效运行	查询产权交易系统数据来计算
	重点环境保护项目运营情况	重点环境保护项目资金使用情况是否合法合规；项目运营情况是否合法合规	开展重点环保项目专项审计工作
	生态环境保护信息系统建设情况	生态环境保护信息系统建设是否统一规划；各地区各部门能否共享生态保护信息系统数据信息	考察各地区生态环境保护信息条件

（7）协调发展类指标。

协调发展类指标主要是评价长江经济带各地区、各部分、各单位在环境治理的同时是否推进经济社会协调发展。生态环境保护与社会经济发展的协调性主要从环境保护目标完成情况、环境与经济发展的协调性、环境与社会发展的协调性三个方面进行刻画见表6-11。

表6-11　　　　　　　　　协调发展类指标

一级指标	二级指标	三级指标	说明
协调发展类指标	环境保护目标完成情况	是否完成相关约束性指标	是否设置约束性指标管理系统；领导干部在职期间的约束性指标是否真实；相关地区约束性指标是否符合实际情况
		是否完成生态环境行动计划目标	大气、水、土壤、固体废弃物、噪声等污染防治任务指标是否完成
		其他生态文明考核目标完成情况	领导干部承诺落实的其他指标是否全部完成

续表

一级指标	二级指标	三级指标	说明
协调发展类指标	与经济发展的协调性	自然保护区面积占国土面积的比例	反映生态环境保护是否能带动经济发展
		"三废"综合利用产值占工业产值比重	
		环保投资占 GDP 的比例	
		生态环境污染处理率	
	与社会发展的协调性	资源资产管理纠纷及上访数 C_{721}	反映各地区是否积极履行环境保护职责，生态环境保护与社会发展趋势是否相协调

在环境审计指标体系构建的基础上，采用层次分析法、模糊评价法、熵模型等方法，估算每项指标的权重，并以长江经济带各地区或代表性项目为例进行实地应用，测试环境审计指标体系的科学合理性，适时修正、动态优化环境审计指标体系，从而更客观地刻画长江经济带各区域各部门环境治理绩效。

6.4.2.2　构建环境审计协同履职情况考评问责机制

除了开展环境治理效果评估之外，还应评估环境审计协同是否有效解决了环境治理及环境审计过程中的协同联动问题？协同机制是否顺畅？协同效果如何？分析环境审计协同过程中的薄弱环节、实施障碍及影响因素，为优化长江经济带环境审计协同提供决策依据；分析环境审计协同的发展方向、最新进展、绩效信息，向各地区、各层级政府和各部门告知环境审计协同动态信息，形成广泛的监督网络。除此之外，还要考评环境治理各参与主体在环境审计协同中的责任履行情况。比如，评估各参与主体参与环境审计协同治理的积极性，及时发现并惩治参与积极性不高的责任主体；评估各参与主体在环境审计协同治理中的绩效，为分配协同收益、实施激励提供科学依据。在上述环境审计协同绩效评估的基础上，应建立环境审计协同激励机制，对于参与环境审计协同积极性较高、取得良好绩效的部门、团队及个人，要给予适当的正向激励，对于参与环境审计协同不积极或者不负责的部门、团队及个人，要及时问责问效，从而倒逼环境审计协同效率较低部门、团队及个人，督促其整改，为环境审计协同献计出力。

第7章

长江经济带环境审计协同大数据平台建设

随着新一代信息技术的广泛应用，物联网、大数据、区块链、人工智能开启了决策智能化时代，信息爆炸、数据驱动在带来环境审计数据取证、数据存储、数据分析方法骤变的同时，由点到面引爆了新一轮环境审计思维的变革，新兴技术驱动下的物联网、大数据、区块链、人工智能审计模式开始崭露头角（彭冲和胡重辉，2018）。2018年，时任国家审计署审计长胡泽君在全国两会上提出要着力推进大数据审计、落实审计全覆盖。那么，在环境审计及环境审计协同过程中，我们如何利用大数据技术？如何取、存和使用环境审计大数据呢？在本章，我们先是探讨环境审计大数据平台建设的必要性、建设思路和大数据审计模式下环境审计协同分析流程、内容和线索；然后以水环境审计、林长制政策跟踪审计、土地资源审计为例，探索基于大数据平台的环境审计全口径数据归集、分析的思路和方法体系。

7.1 基于大数据的环境审计协同平台建设

7.1.1 构建环境审计协同大数据平台的必要性

第一，构建环境审计协同大数据平台是提升环境审计数据搜集、存储、分析、挖掘等能力，推进环境审计数据规范化、标准化的现实需要。环境审计包括客观实物类数据、业务管理类数据和网络媒体类数据等多种类型数据，涉及水、土地、大气、矿产、森林、海洋等多方面的环境治理。环境审计数据量庞大，数据结构、存储格式错综复杂，如何实现多源异构数据的归集和标准化处理是环境审计成败的关键点。突破传统审计模式，基于各区域各部门在环境治理中的内在联系构建环境审计协同大数据平台，以此推进环境审计口径数据归集和分析至关重要。此外，环境审计涉及面广、范围大、专业性强、复杂性高，现行监测技术难以确保将每个审计事项查实、查深、查透，而且审计过程中涉及的许多专业技术、行业指标、监测数据、达标认定等也是当前审计人员的"短板"，在此情况下，建设环境审计协同大数据平台便于利用大数据挖掘技术、Arcgis技术等提高审计调查取证能力、审计数据分析效率等。

第二，构建环境审计协同大数据平台是推进环境审计数据、资源共享，实现跨区域跨部门协同联动的技术支撑。环境审计涉及各区域，需要财政、审计、生态环境、发展改革、农业农村、水利、自然资源、人大、司法、纪委监委等多部门协同联动才能完成，在传统审计模式下，审计部门需要投入大量资源进行不同主体间的数据交换，而构建大数据平台能够将监测数据实时传输至平台，实现现场监测设备与环境审计大数据平台的信息互联，从而高效获取多方数据，提高环境审计工作效率。

第三，构建环境审计协同大数据平台是革新审计技术方法、提升审计效率、推进环境审计"全覆盖"的现实选择。传统审计是通过对结构化数据进行抽样审计以推断被审计对象总体情况。而抽样过程中存在的固有风险使得审计工作不能全面识别出审计风险，进而使审计结果存疑。而大数据平台的搭建将所有的环境数据囊括在内，为环境审计工作提供了海量数据资源，实现了各类环境数据的全覆盖。在大数据平台上，通过利用多种大数据技术可以对各类环境问题进行多层次、多维度的深入分析，以得出更为精确的审计结果。此外，环境审计大数据分析平台使环境审计人员能在海量环境信息中便捷挖掘不同区域、不同部门、不同单位的环境治理信息，多角度、全方位、全流程分析环境决策、执行、监管各个阶段的问题点，实现实时的风险预警，提升环境审计的准确性、时效性及可靠性。

总体来说，环境审计协同就是通过大数据审计，向信息技术要效率，向大数据要资源，推动审计工作逐步完成审计署提出的"单点离散审计向多点联动审计转变、局部审计向全覆盖审计转变、事后审计向事中事后审计相结合转变"等六大转变要求，最终一定能建立起集中统一、全面覆盖、权威高效的审计监督体系，使审计"横向到边，纵向到底"。

7.1.2　基于 PTI 模式的环境审计协同平台建设

尽管近年来我国已经尝试探索环境审计大数据平台，但多采用"技术与数据分散化"模式（Technology and Data Separated Mode，以下简称 TDS 模式）。从审计实践来看，这种审计模式具有如下典型缺点：一是数据的分散化诱发数据壁垒、信息不对称等问题，从而影响审计数据清晰、筛选和审计数据分析；二是技术的分散化使得环境审计平台无法无缝对接环境审计涉及各区域、各部门、各单位，跨区域跨部门多主体协同联动更无从谈起。基于此，我们借鉴潘琰和朱灵子（2019）的研究，拟采用"平台与技术一体化"模式（Platform and Technology Integrated Mode，以下简称 PTI 模式）构建环境审计协同大数据平台，这种模式通过一个大数据平台实现了多源数据、多种技术以及多个主体之间的相互联动。不同于普通的大数据平台，跨区域跨部门多主体审计的协同治理机制要求环境审计协同平台能够容纳海量数据以及联动多主体的沟通机制。同时，协同审计重在协同，在审计过程中需要各地区生态环境部门、审计部门等多部门协同合作，这种各自分工、各有侧重的模式是并列属性而非隶属关系，在这种情况下，PTI 模式能够使得审计过程效率最优以及审计结果价值最大化。

7.1.2.1 PTI 模式下环境审计协同平台的系统支持

PTI 模式是一种非常典型的"1＋N"模式，其中，"1"是指我们所构建的环境审计协同大数据平台，而"N"则指的是在这个平台上可以进行多维互动的数据、技术以及部门等。根据环境审计过程以及协同合作的要求，将基于 PTI 模式的环境审计协同平台分为四大系统，即审计数据管理系统、审计数据分析系统、现场勘查取证系统和审计决策支持系统。

（1）审计数据管理系统。这是各种数据进行审计应用的前端系统，在该系统中主要包含数据采集模块、数据存储模块、数据展示模块、数据交换模块以及数据安全维护模块，主要实现数据采集、存储、查询以及数据安全管理功能。审计数据管理系统管理整个平台所有审计数据库，包含：①生态环境数据库，该数据库涵盖水环境、土地环境、湿地环境、林地环境、大气环境、海洋环境以及矿产资源等数据；②规则数据库，该数据库涵盖环境保护、环境审计相关的各类法规、准则、标准等数据，分为法律法规数据库和专业技术标准库。③优秀审计案例库，该数据库主要涵盖各地区环境审计的优秀案例以供其他区域借鉴和学习，包含审计过程中的各种技术、方法以及审计结果反馈等数据。将上述各类数据放在同一管理系统中更能提高数据的使用效率，增强数据间的关联性。

（2）审计数据分析系统。该系统主要是对数据管理系统中的数据进行分析，包含环境数据概况分析模块、环境数据疑点分析模块和环境审计模型分析模块三个模块。环境数据概况分析模块的主要功能是对生态环境数据库中的各类数据进行统计分析和可视化展示，以帮助审计人员更直观地了解生态环境基本情况。环境数据疑点分析模块的主要功能是通过各种信息化技术、数据分析技术以及审计模型等对异常数据和异常环境区域进行识别。环境审计模型分析模块主要是通过嵌入环境审计分析模型对各类环境数据进行系统性分析。其中涵盖了纵向比较审计分析模型、横向比较审计分析模型、关联分析模型以及预测预警模型四类主要分析模型。①纵向比较审计分析模型包含两个部分的内容：一是不同行政级别的纵向比较，通过对同类指标在不同行政级别中的数据勾稽关系的分析，以识别出各地区环境数据的客观性和真实性，同时有助于降低各单位虚报、瞒报数据导致的数据错误。二是不同时期的纵向比较，针对同一地区同一数据指标不同时期的数据进行比较分析，由于同一地区的同一指标在不同时期一般具有规律性，因此对不同时期数据的比较分析可以识别出数据的异常情况。②横向比较分析模型主要是对同一地区、同一时期不同类别的环境数据进行横向关联比较分析，由于生态环境的外部性特征以及流动性特征使得不同类别的生态环境状态具有相关性，可以根据不同类别数据的相关性逻辑识别出数据的异常。例如，空气环境中二氧化硫过量导致大气污染就会形成酸雨，进而水环境和土壤环境受到污染，如果沿岸的土壤受到污染也可能使得该流域水环境受到污染，如果以上三类环境数据并未呈现出同向变化，则说明数据存在异常情况，需要进一步审计。③关联分析模型主要是将各类环境数据与经济社会类指标进行关联分析，以识别出环境质量变化的原因。例如，环境质量的提高是否牺牲了经济效益或社会福利，环境质量的下降是否是为了提高经济效益而无视环境污染等。关联分析模型的分析有利于督促各地区进行有效的环境保护，推进生态可持续发展。④预测预警分析模型主要是将各类环境数据与"生态红线"等环境数据标准线进行比较分析，结合生态环境专家和地理科学专家的经验建立预测模型，对环境问题的发展趋势进行预判，并据此提出预防措施。

（3）现场勘查取证系统。该模块包含任务组织模块和移动采集模块。其中，任务组织模块主要负责任务的分包，针对审计数据分析系统中形成的审计问题以及审计疑点，分类型分地区分包给各级审计部门；移动采集模块主要负责终端数据采集、存储以及上报。

（4）审计决策支持系统。该系统的主要功能是汇总审计成果，提取审计过程中发现的典型性问题，将优秀审计案例进行存档，并实现数据共享。该系统包含内部支持与外部支持两个模块，内部支持模块主要服务于各审计机关，而外部支持则主要是面向其他机构、公众等群体，如披露环境审计及整改信息等。

7.1.2.2 PTI 模式下环境审计协同平台的技术支持

PTI 模式下环境审计协同大数据平台将采用如下四类大数据技术，以确保平台各功能模块的顺畅运行。

（1）大数据采集汇聚技术。

大数据采集汇聚技术包含地理信息采集技术、平台共享汇聚技术、数据实时接入技术、外部数据获取技术。①地理信息采集技术。它是指通过经纬度数据等地理信息获取相关数据，具体报告使用遥感技术（RS）、全球导航卫星系统（GNSS）、地理信息系统（GIS）等。其中 RS 能够获取各区域高分辨率的地理影像数据，GNSS 能够实时获取被审计对象的空间位置，GIS 通过采集纸质地图的空间信息、空间坐标系统以及空间数据结构等，能够获取各类自然资源资产的存量和空间分布信息。②平台共享汇聚技术。环境审计需要对水环境、土壤环境、大气环境、海洋环境、森林资源以及矿产资源等各类生态资源环境及其保护数据进行多维度全面分析，而这些数据来源于多个渠道，通过制定统一的数据标准规范，实现各类数据在云计算共享平台上的数据共享。③数据实时接入技术。尽管我国已具备比较健全的生态环境监测网，能够实时监测各类环境数据，例如断面水质监测数据、区域空气质量监测数据，等等，但这些数据仅在生态环境部门内部流转，环境审计机关在数据取证时需要花费大量精力与生态环境部门对接，无疑增加了环境审计工作量。通过实时接入技术和解析各类感知设备数据接口，可将上述各类数据直接接入环境审计协同大数据平台，提供环境审计需要的大量实时数据。④外部数据获取技术。在环境审计中除了需要生态环境状况的基础数据，还需要各地区环境规制、环境污染舆情等环境保护和环境管理等相关数据，利用网络爬虫、元搜索等技术可以对审计工作中需要的各类网络数据进行快速识别和抓取。

（2）大数据可视化技术。

大数据可视化技术主要包括多维数据可视化技术、时空数据可视化技术等。①多维数据可视化技术。它是将复杂的多维数据用立体化方法进行展示，以深入挖掘数据之间的内在变化规律。多维可视化技术既有基础性应用也有拓展性应用，其基础性应用就是利用传统的office 软件将数据绘制成折线图、柱状图等各类图表，对数据进行基础分析。而拓展性应用则是利用 ArcGIS 等地理信息系统技术，对处于不同空间不同地理位置的环境审计对象，根据其属性信息进行空间叠加及空间关联，从而通过平面或立体地图对环境审计对象进行可视化展现，以发现审计疑点。例如，在重庆市水环境审计过程中，为分析河流水质的变化情况及其具体诱发原因，需要根据河流不同监测断面划分不同区域，并与断面在不同时期的水质监测信息进行关联，最后通过 ArcGIS 软件绘制出不同时段以及不同河段的水质监测数据，以观察其时空分布的动态变化规律，并分析其形成的具体原因。②时空数据可视化技术。它通过可视化技术将包含时间维度和空间维度的环境审计数据进行可视化的动态展示，并从各类生态资源及环境的时空变化中发现审计的关键线索，以提高环境审计效率。

（3）大数据融合存储技术。

大数据融合存储技术主要包含关系型数据库技术和开源数据库技术。①关系型数据库技术主要是利用 SQLSever 数据库、Oracle 数据库等系统实现环境审计数据与生态资源分布图的融合储存。②开源数据库技术是指通过网络获取、存储、使用环境管理及经济类数据。在环境审计协同机制下，仅仅融合各类生态环境及自然资源数据已无法满足环境审计工作的需要，还需要将通过网络获取的其他环境管理及经济类数据进行融合存储。同时，在大数据存储逐步向分布式云存储高速发展的潮流下，开源数据库技术能够提供强大的数据存储与分析能力助力数据采集与分析，从而确保环境审计工作高效进行。

（4）大数据分析与挖掘技术。

大数据分析与挖掘技术主要包括空间分析技术、关联分析技术等。①空间分析技术。环境审计的具体工作流程需要对各类环境数据进行分析，其中包含大量地理空间数据，在对这类数据进行处理与分析时，成熟的空间分析技术都必不可少。常用的空间分析技术有空间对比、空间叠加、空间量算等，这些技术都可以通过地理信息系统进行操作。其中，空间对比分析主要是通过对不同类型图层数据进行叠加并进行不同角度的比较，以发现空间环境数据中存在的问题，为进一步的现场审计提供基础资料。例如，对不同时期森林公园的影像数据进行数据图层的叠加，并进行对比分析，以发现该地区是否存在违规开发建设等问题。而空间叠加不仅是对空间数据图层的叠加，还包括对不同时期空间数据的擦除、交集取反等处理，以此来展示各个被审计对象之间的相交、重叠等相互关系，需要注意的是，在对空间数据进行空间叠加操作之前，一般需要先进行缓冲区分析。例如，矿产资源相关法律法规规定，在重要河流、水源保护区两侧设置一定距离禁止采矿。因此，在对重要河流环境情况进行审计时，首先要根据规定距离设置缓冲区，其次将缓冲区与周围的矿山区图层信息进行叠加，通过数据的观察对比识别违规开采情况。空间量算分析主要是指对生态环境资产资源实物进行的针对数量的计算与分析。例如，通过空间量算方法计算出地区湿地的面积和湿地线的数量，以此确定该地区湿地是否达标。②关联分析技术。在大数据环境审计协同机制下，审计对象不仅是单一的环境主体，更涉及与环境相关的经济社会多方面情况。在环境审计工作中，需要将基础的自然资源与生态环境状况数据与各单位污染排放、环境披露等相关数据进行对比分析，以识别出各地区及各单位环保表现。如果仍然利用传统审计方法，需要消耗大量资源和精力，且审计效率较低。在大数据环境审计协同平台下，可以利用云计算引擎、数据挖掘算法等，建立环境审计数据分析模型，对各类环境数据进行系统化分析，以实现高效审计效果。

7.1.3　基于 PTI 模式的环境审计协同分析流程

构建基于 PTI 模式的大数据环境审计协同平台可以大大提高环境审计工作的效率，具体审计流程如下见图 7-1。

第一步，数据提取。审计数据管理系统中的数据采集模块从环保部门的数据系统中提取环境监测和环境管理相关数据，并按照审计要求对数据进行预处理，形成审计数据集市，作为被审计的数据源。

第二步，审计模型审计。调用审计数据集市中的环境审计数据，结合环境审计关注点和审计风险点，选择合适的环境审计模型对异常数据以及环境问题进行识别，并预测该异常对环境本身以及环境保护执法可能造成的影响。

第三步，现场审计。基于审计模型识别出的环境问题，并结合相关审计及环境领域的专家经验，对可能存在的审计风险点进行预判，同时从审计方法库中调用支撑该审计任务的审计方法，进行现场审计。

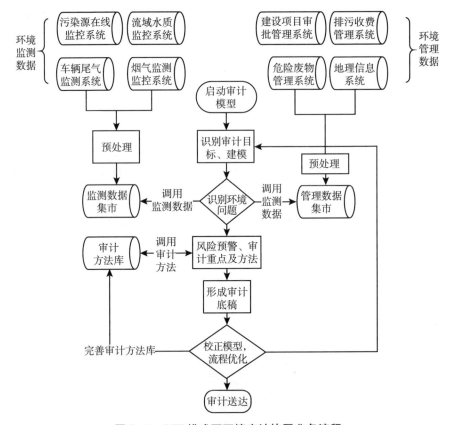

图 7-1 PTI 模式下环境审计协同业务流程

第四步，形成审计报告。汇总审计模型审计以及现场审计中识别出的相关环境问题，汇总环境审计结论，并最终形成环境审计报告。

第五步，审计经验入库。整理本次环境审计过程中的典型案例以及经验方法，上传审计方法库，以备后续环境审计工作调用。

7.1.4 基于 PTI 模式的环境审计内容及其线索

PTI 模式下环境审计分四步来实现：一是利用大数据平台从全国水利普查数据库、当地土地利用现状数据库、卫星遥感影像数据库等数据库中抓取环境审计所需相关数据；二是通过相关审计模型、审计方法以及数据分析技术对环境审计数据进行分析，比如利用 Arcgis 软件等将土地利用现状数据、生态环境污染数据、卫星矢量数据等影像数据进行叠加，经过"图斑数据"对比，找出风险点或疑点；三是实地查看数据分析中存在的异常情况，开展现场审计；四是汇总审计过程中识别出的相关环境问题并形成环境审计结论。为了更清晰地说明基于 PTI 模式的环境审计及线索，在表 7-1 和图 7-2 中，我们以水环境审计、土地资源审计、森林资源审计为例，介绍了 PTI 模式下环境审计的主要内容、审计线索及审计业务流程。

表 7-1　　　　　　　　基于 PTI 模式的环境审计内容及其线索

审计领域	审计问题	审计思路概述	审计线索
土地资源审计	土地闲置	利用遥感影像，分别追溯和查找历年土地出让后开发利用情况，判断土地闲置期在 2 年及以上的出让地块	通过将审计期间遥感影像，与遥感影像数据采集时间点以前 2 年土地出让红线依次叠加，人工判读出让后闲置 2 年及以上利用开发的土地
	土地未批先征	按照正常的开发程序，集体土地在实行征收后才可进行出让、划拨或流转	①通过位置选择在土地出让（划拨）红线中选择位置不完全一致的征地批文红线；②对选择出的地块现状遥感影像进行判读
	土地征而未用	土地征收后长期闲置形成国有建设用地资源的浪费	在现状遥感影像图中判读征地批文红线的利用现状
	土地出让及登记违规	非正常程序的土地出让和登记必定会导致矢量数据之间的差别，利用字段赋值和交集取反，找出矛盾并分类展示出现的问题便于进一步核查	①在土地出让数据后增加"已出让"字段，利用字段计算器填充"已出让"；②在土地登记数据属性表新增"已登记"字段，利用字段计算器填充"已登记土地"；③将土地出让数据与土地登记数据进行交集取反操作，在新的数据中，按属性查找"已登记"字段和"已出让"字段

续表

审计领域	审计问题	审计思路概述	审计线索
土地资源审计	采矿行为违规占用集体土地	矿山企业、矿石加工企业利用农地进行采矿和矿石加工作业应办理临时用地许可证，临时用地许可有效期2年，到期后应该续办并向土地权利人支付补偿	①将已审批矿山红线矢量数据、临时用地数据同时叠加在遥感影像数据中（以不同颜色边界空心显示）；②在已审批矿山红线矢量数据和临时用地数据的属性中定义查询，只显示当前遥感影像数据当年有效的矿山红线矢量数据和临时用地矢量数据；③利用影像数据进行回溯，勾绘并注明疑点图斑
	违规占用基本农田	基本农田调整时间较长，属于一种特殊的空间管制条件，但开发过程是持续的，利用土地利用现状调查、地理国情普查等数据库，查看基本农田中存在的违规占用情况	①将基本农田数据库中的基本农田图版与土地利用现状调查矢量数据进行叠加，查看其土地类型，重点关注非耕地地类；②对照遥感影像数据，查看基本农田中非耕地地类的现状；③对占用基本农田的地块，倒查其审批程序
	土地行政执法不到位	利用现状遥感影像解译，查看土地违法执法情况	①将审计期间国土执法大队"卫片执法"矢量数据与遥感影像数据叠加；②对照执法台账，筛选其中行政处罚措施为拆除的疑点，导出至新的shp文件；③添加字段注明拆除期限；④对照遥感影像数据，查看其现状是否拆除
	土地调查工作不实	通过历年土地调查数据的演变，结合审批数据，反映调查不实，违规调整等问题	按照不同地类（重点为建设用地、设施农用地、临时用地），将不同年度土地利用现状数据相互进行擦除并赋值，查找反复变更地类的同时没有相关审批手续的疑点
	城市规划（乡镇发展规划）侵占自然保护区或湿地公园	湿地作为重要的生态涵养空间值得十分珍惜，重点保护，但近年来出现的部分避暑房、度假房成片开发湿地资源，通过不同空间规划的叠加，并查找其中明显不合适的规划途径，避免人类活动对湿地资源的蚕食鲸吞	①将城市发展规划矢量数据、乡镇发展规划矢量数据分别与湿地公园矢量数据进行叠加；②提取各类规划中的"新增建设用地"，查看与湿地公园矢量是否冲突重叠；③查看各类规划是否布局涉及排污的建筑、构筑、商业体、工厂在湿地公园的集雨区范围；④通过遥感影像规划执行的情况，是否已经产生了占用或毁损

续表

审计领域	审计问题	审计思路概述	审计线索
土地资源审计	自然保护区违规开发建设	利用土地利用现状调查数据和历史遥感影像数据，查看任期内自然保护区管理保护的情况	①将自然保护区矢量图按属性（生态功能）提取为"核心区""缓冲区""试验区"；②分别将上述分区与基期和末期土地利用现状数据进行叠加，并结合遥感影像进行观察；③查看其地类变化情况，勾绘出任期内自然保护区各分区新增建设用地的范围，计算面积；④现地核查，分析原因
森林资源审计	违规占用湿地公园	利用土地现状调查数据和历史遥感影像数据，查看任期内湿地公园管理保护的情况	①将湿地公园矢量图按属性（生态功能）提取为"缓冲区""生态涵养区""宣教展示区"等功能分区；②分别将上述分区与基期和末期土地利用现状数据进行叠加，并结合遥感影像进行观察；③查看其地类变化情况，勾绘出任期内湿地公园各分区新增建设用地的范围，计算面积；④现地核查，分析原因
	矿山违规占用林地（公益林）	先利用现势性较强的土地利用现状数据和林地调查数据，核查矿山违规占林毁林的情况	将采矿用地矢量数据与林地变更调查数据叠加
	自然保护区、森林公园、湿地公园林地破坏和损失	自然保护区、森林公园、湿地公园中的林木和林地具有较强的生态涵养功能，一旦破坏不仅是林业资源的浪费，更会对生物多样性造成破坏。利用林业部门森林调查、林地变更调查的结果，分析生态空间区域林木林地的数质量变化	①利用各类保护区域矢量数据分析自然保护区、森林公园、湿地公园中林地数量变化情况；②从森林资源普查数据和林地变更调查数据中按属性分别提取"林地类型"中的公益林、非林地、生态林、商品林，分析不同年度上述林地数量变化情况；③按位置选择前一期为林地而后期调查为非林地的图斑；④利用遥感影像分析自然保护区、森林公园、湿地公园中的林地破坏、损失问题疑点，选择典型性问题进行现场核实，并查阅林权证等资料

审计领域	审计问题	审计思路概述	审计线索
森林资源审计	退耕还林种苗费损失浪费	由于部分地方政策宣传不足，农民意愿调查不够，一味追求退耕还林数量，部分退耕还林项目实施后返耕。易地造林调整时，部分乡镇未履行易地调整造林程序擅自变更调整。造成种苗费和直补资金的浪费	①在选择菜单中，以"与源图层位置共线"，从退耕还林验收数据中选择与初始设计位置变化不大的小班，添加字段注明共线；②选择反选，得到退耕还林首次验收时已与初始设计调整变化的小班；③重复第一步操作，在第二次验收的矢量数据中选择与首次验收相比发生了较大位置变化的小班；④在遥感影像图中查看历次变化调整的情况，并结合DEM数据进行综合研判；⑤查阅历次验收报告、验收许可证发放台账、直补资金和种苗费兑现情况
	国家（市级）公益林流失	公益林分为国家级公益林和市级公益林，其中国家级公益林先后制定了《国家级公益林区划界定办法》和《国家级公益林管理办法》（2017年），此后全国各省市对公益林开展了区划落界工作。历年管理的疏漏造成公益林的毁损占用，以及部分地方不按规定履行公益林地擅自调整公益林保护范围，造成了公益林地的流失	①在森林资源普查数据和林地变更调查数据中按属性提取"林地类型"中的市级和国家级公益林；②查看国家级公益林和市级公益林的总量变化；③将上述图斑进行叠加，分析将国家级公益林调整为市级公益林，或者将公益林调整为非林地的疑点图斑；④在遥感影像中进行分析，选择典型性问题现场核实，并查阅林权证等资料
	违规申报退耕还林种苗补助	在新一轮退耕还林工程中，某省每年安排一定数量的退耕还林计划用于解决"2011年长江绿化"遗留问题，该部分退耕还林实际为2009～2011年造林，解决遗留问题的方式仅限于资金补助	①提取历年退耕还林初始作业设计矢量数据中的"长江遗留"数据，并进行合并，添加字段注明"解决长江遗留"；②与2011年长江绿化项目验收数据进行交集取反；③按属性查找初始作业设计非"解决长江遗留"的小班

续表

审计领域	审计问题	审计思路概述	审计线索
水环境 审计	违规拦河筑坝 （填湖）	利用第一次全国水利普查成果（2011），查看水利普查以后，地方政府水行政主管部门对涉河建设项目管理的情况，延伸调查水行政执法情况	①提取水利普查数据中的河流和水库（湖泊）；②将河流和水库（湖泊）数据与最新的土地利用现状调查数据进行叠加；③查看叠加数据中的非坑塘水面。对照遥感影像和高程数据判断是否为填占疑点；必要时调取历史遥感影像进行判断；④提取土地利用现状调查数据中的"坑塘水面""水田"，按位置选择与水利普查数据中的河流重叠的部分；⑤对照遥感影像数据查看，是否在水里普查数据中为河流，现状土地利用调查中已经形成大面积水域，并进行历史追溯
	违反水功能区划开发利用水资源	按照国家制定的《全国江河湖泊水功能区划》，各省市也制定并公布了本行政区域内水域空间规划。利用水功能区划数据和遥感影像、兴趣点（POI）数据，发现违反水功能区划疑点	①提取水功能区中一级水功能区的保护区和缓冲区、二级水功能区的饮用水源区、过渡区；②以上述区域建立1km缓冲区；③将上述缓冲区分别与土地利用现状调查数据、POI数据进行叠加，选择其中涉及排污的工业用地、商服用地和工厂、加工厂兴趣点；④对照遥感影像进行甄别判断
	饮用水源保护区违规排污	利用数字高程数据（DEM或TIN），生成集雨区范围线，判断处于饮用水源保护区周边的排污企业	①利用饮用水源保护区红线建立2km范围的缓冲区，利用缓冲区对DEM数据进行裁剪；②在Arcgis软件中，对裁剪后的DEM数据生成集雨区范围线；③将集雨区范围线与POI中的餐饮、农场、养殖场、加工厂数据，排污数据进行叠加；④实地查看疑点的排污情况
	取水口、排污口设置距离不合理	通过水流方向和取水口、排污口的距离，初步判断筛选设置距离不合理的取水口和排污口	①通过生态环境局获取的取水口、排污口位置坐标，将其格式转换后导入到ARCMAP中，经过与遥感影像对比确认位置无误后；②在图上通过建立邻域分析两点之间的实际距离，最后根据距离进行合理性判定
	水源地、自然保护区、湿地公园违规设置排污口、畜禽养殖场	通过水源地、自然保护区、湿地公园的矢量红线，与排污口的位置关系，判断是否存在违规设置排污口的情况	①水源地、自然保护区、湿地公园的矢量红线，与排污口的位置进行叠加，查找在上述区域内的排污口；②结合相关位置关系，判断排污口设置的合理性

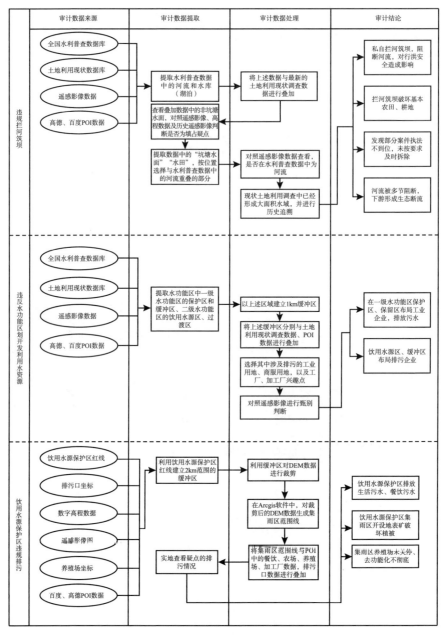

图 7-2　水环境审计重点内容、线索及流程

7.2　案例应用一：水环境审计协同
大数据平台建设及应用

7.2.1　长江经济带水环境审计内容及依据

长江经济带水环境审计的主要内容如下：掌握水生态环境情况和水资源资产的来源、数量和质量；审计水环境保护政策措施落实情况，审查水资源相关规划编制情况，审查水行政主管部门及流域管理机构的职责履行能力情况；分析水资源资产的保护情况，根据断面水质监测结果，结合调查了解的相关情况，分析水质变化的主要原因，查明影响当地水质的污染企业和项目，并评价考核断面达标情况；重点对环保资金筹集、分配、使用情况进行审计，是否存在资金筹集规模不足，虚报配套资金规模套取国家财政专项资金行为，有无因可行性研究不够、决策不当、管理不力等原因造成损失浪费等问题。

从审计依据来看，国家颁布的法律、法规、部门规章、地方性规划、环境规范性文件等制度规范以及各地下达下一级地方政府的控制指标和考核内容都是长江经济带水环境审计的重要依据。

（1）在国家制度规范层面。《中华人民共和国审计法》《中华人民共和国水法》《中华人民共和国水土保持法》《国务院关于环境保护若干问题的决定》《国务院关于加快推进生态文明建设的意见》《中华人民共和国环境保护法》《中华人民共和国水污染防治法》《取水许可和水资源费征收管理条例》《中华人民共和国环境影响评价法》《中华人民共和国防洪法》《中华人民共和国固体废物防治法》《国务院关于实行最严格水资源管理制度的意见》《国务院关于加强环境保护重点工作的意见》《城镇排水与污水处理条例》《国务院办公厅关于印发实行最严格水资源管理制度考核办法的通知》《长江经济带生态环境保护规划》等一系列法律法规及其配套指引，这些都是长江经济带水环境审计最重要、最权威的审计标准和审计依据。

（2）在各区域性制度规范层面。各级地方政府为贯彻落实国家水环境保护相关政策规定及配套措施等，往往会制定一系列地方性法规、地方政府规章、相关规范性文件以及水环境控制指标和考核内容，这些也是长江经济带水环境审计的重要依据和标准。比如《重点流域水污染防治规划（2011～2015年）重庆市实施方案》《四川省生态建设和环境保护"十三五"规划》等区域性制度规范。虽然与国家法律法规、制度规章相比，区域性制度规范的权威性相对较低，但这些制度规范兼顾了各地区水环境保护的差异化特征，相关制度的针对性、适应性更强，因此也是长江经济带水环境审计的主要依据。

7.2.2 水环境审计协同大数据平台建设步骤

水环境审计协同平台建设是结合财政、审计、生态环境、发展改革、农业农村、水利、自然资源、人大、司法、纪委监委等部门数据特征，基于大数据、互联网＋、人工智能等新兴技术，打通各部门、各层级政府、各业务单位之间的水资源环境数据贯通通道，构建"横向到边、纵向到底"（横向到部门、纵向到区县）的水环境审计大格局。其步骤包括如下几步：

一是了解水环境审计相关部门系统及数据资源情况。摸清水环境审计所需的各部门数据资源及各部门信息系统建设情况，建构业务数据、财务数据、地理信息数据等结构化数据库和水环境保护政策、水环境审计标准、水环境审计准则等非结构化数据库，实现水环境审计数据的全口径归集。

二是探索建立水环境审计数据归集整理路径。①通过收集整理财政、审计、生态环境、发展改革、农业农村、水利、自然资源、人大、司法、纪委监委等部门政策性文件（刘鑫，2021）。②全面搜集和分析财政、审计、生态环境、发展改革、农业农村、水利、自然资源、人大、司法、纪委监委等部门的财务数据、业务数据、政策数据、地理信息数据等，通过各部门数据的整合比对，明确数据标准，实现多源异构数据的标准化处理，然后，厘清各类数据之间的关联关系，为水环境审计大数据分析夯实基础。

三是基于水环境审计大数据分析平台，按审计内容模块分类构建水环境审计大数据分析模型。在上述水环境审计数据全口径归集的基础上，借助 Hadoop、Spark、Storm 等分布式主流大数据工具搭建集储存、整理、分析于一体的水环境审计大数据分析平台，按国家水环境保护相关政策方针和决策部署落实情况、水资源和水生态保护情况、水污染防控情况、水环境治理目标完成情况、水环境保护资金管理使用和项目建设运行情况、水环境管理预警机制及执行情况等关键审计事项，建立大数据审计分析模型，创新审计模式和方法。

四是单项数据分析。一是利用爬虫等工具，全方位、全覆盖地搜集某个单项非结构化数据，并进行存储与分析；二是利用 Oracle、SAS、SPSS 等工具软件结构化数据进行存储和分析。

五是综合分析。即基于审计大数据分析平台，依托各部门搜集卫星遥感数据、地理信息数据、图斑数据、财务信息数据等，建构多方面的综合分析模型，对水资源资产开发、利用和保护、环境保护政策落实情况等进行深度分析。

7.2.3　水环境审计协同相关数据及其来源

尽管生态环境、自然资源、水资源资产管理等部门积累了庞大的数据资源，但这些数据涉及中央和地方环境政策制定及贯彻落实情况、环保资金拨付使用情况、环保项目建设及运行情况以及水、土地、大气、矿产、森林、海洋等多方面数据，种类繁多、数据结构和存储格式错综复杂，数据共享应用程度较低。因此，如何理顺水资源资产管理及水环境保护的流程、理顺各类数据之间的内在联系、确定数据采集标准并对数据进行标准化处理是环境审计工作的基本前提。如图7－3所示，我们按政策制定及贯彻执行、水资源资产基础数据管理、水资源保护和开发利用、水资源资产相关项目建设运行、水资源资产相关专项资金管理和使用、水资源保护监督检查处理等工作，厘清各部门关系及数据链条。

7.2.3.1　水资源资产政策制定、执行及数据管理

水资源资产政策制定、执行及数据管理主要是由水利、生态环境、规划与自然资源等部门负责。涉及数据包括：①中央和地方有关水资源资产开发、利用、保护的相关法律法规、政策规章；②各级政府、各主管部门建立的水资源资产开发、利用、保护规划、实施办法及运行机制、任务分解方案；③各地区水功能区规划、水资源资产政策制定、执行等涉及的重要会议纪要、重要政策文件等。

7.2.3.2　水资源资产基础数据情况

水资源资产基础数据管理主要是由各级生态环境部门、自然资源部门负责。涉及数据主要包括：①各地区水资源资产状态、水资源使用量数据；②水质监测数据；③工业废水排放、城镇生活污水、农业面源污染、船舶污水排放等水污染及污染物含量数据等；④水利普查数据等。

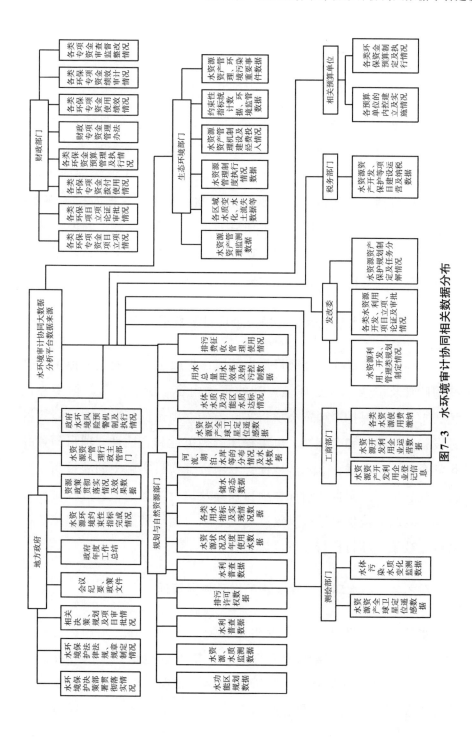

图 7-3　水环境审计协同相关数据分布

7.2.3.3　水资源资产开发、利用、保护及数据管理

水资源资产开发、利用、保护主要涉及到各种项目的立项、论证、审批和项目运行各个环节以及企业登记管理、运行监管等事项，由各地区生态环境、发展改革、水利、农业农村、工商等部门负责。涉及数据包括：①各地区水资源资产开发、利用、保护的相关规划；②水资源资产开发、利用、保护项目的论证、审批、施工开展情况以及相关企业资质、工商、纳税数据等；③相关项目环保评估数据、建设运行数据、经济、生态和社会效益数据等。

7.2.3.4　水环境保护专项资金项目及数据管理

水环境保护专项资金项目是水环境保护政策落实的主要抓手，这些的监管及绩效审计是环境审计的重要内容。所涉及的数据主要包括：①水环境保护专项资金项目实施前的立项论证情况、项目绩效目标设置的明确性和合理性、决策程序的规范性和合法性、项目预算的科学合理性等数据；②水环境保护专项资金项目实施中的项目制度建设情况、项目经费拨付情况、项目预算及执行情况、项目过程监控数据等；③政策或项目绩效满足度数据、项目运行社会效益和经济效益数据、政策或项目执行满意度调查数据。

7.2.3.5　水环境监管执法工作及数据管理

水环境监管执法工作涉及生态环境、农业农村、水利、自然资源、人大、司法、纪委监委等部门。主要数据包括：①水环境监管执法机构建设、编制人数、队伍结构等；②水环境监管执法发现的问题以及责任追究、问题整改数据；③水环境污染及生态环境破坏

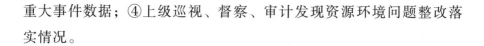

重大事件数据；④上级巡视、督察、审计发现资源环境问题整改落实情况。

7.2.4　基于大数据技术的水环境数据归集

（1）水资源资产管理及水环境治理政策制定、法律法规制定。这些数据主要是政策文件、规制文件，在环境审计大数据协同分析系统中以非结构化数据形式呈现，形成政策库、文件、法规知识库。

（2）水资源资产数据、水质变化数据、水资源使用量数据、水污染及污染物含量数据等，这类数据由各级生态环境、自然资源等部门负责。生态环境、自然资源等部门牵头制定《XX 数据管理办法》与数据征集指南，建立数据征集标准，确定数据采集内容框架、披露形式等，建立数据报送承诺制度和追责机制，相关单位以定期报送的方式向生态环境、自然资源等主管部门报送数据，主管部门组织对报送数据的审核、监督、检查，并对发现的问题进行整改问责。

（3）水环境基础地理信息数据库。基础地理信息承载形式多样，包括数据、卫星像片、航空像片、各种比例尺地图，甚至声像资料等，这些数据主要是自然资源、生态环境等部门进行跟踪监测或采集。由于数据量庞大，水环境基础地理信息数据一般采用 Oracle Database、GIS 软件等进行数据存储、管理和分析。

（4）水资源资产开发、利用、保护及数据管理。这类数据由各地区生态环境、发展改革、水利、农业农村、工商等部门负责。数据采集形式包括三种：一是环境主管部门的监测数据，可以由相关部门直接将数据接口接入环境审计大数据平台；二是各责任单位定期报送水资源资产开发、利用、保护的相关情况；三是以定期普查的形式搜集数据；四是工商、税务、建设资质管理部门等提供水资源资产开发、利用、保护所涉企业的行政许可、工商登记、税收缴纳等数据。

（5）水环境保护专项资金项目数据。这类数据往往由发展改革、财政、生态环境部门负责，数据包括项目立项论证、科学性分析、绩效目标编制、项目审批文件、项目过程管控措施等纸质非结构化数据和项目资金拨付、项目投资、项目运行、项目绩效等结构化数据，前者以会议纪要、会议文件、合同书等形式留存，后者则由各单位项目管理信息系统导出或者由各单位自主报送。

（6）水环境监管执法工作及数据管理，这类数据主要包括环境诉讼、环境执法案件等，由人大、司法、纪委监委等部门提供，主要以宣判书、处罚决定书等形式呈现。

7.2.5　长江经济带水环境审计大数据分析

基于大数据平台的长江经济带水环境审计大数据分析包括国家水环境重大方针政策和决策部署落实情况审计分析（见表7－2）、水资源开发利用与生态保护修复情况审计分析（见表7－3）、水污染防控情况审计分析（见表7－4）、约束性指标和目标责任制完成情况审计分析（见表7－5）、相关资金征收管理使用和项目建设运行情况审计分析（见表7－6）、水资源资产管理和水环境保护重大决策及执行情况审计分析（见表7－7）、履行水资源资产管理和水环境保护监督责任情况审计分析（见表7　8）。

表 7 - 2　重大方针政策和决策部署落实情况审计分析

审计和评价内容	审计和评价事项	审计和评价子事项	数据分析方法
贯彻执行中央（地方）水环境保护方针政策和决策部署情况	重大方针政策和决策部署落实情况	地方政府是否出台贯彻落实重大方针政策和决策部署的制度措施	①收集各地区政府工作报告、会议纪要、收发文记录，出台的主要政策法规、制度法规、考核和考核结果资料等，与生态环境、规制等部门座谈收集各部分根据中央和长江经济带有关生态环境保护（尤其是水环境保护）重大改革政策，审查各地区是否出台相关文件、制定出台本地区《水环境保护"十四五"》规划、《水环境保护任务目标分解》等文件，制定出台工作方案，明确工作任务及时间表、推动相关政策分解落实《生态优先、绿色发展行动计划任务分解》等文件，制定落实生态保护任务责任书和实施方案，梳理具体任务、措施和目标，对比分析是否按照《长江经济带生态环境保护规划》、《生态文明体制改革总体方案》、河长制、生态保护补偿、生态保护红线等要求，建立②从生态环境、自然资源等部门收集各省市自然资源、生态环境、生态保护补偿、考评问责情况落实纳入政府政策部署的法律、规章、制度和规划进行③是否将河长制、生态保护红线制度落实情况纳入联席会议制度、信息共享制度、工作督察制度、明确水环境保护工作职能职责；③是否将河长制、生态保护红线的指标体系；④未及时对不符合水环境保护方针政策和决策部署的法律、规章、制度和规划进行清理
		重大方针政策和决策部署落实效果情况	①收集《长江经济带生态环境保护规划》、《生态文明体制改革总体方案》、"水十条"、河长制、生态保护补偿、水资源管理"三条红线"等相关文件落实台账，审查任务完成及效果；②审查是否严守生态保护红线，是否存在违反生态保护红线的各类开发活动，是否及时发现和依法处罚违反生态保护红线的行为，是否严格执行河长制度和最严格制度管理制度等；③各区域产业规划、行业规划是否与《长江经济带发展规划纲要》《长江经济带发展规划纲要》等文件精神相冲突

表 7 – 3　　水资源保护利用情况审计分析

审计和评价内容	审计和评价事项	审计和评价子事项	数据分析方法
水资源开发利用与生态保护修复情况	主体功能区执行情况	审查各地区是否分主体功能划区，是否落实主体功能区管理制度	①查阅各地区文件，审查各地区是否按设置"优化开发、重点开发、限制开发、禁止开发"等文件精神，按照主体功能区的定位，建立生态硬约束机制，列出负面清单，设定禁止开发的岸线、河段、区域、产业，强化日常监测数据；向水利部门收集水资源公报、区域内年均降雨量、水量监测数据，审查水功能区限制纳污控制指标体系和水质达标情况；④是否建立水功能区限制纳污控制制度、建立水功能区限制纳污控制指标体系和水质达标评价体系等
	最严格水资源管理制度执行情况	审查各地区水资源消耗管理制度水量和强度双控情况	①审查各地区是否编制水资源消耗总量和水量等资料，分析水资源总量变化及情况，抽查各地区水资源取水许可审批及重点企业年用水量等资料，分析统计数据，控制指标执行情况；②向水利部门索取水资源强度双控管理办法；分析水资源总量变化及真实性，审查各地区取水许可审批管理情况以及水资源应调度和总量调度和应调度情况；③是否建立水资源统一调度和应调度合理情况
	岸线开发利用管理	审查是否按照《长江岸线保护和开发利用总体规划》要求，科学划定岸线功能区，对不同功能区实行差异化环境准入政策	①审查是否在长江沿线自然保护地、重要生态保护红线等区域过度开发水资源资产；②收集长江岸线城镇用水总量、强度控制数据，强度指标数据，审查是否严格实施了总量、强度控制，有无违规审取水许可等，与沿江地区《长江岸线取水许可》等资料对比；③收集招商引资等资料，产业类别审查，生态敏感区、水功能区等相关区域对比，查看是否符合生态空间规划布局，与《长江岸线规划布局》等文件对比，查看是否符合合岸线功能区管理政策；④审查沿江是否存在取水口布局不合理情况；③是否符合水资源统一布局不合理情况
	工业结构和工业布局优化调整情况	审查各地区工业结构和产业布局是否与《长江经济带生态环境保护规划》、"水十条"等文件相符	①向发展改革委、城乡建委、经济信委等部门收集招商引资企业名单和重点项目建设台账，对比环保等相关部门有关论证审核，行政许可审批台账，审查是否存在未开展自然资源、生态环境领域有关论证审核，行政许可审批等问题；②审查是否存在违规新增项目，新增产能的情况；③收集工业园区企业入河量，④调查工业园区企业入河情况，审查各园区是否存在停产整顿、限期治理仍排放不达标的沿江工业企业；④审查各园区承接或接受产业转移或承接仍排放不达标的沿江工业企业

表 7 - 4 水污染防控情况审计分析

审计和评价内容	审计和评价事项	审计和评价子事项	数据分析方法
水污染防控情况审计分析	审查水污染防治攻坚战和行动计划部署和推进情况	审查各地区是否按照水污染防治攻坚战精神,制定实施方案,健全实施机制等	从生态环境、自然资源等部门收集各级政府水污染防治目标责任书和实施方案,梳理具体任务、措施和目标,对比分析是否对各项考核目标要求及时进行细化分工落实,并设置水环境保护问责整改机制
		审查水污染防治目标任务推进完成情况	①收集水污染防治目标任务完成情况相关资料,结合现场抽查实施完成情况,审查各地区是否按时完成水污染防治目标任务、审查是否及时采取有效措施推进工作,任务完成后有效改善水环境质量,通过水监测数据和污染防治设施运行记录等资料;②统计尚未完成目标任务的事项,调查工作滞后的原因,分析由此对生态环境造成的影响;③审查重要江河湖库、重点区域的突出环境污染问题,反映相关地方政府不作为、乱作为情况

表 7 - 5   约束性指标和目标责任制完成情况审计分析

审计和评价内容	审计和评价事项	审计和评价子事项	数据分析方法
约束性指标和目标责任制完成情况审计	审查水资源环境保护约束性指标和目标责任制完成情况，了解责任的原因及对水环境的影响	审查水资源消耗总量、水资源消耗强度、水质指标等约束性指标完成情况	①收集各地区出台的政策制度、专项规划计划、红线图、城市"四线"等资料，对照水资源利用开发、水环境保护等地区确定的约束性指标，审查其合法性、合规性、查询生态环境、自然资源等部门发布的法律法规和各地区发布的水资源公报、水环境质量监测报告、污染源普查报告等资料，分析供水总量、用水总量、人均用水量、一般工业万元增加值用水量，农田灌溉水有效利用系数、大中型水库蓄水量、万元 GDP 用水量等约束性指标的完成情况；②审查政府瞒报或谎报水资源消耗报水资源消耗总量、强度等控制指标数据的情况
		审查水资源资产管理和水环境保护目标完成情况	①查询生态环境、自然资源等部门发布的各年度环保目标任务文件和完成情况的报告，审查水污染防治工作任务集中处理情况，污水处理厂提标改造、雨污管网建设、环保搬迁、城镇污水治理等目标完成情况、查看水利、畜禽禁养区管理、水资源生态治理等目标任务完成情况；②收集各监测部门相关监测报告、查阅信息系统各加遥感影像图详细了解饮用水源保护区范围内是否有影响水质的利用地理信息系统叠加遥感影像图详细了解饮用水源取水点，环保相关信息系统，根据相关水质改善指标完成情况生产生活设施，审查水环境质量改善指标完成情况水点等，审查地实地抽查水质监测严重不达标的报

表 7-6　相关资金征收管理使用和项目建设运行情况审计分析

审计和 评价内容	审计和 评价事项	审计和评价子事项	数据分析方法
水资源资产和水环境保护相关资金征收管理使用和项目建设运行情况审计	水资源资产和水环境保护相关资金征收管理使用情况审计	审查水资源费、水污染防治资金、排污费等资金征收管理使用情况	①向有关部门收集取水许可审批台账和水资源费、排污费、水土保持费、污水处理费等资金征收台账，核实征应征、未征、减免缓、返还等时等情况，审查是否存在拖延缴纳情况，是否存在拖延缴纳情况，税费征收算、计征是否及违规减免、解缴财政不及时等情况；②通过审查水利、生态环境、自然水资源管和水环境保护资金使用单位，查阅资金使用明细账，调阅相关凭证，核实资金实际用途、考察水资源管理是否合规、是否存在截留、折占、挪用、套取项目资金等使用、管理是否合规、是否存在截留、折占、挪用、套取项目资金等违规问题
	水环境保护专项资金项目建设运行情况审计分析	审查饮用水水源地整治、河流综合治理、支流拦污截污工程、地下水污染防治以及城市污水处理、水土流失综合治理、江河湖库水系综合整治、城市管网建设项目等项目建设、运行的情况	①查阅财政部门水污染防治专项资金项目的资金计划、实施方案、财务凭证、资金使用明细账、招投标及合同、工程验收资料等，抽查项目的建设进程是否合规、资金拨付是否及时到位、资金管理是否规范、建后管理制度是否健全，水污染防治专项资金是否发挥效益等问题；②审查资金使用用项目预算管理和内部控制制度是否存在未纳入预算专项收入、隐瞒收入、坐支收入等情况；③审查相关部门、单位是否通过多头、重复、虚假申报等方式多得资金是否专款专用，审查相关部门、单位是否通过多头、重复、虚假申报等方式多得资金、不按规定用途使用或闲置浪费资金、套取资金等问题；④通过查询城镇污水处理管理信息系统，审查已经投入运行的水污染处理设施是否实现设计目标、是否存在不正常运用、跑冒滴漏、骗取套取、虚报套取、虚报冒领等问题，审查已经投入运行的水污染处理设施是否正常使用，是否存在不正常使用、一次污染、闲置浪费等；⑤审查水质指标在线监测装置是否正常，监测数据是否正确等

表 7-7　水资源资产管理和水环境保护重大决策及执行情况审计分析

审计和评价内容	审计和评价事项	审计和评价子事项	数据分析方法
水资源资产管理和水环境保护重大决策及执行情况审计分析	审查污染企业或项目去产能、关停合并情况	核查小型造纸、印染、染料等严重污染水环境的生产项目去产能以及关停合并决策及执行情况	①收集重污染企业或项目去产能情况清单、去产能验收报告、职工安置记录等资料，了解企业或项目去产能规范有序；②从经济信委、能源部门、工业园区等补偿资金使用台账，抽查关停企业或项目补偿资金的实际用途，是否存在未按规定使用补偿资金、套取骗取财政补偿资金的情况；③审查是否存在新增落后产能和产业设施，是否违反产业结构调整指导目录和生态环境准入清单违规承接落后产业转移
	审查水环境综合治理决策及执行情况	审查水环境综合治理决策及执行情况	①检查各类会议记录、签发的各项文件，各项工作开展情况，了解水环境综合治理项目主要负责人及其工作开展情况；②收集水环境综合整治项目合整治合规，项目论证、立项、审批，项目审、招投标等建设程序是否合规，审查水环境综合整治项目决策是否遵守相关法律法规；③收集水环境综合整治项目资金计划文件、财务凭证等资料，收益分配方式是否合规，审查项目资金拨付、管理、使用情况、河道整治项目资金是否合规；④收集《水环境综合整治项目实施方案》，各年度治理任务分解和完成情况、各年度水质目标是否实现水质监测结果是否滞后，审查任务推进是否实现
	审查环境保护委员会建立及工作开展情况	审查环境保护委员会建立及工作开展情况	①根据生态环境部门提供的环委会成立文件等资料，了解环委会主要领导及其工作职责，收集近年来环委会印发的相关资料，了解工作开展具体情况，对比职能职责分析是否履职到位；②根据环委会工作情况，了解和审查各地区、各层级政府是否存在部门间协作不到位，信息不共享，相互推诿扯皮等问题
	审查招商引资企业对水环境的影响情况	审查招商引资企业对水环境影响情况	①收集招商引资相关会议决策和签署协议文件资料，审查招商引资过程是否关注招商引资企业对水环境的影响；②审查招商引资进企业的决策是否符合相关生态环境法律法规、产业政策、长江经济带生态环保规划等

表 7 - 8　履行水资源资产管理和水环境保护监督责任情况审计分析

审计和评价内容	审计和评价事项	审计和评价子事项	数据分析方法
审计履行水资源资产管理和水环境保护监督责任情况	水患预防处置机制建立与执行情况	水患预防处置机制建立与执行情况	①从各级政府、自然资源部门、应急管理部门、生态环境部门收集预防处置资料，审查应急措施是否到位，审查处置是否及时，关注是否因自然灾害水事当而对水环境造成破坏；③收集各年度应急预案编制及安全生产和污染事故方面应急预案备案、登记、公示情况，审查企业应急预案编制及修订登记是否符合要求
	巡视、环保督察和国家审计发现问题整改情况审计	巡视、环保督察和国家审计发现问题整改情况审计	从党委办公室、政府办公室、生态环境部门收集整改情况资料以及整改情况，针对反映中央和市级环保督察和地区接受中央各地区审计反映的问题，抽查整改落实的真实情况，审查是否存在不整改或整改效率低的问题，了解尚未完成整改阶段性推进缓慢的原因
	水资源和水环境行政执法履职情况审计	水资源和水环境行政执法履职情况审计	从自然资源部门、水利部门、林业部门，区生态环境等部门收集执法台账，审查案件台账及案卷，审查执法行为和时间是否符合相关法律法规、执法案件无证排污、审查是否足额缴纳；审查是否存在执法不到位，以罚代法的情况；查阅相关法律文件、整改结果文件、台账等资料，审查行政处罚时间是否符合程序和时间是否符合相关行政处罚相关法律法规

7.3 案例应用二：林长制政策跟踪审计协同大数据平台建设

7.3.1 林长制政策跟踪审计的背景及依据

7.3.1.1 林长制政策跟踪审计的背景

森林是生态系统重要的组成部分，是人类赖以生存和发展的重要基础，是建设美丽中国的核心元素和推进我国生态文明建设的重要支撑。2013 年 11 月，习近平总书记在党的十八届三中全会上作关于《中共中央关于全面深化改革若干重大问题的决定》的说明时指出："山水林田湖是一个生命共同体，人的命脉在田，田的命脉在水，水的命脉在山，山的命脉在土，土的命脉在树。"森林安全事关生存安全、淡水安全、国土安全、物种安全、气候安全和国家外交战略大局。为了加强森林资源保护，习近平总书记创造性地提出了"两山"（金山银山和绿水青山）、"三库"（森林是钱库、水库、粮库）以及"四个着力"（提高森林质量、推进国土绿化、建设国家公园、建设森林城市）等许多新思想、新观点和新要求。事实上，党的十八大以来，在党和国家的坚强领导下，我国森林生态建设取得显著成效，但森林、湿地等生态系统依旧脆弱，森林资源总量不足、质量不高的局面尚未得到根本性扭转，生态环境正处于"进则全胜、不进则退"的关键时期，生态管理不严、生态环境保护责任不清等问题依旧明显。然而，截至 2016 年底，尽管我国森林覆盖面积约为 2200000 平方公里，位居世界第五，森林覆盖率达到 23.04%，但仍然远低于全球森林覆盖率的平均水平（32%），更不用说南美、俄罗斯、中非和东南亚等地区（见表 7-9）。我国仍是一个缺林少绿、生态比较脆弱的国家，持续推进国土绿化，改善生态环境，任重而道远。在此情况下，2017 年 3 月，安徽省在全国率先探索建立林长制，并在合肥、宣城、安庆市开展试点，即按照"分级负责"原则，构建村、乡、县、市、省五个层级的森林管理体系，通过整合各类森林及政策资源，实现生态改善、绿色发展。2019 年 12 月新修订的《中华人民共和国森林法》明确提出要建立林长制。2020 年 10 月，中国共产党第十九届中央委员会第五次全体会议通过《中共中央关于制定国民经济和社会发展第十四个五年规划和二〇三五年远景目标的建议》，明确"推行林长制"，着力打造"党政同责、属地负责、部门协同、源头治理、全域覆盖"的森林资源保护管理长效机制。同年 12 月，中共中央办公厅、国务院办公厅联合印发《关于全面推行林长制的意见》，要求各省市相关部门根据实际情况探索实施"林长制"，并于 2022 年 6 月在全国范围内全面推行林长制。截至 2022 年初，我国已有 31 个省、自治区、直辖市进行了林长制试点，其中，安徽、江西、山东、重庆等省、直辖市为全域试点，其余为部分区域试点，图 7-4 列示了我国"林长制"制度的具体改革脉络。

表 7-9　　　2020 年世界各国/地区森林总面积及森林覆盖率排名

排名	国家/地区	森林总面积（平方公里）	森林覆盖率（%）
1	俄罗斯	7762602	45.4
2	加拿大	4916438	49.24
3	巴西	4776980	56.10
4	美国	3030890	30.84
5	中国	2200000	23.04
6	澳大利亚	1470832	19.00
7	刚果民主共和国	1172740	50.00

续表

排名	国家/地区	森林总面积（平方公里）	森林覆盖率（%）
8	阿根廷	945336	34.00
9	印度尼西亚	884950	46.46
10	印度	778424	24.68
41	苏里南	147760	90.20

资料来源：根据世界银行发布全球森林面积数据和联合国粮农组织（FAO）发布的《2020年世界森林状况》整理。

图 7-4 林长制改革发展脉络

既然我们国家如此重视林长制，那么林长制是否真能促进森林资源保护？如何测度林长制的实施效果？林长制在基层实践中遇到哪些现实困境？如何避免出现河长制曾经遭遇的治理机制"泛化"和治理方式过于"简约化"等问题，从而导致治理绩效"内卷化"？贯彻落实林长制是森林资源保护成败的关键。事实上，尽管"林长制"政策实施在一定程度上破解了我国森林资源保护长期存在的理念淡化、职责虚化、权能碎化、举措泛化、功能弱化等问题，但由于缺乏具体的管理办法、管理平台等，林长制并未真正从制度优势转化为治理效能，很多地方的林长制在实施上仍然流于形式，甚至存在一些腐败问题。作为国家重大政策落实的"督察员"，审计部门理应为推进林长制政策落实添劲助力，但遗憾的是，目前我国林长制政策跟踪审计既无成熟的经验借鉴，也缺乏系统的理论指导，更没有相应的数据分析平台。基于此，本小节将立足于我国"林长制"实施的现实背景和要求，以政策效果审计为切入点，尝试构建基于大数据技术的林长制政策跟踪审计数据分析平台，用以汇集林长制政策实施数据，衡量、评价和鉴证各责任主体在"林长制"政策实施过程中的责任履行情况和落实效果情况。

7.3.1.2 林长制政策跟踪审计的依据

林长制政策跟踪审计的依据主要是国家法律法规、部门规章和地方出台的规章制度等。如表 7 – 10 所示，林长制政策跟踪审计的依据包括《审计法》《党政主要领导干部和国有企业领导人员经济责任审计规定实施细则》《中华人民共和国森林法》《中华人民共和国土地管理法》《中华人民共和国森林法实施条例》《国务院关于加快林业发展的决定》，以及国家和各地区的森林条例、林地管理条例、林业发展相关规划及资料等。除此之外，《生态公益林建设检查验收规程》（GB/T 18337.4—2008）、《森林资源资产评估技术规范》（LY/T 2407—2015）、《FSC 中国国家森林管理标准》（FEC – STD – CHN – 01 – 2016 1 – 0）等行业技术标准也是林长制政策跟踪审计的技术标准和依据。

表 7 – 10 评价指标选取依据

制度类型	选择依据
国家法律	《中华人民共和国森林法》《中华人民共和国草原法》《中华人民共和国土地管理法》《中华人民共和国环境保护法》等
行政法规	《关于全面推行林长制的意见》《中华人民共和国森林法实施条例》《退耕还林条例》《中华人民共和国自然保护区条例》《国务院关于加快推进生态文明建设的意见》《生态文明体制改革总体方案》《生态环境监测网络建设方案》《安徽省林长制条例》等

制度类型	选择依据
部门规章	《林业标准化管理办法》《关于积极推进大规模国土绿化行动的意见》《土地利用年度计划管理办法》《森林资源监督工作管理办法》《关于划定并严守生态保护红线的若干意见》《中共×省委×省人民政府关于建立林长制的意见》《×市实施林长制条例》《关于推深做实林长制改革优化林业发展环境的意见》《林长制督查考核办法（试行）》等
规范性文件	《环境保护督察方案（试行）》《党政领导干部生态环境损害责任追究办法（试行）》《×省林长制工作督察制度》《×省林长制工作绩效评价办法》

7.3.2　林长制政策跟踪审计及其数据来源

7.3.2.1　林长制政策运行模式

林长制是指按照"分级负责"原则，构建村、乡、县、市、省五个层级的森林管理体系，并由各级林长直接管理并指导辖区内的森林资源保护管理工作，协调解决森林资源保护管理过程中出现的重大问题，依法查处各类破坏森林资源的违法行为，它通过整合各类森林及政策资源，实现生态改善、绿色发展。如图7-5所示，林长制的本质是通过一种制度安排明确并落实森林资源保护责任，以"林长制"促"林长治"，以"林"为纲，明确目标任务；以"长"为抓手，消除部门壁垒，强化责任落实；以"制"为保障，通过建立健全行政调节制度、考核激励制度、林长会议协商制度、经费管理制度、工作督查制度等，打造林长制实施系列政策体系，从而形成全省（直辖市）统一领导、地方分级负责、部门协同共治的森林资源保护管理大格局，规避传统森林资源保护管理存在的"小马拉大车"和"九龙治水"困境。

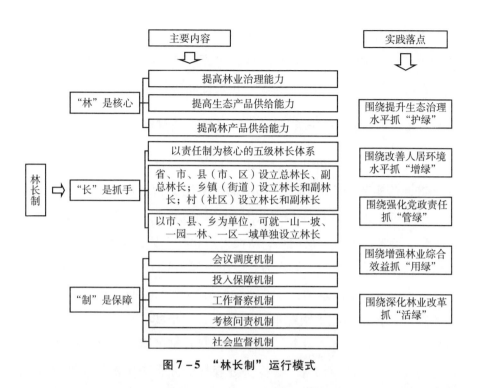

图 7 – 5 　"林长制"运行模式

如图 7 – 6 所示，从责任链来看，在"林长制"治理模式下，各级党委政府主要领导担任（总）林长和副（总）林长，分别负责辖

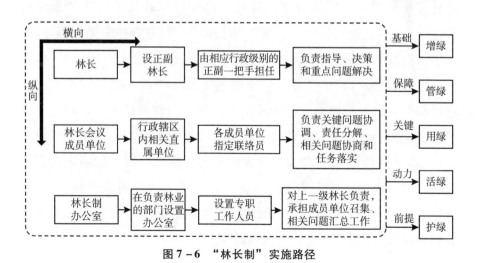

图 7 – 6 　"林长制"实施路径

区内森林资源保护、开发、利用和日常管理等工作，落实森林资源保护相关任务，协调解决相关问题，形成"责任链"，落实"护绿""增绿""管绿""用绿""活绿"五大目标任务。

7.3.2.2 林长制政策跟踪审计及其实施路径

林长制政策跟踪审计是政府审计机关、内审机构、社会审计等以促进贯彻落实节约资源和保护环境的基本国策为目标，根据法律或授权，采取专门的审计程序与方法对林长制政策制定、执行情况进行动态评价、鉴证、分析、反馈等，从而揭示和曝光林长制政策落实过程中的问题，尤其是不作为、假作为、慢作为等典型问题，剖析原因，明确责任，提出审计整改意见，以推动林长制政策落地见效（见图7-7）。具体来讲，林长制政策跟踪审计将从形式、事实、价值三个维度，对各地方、各部门传递、执行、落实林长制政策的过程、效果情况进行动态监督、评价、反馈等，揭露查处森林资源管理中的重大违法违纪行为，揭示各级林长及其他领导干部在森林资源开发、利用、保护、管理等方面存在的问题，然后结合实际情况，针对性地提出整改建议并优化林长制政策实施方案，打通"林长制"政策执行的"最先一公里"和"最后一公里"、打破"中梗阻"，促进森林资源合理开发、利用，提升森林资源管理和保护效率，实现林业生态良性循环，维护国家生态安全。其中，"形式"维度主要关注"林长制"政策的贯彻落实和部署情况，即地方配套政策文件制定、政策任务分解情况、政策落实相关保障机制建设情况、政策落实绩效考评问责制度建设情况等；"事实"维度则重点关注国家政策实质落实情况，如国家政策相关项目的落地情况及实施进展情况、各项优惠政策的落实到位情况、简政放权的真实性情况等；"价值"维度则侧重于考察国家政策落实的相关投入、产出和经济社会效益情况。

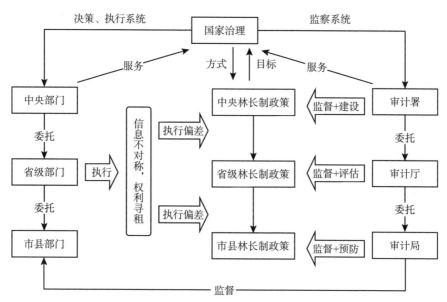

图7-7　林长制政策跟踪审计价值路径

如图7-8所示，林长制政策跟踪审计要通过预防机制、揭示机制和抵御机制发挥"免疫系统"功能。其中，预防机制主要在林长制及配套措施制定环节发挥作用，即通过对林长制政策及配套措施的审查监督，确保各级政府、各个单位和部门制定的政策措施与国家林长制政策保持一致，审查配套措施的可行性、科学性，并感知、跟进和评估配套措施的风险，尽早提出整改措施；揭示机制主要是通过林长制政策跟踪审计动态监督林长制政策落实的全过程，反映林长制政策落实的真实情况，并揭示林长制政策执行过程中存在的各类风险及违法违纪问题，同时审查评价林长制政策执行的经济、社会及环境效益，揭示问题和偏差，为林长制政策制度的后续完善与有效落实提供建议；抵御机制是指在揭示问题的基础上，提出标本兼治的林长制政策跟踪审计整改建议，并通过审计整改、审计问责、审计整改公告等起到威慑和抵御的作用。

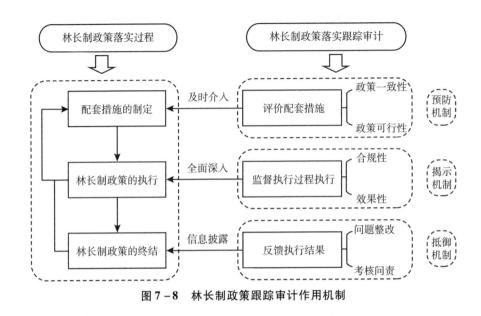

图7-8 林长制政策跟踪审计作用机制

7.3.2.3 林长制政策跟踪审计数据主要来源

与水环境审计类似，尽管林业、生态环境、自然资源等部门都积累了大量庞大的数据资源，但这些数据涉及林长制政策制定及贯彻执行情况、林业专项资金拨付使用情况、林业保护工程项目建设运行情况、森林资源资产数量和质量数据等，种类繁多、数据结构和存储格式错综复杂，数据共享应用程度较低。因此，如何理顺林长制政策制定及贯彻执行的流程、理顺各部门和各类数据之间的内在联系，制定数据标准并对相关数据做标准化处理是林长制政策跟踪审计工作的基本前提。如图7-9所示，我们按林长制政策制定及贯彻执行情况、森林资源资产数量和质量情况、林业开发利用保护数据、林业专项资金拨付使用情况、林业保护工程项目建设运行情况、林业保护监督检查处理等工作，厘清各部门关系及数据链条，为林长制政策跟踪落实审计大数据分析夯实基础。

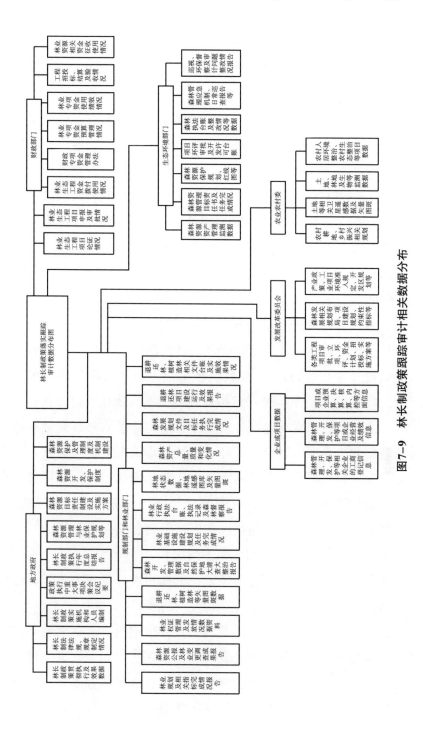

图7-9　林长制政策跟踪审计相关数据分布

（1）贯彻落实相关林长制政策、制度和措施情况。

林长制及相关政策的执行责任在各级地方政府及相关管理部门，反映各地方、各部门在贯彻执行林长制及配套措施的情况，审计方法主要是查阅发改委、林业部门有关年度林业发展规划、各项政策制度和森林经营方案等。审计中所涉及的数据主要包括：①中央和各地区关于林长制的相关法律法规及政策；②各地区对林长制相关法律法规及政策的执行情况；③当地政府因地制宜制定林长制相关政策、制度情况（包括相关法律法规及政策、相关文件及规划等），各地区政策与国家政策文件精神的吻合程度；④各地区政策制定环节情况，如政策制定的合法合规性等；⑤各地方政府是否把森林资源保护、开发、利用等纳入各地区的经济社会发展规划。

（2）森林资源资产存量及变动管理情况。

森林资源资产的存量及变动管理等日常基础性工作由当地林业主管部分负责（如林业局）。主要数据包括：①森林资源数量（包括面积、蓄积量等）和质量情况（包括森林覆盖率、造林或封山育林面积核实率、造林或封山育林上报合格率等）数据；②森林资源分布的卫星遥感数据和矢量图斑数据；③林业权证管理及发放情况数据；④森林开发、管理数据及自然保护地大清查大整治报告；⑤退耕还林、植树造林等矢量图斑数据，森林资源的消长变化及造林任务完成情况；⑥森林资源数据库建设及应用情况和资产负债表编制情况等。

（3）森林资源开发、利用、保护情况。

森林资源的开发、利用包括规划、审批和统计等相关工作，这些工作主要由各层级政府以及生态环境、农业农村、城乡建委、规制、林业等责任部门负责。审计所涉及的主要数据包括：①各级地方政府及相关管理部门出台森林资源开发、利用、保护等相关政策文件、实施方案、运行机制、项目立项、资金分配、应急预案等数据；②森林资源开发、利用、保护等相关项目或企业的工商登记信息、项目运行或企业经营数据、实施效果数据；③森林发展规划文件及目标任务执行完成情况；④林木计划采伐和实际采伐量及变化情况；⑤环境保护投入和环保评估数据；⑥林业产值及林业产值占 GDP 比重（％）等数据；⑦森林旅游人数、森林旅游收入、人均公园绿地面积等森林资源所带来的经济、生态及社会效益等。

（4）林业生态工程项目建设及绩效情况。

林业重点生态工程建设及绩效管理主要由各地区政府、发展改革部门、林业部门等负责，该项工作涉及环节多、内容广。在审计时，我们主要是通过查阅各省（直辖市和自治区）发改委、财政、水利、林业等部门批复的计划、资金指标、通知等相关文件和相关的可行性研究报告、设计方案、实施方案等资料，从而审查项目实施方案是否符合相关原则和目标，项目完成进度、质量等情况。在林长制政策跟踪审计过程中，涉及的数据主要包括：①退耕还林、植树造林相关文件台账及实施效果情况；②各级财政、发改委、林业、生态环境、自然资源等部门批复的计划、资金指标、通知等文件；③项目实施单位相关的建设程序、招投标、工程结算、项目验收等工程管理资料及财务核算资料；④项目审批总投资、实际总投资、施工进度等数据；⑤项目实施单位对项目制定的管理办法、项目资金的会计账册。

（5）森林资源保护专项资金管理使用情况。

森林资源保护专项资金管理和使用的部门主要是各级财政部门、林业主管部门和各用款单位。涉及的主要数据包括：①林长制相关资金管理制度文件；②各单位财务核算数据和银行支付记录；③各级政府财政拨付的森林资源保护相关工程项目资金及其使用情况、各地区违规提取管理费及挤占项目资金情况；④森林资源资产开发、利用、保护和征收管理涉及的专项资金收支；⑤相关用款单位的工商、税务数据。

（6）森林资源保护相关重大决策情况。

森林资源保护相关重大决策一般是由各层级政府、发展改革委、林业部门负责。在审计过程中，主要是通过重大决策的程序文件来考察森林资源保护相关重大决策过程的合法合规性。审计涉及的主要数据包括：①"三重一大"等相关事项的制定和执行情况，林长制政策跟踪审计时要结合具体决策事项的资金规模和资金性质等数据；②项目决策和审批程序数据；③重大森林资源资产处置事项数据；④重大资本运作事项数据等。

（7）林长制政策目标落实完成情况和违法违规情况。

上述工作主要由生态环境部门、监管执法部门和纪检部门来牵头负责。审计时，主要是查阅各层级政府、森林资源主管部门、自然资源部门、生态环境部门等各部门各单位签订的工作目标任务责任书，逐项检查：标责任制的履行情况和森林资源保护目标任务完成情况，同时查阅相关部门数据，找出相关违法违规情况。审计涉及的主要数据包括：①森林资源保护各责任人签订的目标任务责任书资料；②各项森林资源检测数据；③森林资源管理违法违规处罚数据；④群众的反映数据，如举报情况；⑤巡视、环保督察及审计问题整改数据；⑥森林执法台账及整改情况等数据；⑦森林管理应急机制、日常巡查报告等。

7.3.3 林长制政策跟踪审计数据归集路径

在综合考虑林长制政策落实相关数据之间的相关性和各责任部门间的业务逻辑性基础上，林长制政策跟踪审计数据整合归集主要采用如下路径：

（1）林长制政策及政策落实相关政策、规划、实施方案、责任清单。这些数据主要由各级政府、发展改革委、规划与自然资源、生态环境等部门负责，它们在环境审计大数据协同分析平台系统中以非结构化数据形式呈现，形成政策库、文件、规划、方案、法规知识库。这些数据由责任单位直接传入环境审计大数据分析平台系统。

（2）森林资源管理及森林资源资产存量及变动信息数据库。这类数据由林业、自然资源、农业农村等部门负责，这些部门牵头制定《森林资源数据管理办法》与数据征集指南，建立数据征集标准，确定数据采集内容框架、披露形式等，建立数据报送承诺制度和追责机制，相关单位以定期报送的方式向林业、自然资源、农业农村等主管部门报送数据，主管部门组织对报送数据的审核、监督、检查，并对发现的问题进行整改问责。

（3）森林资源管理及林业生态工程建设项目库。这些数据主要存储在发展改革、林业、财政等部门。数据包括森林发展相关规划布局、项目审批、项目立项、环评、资金计划、招投标、实施方案等纸质非结构化数据和项目资金拨付、项目投资、项目运行、项目绩效等结构化数据。这些数据可以通过不定期报送的方式进行归集。

（4）森林资源管理相关资金征收及管理使用数据。这些数据主要由财政部门、用款项目或单位、林业部门提供。主要数据包括林业资源相关资金征收、预算管理、拨付使用、实施绩效数据，这些数据可由用款单位每年定期报送，并进财政部门审核或组织审计之后传入环境审计大数据分析系统。

（5）森林管理、开发、保护等相关企业行政许可、工商登记数据。这些数据主要由工商部门提供。主要数据包括：森林管理、开发、保护等相关企业的工商登记信息和森林管理、开发、保护等项目或企业经营及绩效信息，这些数据可以采用定期报送的方式进行。

（6）森林资源资产管理、开发和利用过程中违法案件处理处罚数据库。这些数据主要由林业、生态环境部门提供，包括森林日常巡查报告、环保督察报告、审计意见及问题整改报告、行政执法违法案件材料、宣判书、处罚决定书等，这些数据大多以文件存储的方式进行，可采用由相关部门定期报送的方式进行归集。

（7）环境监测和评价数据。这些数据主要由生态环境、林业部门提供，他们利用遥感技术等对森林资源资产管理、开发、保护进行跟踪监测，采集森林资源状态数据，形成遥感图库及矢量图斑等，相关部门可直接将环境监测和评价系统接入环境审计大数据平台，实现数据的归集。

7.3.4 林长制政策跟踪审计数据分析模型

基于大数据平台的林长制政策跟踪审计数据分析包括林长制政策措施执行情况审计分析、森林资源开发与利用情况审计分析、林长制政策目标完成情况审计分析、林长制政策相关资金管理使用和项目建设运行情况审计分析、森林资源管理重大决策情况审计等。

7.3.4.1 落实林长制政策和决策部署情况审计分析

政策措施落实情况审计的目标在于了解和跟进国家政策措施的贯彻落实情况，揭示各地方、各部门、各单位在贯彻执行国家政策中存在的问题。如表7－11所示，我们拟从相关法律法规及政策制定、规划编制与执行情况、机制建设情况三个维度构建指标体系来审计各地区林长制政策措施执行情况。

7.3.4.2 森林资源开发利用与生态保护修复情况审计分析

森林资源保护情况审计的重点是审查森林资源资产质量变化情况，审查造林护林情况等。审计数据分析方法见表7－12。约束性指标和目标责任制完成情况审计分析见表7－13。相关资金征收管理使用和项目建设运行情况审计分析见表7－14。林长制政策落实重大决策情况审计分析见表7－15。

表 7 - 11　落实林长制政策和决策部署情况审计分析

审计内容	审计事项	审计子事项	数据分析方法
林长制相关法律法规及政策措施执行情况	政策和制度执行情况	政策和制度制定执行情况	①查阅各地区、各层级政府是否根据国家林长制政策，因地制宜制定本辖区的森林资源管理制度并与辖区森林资源管理需求方案；②各地区、各层级政府制定的森林资源管理制度是否符合国家规定并与辖区森林资源管理需求相吻合；③各地区、各层级政府各项政府各项政策制度是否有效组织林长制相关及配套政策措施，政策设计过程是否存在漏洞，政策的宣传等
		规划编制实施情况	①审查各地区、各层级政府森林资源保护和开发利用规划，林业发展规划等规划的编制及完成情况；②审查森林资源管理和开发利用相关规划的目标任务分解，年度计划的编制及完成情况；③审查各地区、各层级政府森林资源保护和开发利用规划中相关规划的科学性并关注规划调整中相关规划的科学性、合理性和效益性；④审查各地区、各层级政府是否存在违规调整规划等问题；⑤各项规划制定的，执行和公开情况；⑥规划执行是否有约束力，相关约束性指标是否完成；⑦是否将森林资源保护和开发等制度的贯彻落实情况纳入绩效考核范畴
		实施机制建设情况	①查阅各级政府、生态环境、林业等部门提供的林长制相关政策落实相关目标责任书和实施方案，梳理具体任务、措施和责任，对比分析是否按照国家或上级要求细化制订国家各项森林保护目标，是否建立统一领导干部森林资源保护和责任追究机制，是否执行相关部门、单位和岗位责任；②通过调阅林业部门、林业部门等制定应急处置文件，应急演练和联合执法记录、突发环境事件应急预案，审查是否建立突发森林事件管理机制，日常巡查机制、巡视巡查机制、环保稽查机制等；③查看环境审计大数据分析平台系统各模块，审查各地区是否建立森林资源管理信息系统等

表 7 – 12　森林资源开发、利用、保护情况审计分析

审计内容	审计事项	审计问题	数据分析方法
森林资源开发、利用、保护情况审计	森林资源资产存量及动态变化情况	森林资源资产数量情况	①查阅森林资源公报、林业部门森林资源台账等获取森林资源数量情况,并与实地勘察、测量数据分析做比对,确保数据真实性;②利用 Oracle、ArcGIS 等技术从地类图斑中提取林地数据,然后估算森林资源面积、森林蓄积量、林地保有量、森林植被被恢复、森林公园面积,森林采伐量等
		森林资源资产质量情况	①查阅森林资源公报、林业部门森林资源台账获取森林资源资产质量数据,并与实地勘察、测量数据分析做比对,确保数据真实性;②利用 Oracle、ArcGIS 等技术从地类图斑中提取林地数据,确保数据覆盖率,然后估算森林资源资产质量的数据提取森林资源面积、森林资源覆盖率、人工造林成活率、封山育林等反映森林资源资产质量的数据
		森林资源资产变动情况	①查阅林业部门森林资源台账,分析森林资源采伐量、火灾或病虫害等灾害损失量,人工造林量等,结合卫星遥感影像数据,核查在森林资源资产数量变化的准确性,分析区域内是否存在林地违规变化的情况;②调阅森林林地、森林资产权益、资产收入、资产成本费用等会计信息,分析森林资源资产的价值变化
	森林资源采伐、利用情况审计	森林资源采伐、利用情况审计	①调阅林业部门林木采伐许可审批台账、采伐备案记录,审查林木采伐有无采伐证,林业部门是否有规范的采伐台账记录,采伐备案制度是否健全,采伐验收制度是否健全、是否存在超额采伐、过度采伐,审批不严格等;②调阅林业部门林木运输采伐,审查木运输管理办法或条例,制度是否健全,是否建立运输管理系统,调阅各地区木材生产计划,林木采伐证发放情况,审查是否存在过度采伐的问题;③通过环境审计大数据分析平台系统链接全国林木采伐过度采伐的问题,同时采用 ArcGIS 软件从地类数据中提取森林资源卫星记录数据,审查是否存在采伐台账登记数据的准确性和有无重复登记证情况;④审查筛选疑点进行重点审查,审查采伐证值、木材产值(万元)、森林旅游人数、森林旅游收入等以及森林资源资产资金筹集,管理和使用,审查是否存在管理不规范以及挪用、挤占、截留林业相关资金的情况

续表

审计内容	审计事项	审计问题	数据分析方法
森林资源开发、利用、保护情况审计	自然保护区、森林公园等林地保护情况	自然保护区、森林公园等林地破坏和损失问题	①采用 ArcGIS 软件从地类图斑中提取林地数据，分析自然保护区、森林公园等森林资源数量和质量变化情况，并通过现场勘察，调阅林权证等方式，查明林地破坏环林地损失原因，审查是否存在违法征占林地、林业数据造假等问题；②查阅林业部门森林资源台账、森林资源普查数据等，按属性分别提取 "林地类型" 中的公益林、非林地，然后审查进一步审查公益林保护情况
	公益林保护情况	国家（市级）公益林流失问题	①查阅林业、自然资源等部门的森林资源台账数据、林地变更调查数据、林地质量变化情况和图斑数据等，按属性提取 "林地类型" 中的公益林数据，查看公益林总量和质量变化情况，找出公益林调整为非林地的疑地理信息系统中调阅公益林卫星遥感影像数据和图斑数据，分析公益林流失的疑点图斑，然后现场勘察，找出公益林流失的问题及原因；②应用 GIS 技术从

表7-13 约束性指标和目标责任制完成情况审计分析

审计内容	审计事项	审计子事项	数据分析方法
约束性指标和目标责任制完成情况审计	森林资源约束性指标完成情况审计分析	审查林业保有量、林木采伐限额等约束性指标控制情况，了解约束性指标未完成任务的原因及对森林环境的影响	①调阅各地区政府和林业部门等有关林地保护利用的规划，厘清自然资源、林业、生态环境、农业农村等各部门签订的工作任务书和约束性指标；②利用MapGIS或ArcGIS软件抽取不同年度的多期森林资源遥感影像数据，作业小班、湿地资源调查成果，森林资源二类调查成果电子数据，分析疑点图斑，并通过现场勘察、台账核对等方式审核数据的准确性；③通过数据叠加，求交分析方法，对比分析不同年度森林资源面积、森林蓄积量、林地保有量、林木采伐限额、森林覆盖率等数据变化，审查各地区森林资源约束性指标的完成情况
	目标责任制完成情况审计	造林计划完成情况	①调阅各地区政府制定的《林长制政策落实重点攻坚任务》《林长制政策实施细则》等，厘清各部门的目标责任和主要考核指标；②利用MapGIS或ArcGIS软件抽取不同年度的多期森林资源卫星遥感影像数据，作业小班、地理国情数据，森林资源二类调查成果电子数据并核实数据准确性；③通过卫星图片对比、地理国情数据，现场查验等方式，分析林地保有量、林木生产率、森林病虫害发生率、森林火灾受害率、森林火灾发生率、森林病虫害受害率等，受害森林火灾次数、森林火灾过火面积（公顷）、造林面积、造林成活率、造林保存率、退耕还林等目标任务的完成情况，分析了解完成任务的原因并提出审计整改意见

表 7 - 14　相关资金征收管理使用和项目建设运行情况审计分析

审计内容	审计事项	审计子事项	数据分析方法
森林资源相关资金征收管理使用和项目建设运行情况	森林资源资产和森林环境保护相关资金征收管理使用情况审计	审查森林植被恢复费、育林基金等资金征收管理使用情况	①向有关部门收集森林植被恢复费、育林基金等资金征收台账，查看是否存在未按规定核算、返还情况，审查是否存在拖延缴纳情况，税费征收减免、使用审批情况，是否存在拖延征收未及时催收等；②通过审查林业等部门资金解缴财政及违规减免、计征以及时催收等，核实应征、未征、减免、缓缴等情，是否存在拖延缴纳情况，税费征收减免、调阅相关凭证，核实资金实际用途，考察育林基金、森林植被恢复费等费用是否专用，是否存在挤占育林基金、森林植被恢复费等费用于弥补行政经费以及截留、挤占、挪用、套取资金等违规问题
		审查森林资源采伐、利用等所得资金征收管理使用情况	①调阅各地区木材生产计划、林木采伐证发放情况等数据，查阅森林资源、林木资产产权益、资产产收入、资产成本费用等会计信息、分析林地占用信息、林业产值（万元）、森林旅游收入等计算的准确性，会计核算的规范性、资金使用的规范性；②调阅森林采伐、林地占用等审批台账，审查森林资源采伐、开发、利用等各项事务的合规性
		审查生态保护补偿治理资金管理使用情况	审重重点防护林保护、天然林资源保护、退耕还林、石漠化综合治理、水土流失综合治理、湿地保护等方面的生态保护修复治理资金是否按规定范围使用或闲置浪费资金，查处资金分配、使用方面的挤占挪用、跑冒滴漏、虚报冒领等问题保护利用和修复项目质量是否达到相应技术标准等
	审查退耕还林植造林项目资金管理使用情况	审查退耕还林植造林项目建设运行情况	①查阅各级政府以及财政、林业、农业农村、发改委、自然资源、规划与自然资源等部门批复的计划、资金指标、通知等相关文件，审查退耕还林植造林项目建设立项建设的合法合规性；②收集退耕还草补助资料、工程验收资料，项目台账、该资金采用定额补助的方式、审查项目资金拨付使用的合规性和效率性；③退耕还林还草补助资金，审查项目资金补助期有所不同，有一定的补助期限，补助标准和补助期不同的政策期间有所不同，审查退耕还草补助资金发放的正确性和及时性；④比对项目与退耕还林和植造林作业小班，审查是否存在重复申报项目资金的情况

续表

审计内容	审计事项	审计子事项	数据分析方法
森林资源相关资金征收管理使用和项目建设运行情况	审查退耕还林项目建设运行情况	审查退耕还林、植树造林效果情况	①查阅林业部门发布的退耕还林任务分解表、退耕还林标准和ArcGIS技术，并利用遥感影像信息系统将作业小班与森林卫星遥感勘察进行比对，查找疑点并通过现场勘察进行核实，审查退耕还林和植树造林项目验收数据是否真实，查找疑点并通过现场勘察进行核实；②在核实退耕还林和植树造林项目验收结果的基础上，利用ArcGIS统计退耕还林面积，核实与造林计划及复查申报项目是否相符，审查项目目标是否实现，是否存在多报补贴以及重复申报项目等问题
		审查退耕还林、植树造林项目后期管护情况	调阅森林资源台账数据和利用ArcGIS技术定期或不定期调阅退耕还林项目实施后的林地卫星遥感影像数据，计算造林成活率（即造林次年、单位面积苗木成活株数占造林株数的百分数）和造林保存率（造林三年后，单位面积保存株数占造林株数的百分数）等在造林成活率、造林保存率低，项目后期管护不到位等问题
		审查项目审批、项目资金拨付使用情况	调阅生态保护修复治理资金项目的资金计划、实施方案，财务凭证、资金使用明细账，招投标及合同，工程验收资料等，抽查项目建设程序是否合法合规、资金拨付是否及时到位，资金管理是否合规规范、项目验收等问题
	审查其他生态保护修复治理项目建设运行情况	审查项目建设运行情况	审查重点防护林保护、天然林资源保护、退耕还林还草、石漠化综合治理、水土流失综合治理，湿地保护等项目验收资料，分析是否实现项目设计目标，是否达到相应技术标准，项目设施运行是否通畅运行效果是否良好，项目设施是否闲置等
		审查项目建设运行效果情况	调阅森林资源台账数据和利用ArcGIS技术调阅林地卫星遥感影像数据，审查生态修复项目的建设质量、绩效以及后期管理情况，审查生态修复成果是否得到巩固，有无反弹等问题

表 7 - 15　　林长制政策落实重大决策情况审计分析

审计内容	审计事项	审计子事项	数据分析方法
林长制政策落实重大决策情况审计分析	审查重大决策情况	审查林长制政策落实重大决策机制及实施情况	①调阅类会议记录、签发的各项文件、各项工作开展考核情况资料，分析林长制政策落实重大决策机制建设及执行记录，审查林长制政策会议纪要是否完整等；②审查环境保护委员会制定的决策会议纪要，检查林长制政策落实重大决策事项的决策落实情况，审查林长制政策产重大流失和损失和有效性，是否存在重大徇私舞弊事件等
	森林资源资产管理和森林资源保护重大决策情况	审查林权抵押融资审计事项决策情况	①查阅规划与自然资源部门土地（林地）供应情况，从各工业园区收集土地（林地）供应现状和用地红线、核查园区内长期闲置和抵押贷款的土地（林地）情况，审查是否存在抵押土地闲置未开发的问题；②从自然资源产管理中心收集相关手续是否齐备，审查抵押的林权是否自然保护林地使用权用于抵押的决策手续文件、核实贷款资金实际用途和债务置换的推进情况；③查阅林业部门林权抵押相关资料，利用ArcGIS技术通过地理信息技术分析抵押林木、林地的区位和性质，是否存在违规抵押贷款的行为
		审查林地占用、林地变更、林地处置等重大事项决策情况	①从国有资产管理中心收集重大资产处置的评估和决策程序文件，审查林地使用权转让、林地采伐、林地占用、林地规划相违背、抵押贷款的情况；②审查地方政府、偿还债务等重大资本运作事项或擅自处置林地等决策的合规性，审查决策程序的合法性，是否与国家资产出资进行合作、担保、抵押贷款，审查政府领导及有关部门行政执法案件台账和卫星图版和卫星遥感影像数据，现出资产使用权的决策；③森林警察报告林地面积时占用林地超过审批期限和获批种植面积，审查是否存在在集抽查森林毁损占林地的情况；④查阅林业部门林地征占用系统，审查是否存在临时占用林地违规占用林地恢复用途；⑤采用ArcGIS技术将林业部门审业部门数据相矛盾，比对筛选可疑区域，公益林地调整、理国情数据相关，比对筛选可疑区域，审查是否存在违规调整和调整林地属性的事项

7.4 案例应用三：土地资源审计协同大数据平台建设

7.4.1 长江经济带土地资源审计的背景及内容

7.4.1.1 长江经济带土地资源审计的背景

土地资源审计对于长江经济带践行绿色发展、共抓生态大保护具有重要意义。在粮食安全的国家战略背景下，严守18亿亩耕地红线是土地资源审计的重要方面。随着城市化进程加速，土地供需矛盾突出，在此背景下，土地资源管理逐渐成为中央和地方重点审计的领域。近年来，耕地保护、生态红线、高标准农田建设是中央高度重视的问题，中央和地方越来越重视这些领域的审计，尤其加大了关于土地资源的政策落实情况跟踪审计，强化领导干部自然资源资产离任审计。

2018年5月，习近平总书记在中央审计委员会第一次会议上指出要坚持科技强审，加强审计信息化建设；同年8月，时任审计署审计长胡泽君在全国审计机关集中整训动员会上提出，要更好地认识和推进大数据审计，提高大数据审计思维、能力和全覆盖。土地资源审计涉及多个职能部门，专业性强，业务复杂。长江经济带地貌类型复杂，土地资源资产类别多，传统审计方法难以高效全面实现审计目标，更难以确保长江经济带生态屏障安全。近年来，大数据技术飞速发展，基于大数据平台开展土地资源审计工作的思路已逐渐受到实务部门的重视。大数据审计可以缓解审计信息不对称，降低审计成本，进而提高审计工作质量和效率。

7.4.1.2　长江经济带土地资源审计的内容

长江经济带土地资源审计是审查所辖区域土地资源管理、保护、开发、利用情况，落实耕地和基本农田保护目标责任情况等。审计涉及各相关用地单位以及财政、生态环境、发展改革、农业农村、水利、自然资源、人大、司法、纪委监委等部门和单位。

从审计内容上看，长江经济带土地资源审计主要包括五个部分：一是审查土地资源基本情况；二是审计耕地保护和土地管理情况；三是审计土地征用审批的合法合规情况；四是审查土地开发利用情况；五是审查政策法规执行情况，检查土地管理违法案件发生和处理情况，违反土地管理职责的处理处罚情况；六是审查国土资源收入和专项资金的征收、管理、使用情况。

7.4.2　长江经济带土地资源审计的依据

从审计依据来看，国家颁布的法律、法规、部门规章等制度规范以及各级地方政府的土地资源管理控制指标和考核内容都是长江经济带土地资源审计的重要依据。

（1）在国家制度规范层面。《中华人民共和国审计法》《中华人民共和国土地管理法》《中华人民共和国城乡规划法》《中共中央国务院关于加快推进生态文明建设的意见》《中华人民共和国环境保护法》《中华人民共和国基本农田保护条例》《关于划定并严守生态保护红线的若干意见》《关于防止耕地"非粮化"稳定粮食生产的意见》《关于坚决制止耕地"非农化"行为的通知》《高标准农田建设通则》等一系列法律法规及其配套指引，都是长江经济带土地资源审计最重要、最权威的审计标准和审计依据。

（2）在各区域性制度规范层面。各级地方政府为贯彻落实国家土地资源管理的相关政策规定及配套措施等，往往会制定一系列地方性法规、地方政府规章、相关规范性文件以及土地资源控制指标和考核内容，这些也是长江经济带土地资源审计的重要依据和标准（见表7-16），比如《X土地利用总体规划（2006~2020年）》《X土地整治规划》《X地关于建立耕地和永久基本农田保护"田长制"工作实施方案》等区域性制度规范。虽然与国家法律法规、制度规章相比，区域性制度规范的权威性相对较低，但这些制度规范兼顾了各地区土地资源的差异化特征，相关制度的针对性、适应性更强，因此也是长江经济带土地资源审计的主要依据。

表7-16 长江经济带土地资源审计的依据

制度类型	选择依据
国家法律	《中华人民共和国土地管理法》《中华人民共和国城乡规划法》《环境保护法》等
行政法规	《中华人民共和国基本农田保护条例》《中华人民共和国自然保护区条例》《关于防止耕地"非粮化"稳定粮食生产的意见》《关于坚决制止耕地"非农化"行为的通知》等
部门规章	《土地利用年度计划管理办法》《关于划定并严守生态保护红线的若干意见》《中共X省委X省人民政府关于建立田长制的意见》《X市实施田长制条例》《田长制督查考核办法（试行）》等，《污染地块土壤环境管理办法（试行）》《促进国土资源大数据应用发展实施意见》《节约集约利用土地规定》《闲置土地处理办法》《土地开发整理项目资金管理暂行办法》等
规范性文件	《环境保护督察案（试行）》《党政领导干部自然资源资产离任审计规定（试行）》《X省林长制工作督察制度》《X省林长制工作绩效评价办法》《关于规范土地储备和资金管理等相关问题的通知》《关于进一步严格控制党政机关办公楼等楼堂馆所建设问题的通知》《国有土地使用权出让收支管理办法》等

7.4.3 长江经济带土地资源审计及其数据来源

为了有效推进长江经济带土地资源审计，长江经济带各级党委审计委员会应建立土地资源审计协同大数据平台。如图7-10所示，该平台应全面归集财政、审计、生态环境、发展改革、农业农村、水利、自然资源、人大、司法、纪委监委等部门的信息数据，对耕地、基本农田、建设用地、林地、生态红线等指标进行核算，摸清主要土地资源年度存量和变量。通过数据清洗、数据关联得到被审计地区、项目、个人相关数据结果，运用卫星遥感分析技术、SQLServer、DB2、Oracle 等数据库软件，Clementine、Tableau 等可视化分析软件，ACL、Arbutus 等专业审计数据分析工具和 Python、R 语言等大数据技术建立土地出让台账、建设用地规划许可证台账、建设部门施工/竣工台账、基本农田/耕地保护台账，发现问题，并为土地资源审计小组领导决策提供可视化数据资料。

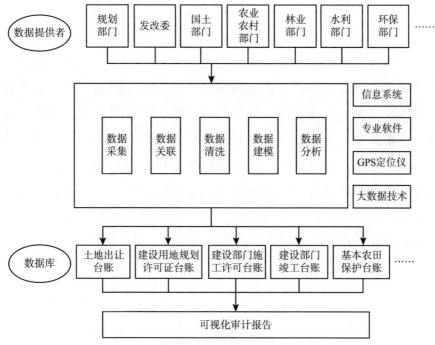

图 7-10　长江经济带土地资源审计协同大数据平台示意

　　长江经济带是长江流域和我国西部的重要生态屏障，因此在土地资源管理上亟须利用大数据技术形成多部门协同审计格局，多方联动提高审计成效，提升土地资源利用效率。土地资源审计协同大数据的来源主要包括内部数据和外部数据两大部分，主要包括 Arc-GIS 基础地理信息数据、遥感数据、网络舆情监测数据等。数据来源主要涉及测绘地理信息局、财政、审计、生态环境、发展改革、农业农村、水利、自然资源、人大、司法、纪委监委等部门。测绘地理信息局主要通过测绘地理信息技术（ArcGIS）提供基础地理信息数据。自然资源部门主要提供土地利用总体规划数据、土地利用现状数据、永久基本农田数据、城乡规划数据（总规及控规）、土地开发项目数据、土地执法检查所用遥感影像数据、建设用地审批数据、土地出让数据、土地整治规划矢量数据、耕地质量等数据。林业部分主要提供林业保护利用规划数据、森林资源一及二类普查小班数据、植树造林数据、退耕还林数据、林业现状图。农业农村部门主要提供耕地地力调查数据、高标准农田数据、轮作休耕、两区划定、季节性休耕数据。发改委提供主体功能区规划、经济社会发展规划等相关资料。生态环境部门主要提供生态保护红线规划图等相关资料和数据。具体的土地资源审计协同大数据来源及归集路径如图 7 - 11 所示。

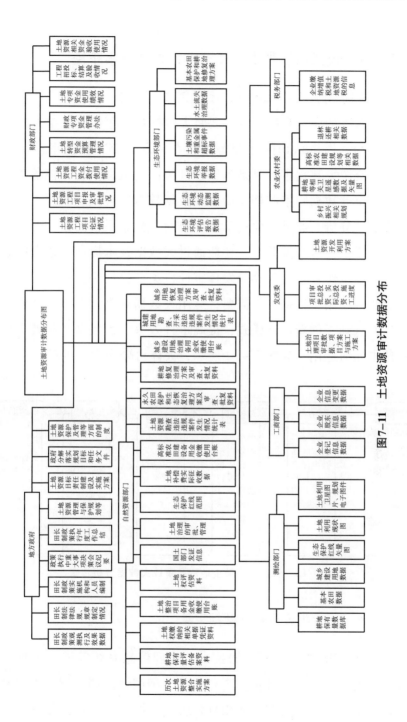

图7-11　土地资源审计数据分布

7.4.4 长江经济带土地资源审计数据归集路径

大数据时代土地资源审计,不仅需要创新审计模式和审计方法,应对审计对象的海量数据,更需要将大数据技术手段和思维方式应用于审计流程,提供认识问题和解决问题的新思路,提升审计协同效率。土地资源大数据审计是指基于审计协同大数据平台,将各级各类土地资源审计数据归集归档,通过大数据技术实现数据联通,集中调取、查证、分析。通过土地资源审计协同大数据平台的建立,不仅能实现土地资源资产数据共享,还能通过大数据技术提高土地资源数据审计精度和工作效率。为充分发挥审计机关在耕地保护和生态文明建设中的监督作用,根据工作需要,运用大数据对审计系统土地资源进行审计,有利于创新审计模式,提高审计效率。大数据在开展土地资源审计中如何运用?如图 7-12 所示,大体可分为六个步骤。

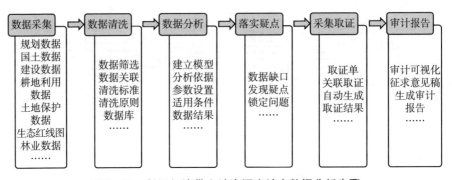

图 7-12 长江经济带土地资源审计大数据分析步骤

7.4.4.1 土地资源审计数据采集

利用 ArcGIS 技术、大数据技术、地理信息系统等进行土地资源审计的数据采集。涉及数据主要包括:地理国情监测数据、土地利用现状及变更数据、永久基本农田划定矢量数据、耕地变更数据等。

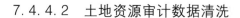

7.4.4.2　土地资源审计数据清洗

根据关键词、代码、索引等从地理国情系统中提取土地资源资产数据，依据数据之间的关联关系开展数据清洗工作。由于数据来自财政、审计、生态环境、发展改革、农业农村、水利、自然资源等不同部门和单位，审计人员需对所取得的数据进行校验、整理、合并、分解等，并进行标准化处理。

7.4.4.3　土地资源审计数据分析

利用多源基础地理信息数据和专题数据，采用叠加分析、提取分析、缓冲区分析等方法，比对土地资源卫星遥感影像数据、土地资源整治图斑等，实现土地资源资产数据的可视化分析等，找出审计疑点。

7.4.4.4　土地资源审计疑点落实

审计组根据土地资源审计数据分析查找出的初步疑点及问题线索，对重点问题线索进行现场勘察，进一步锁定证据，确保数据准确无误后，固化审计问题证据。

7.4.4.5　土地资源审计证据汇总

根据审计问题证据填写《审计证据单》，汇总整理相关证据，与财政、生态环境、发展改革、农业农村、水利、自然资源等部门交换意见，凡是核实无误的问题要求被审计单位签字盖章，审计人员以此为依据，制作《审计工作底稿》，将审计发现问题对照法律法规梳理汇总定性。

7.4.4.6　土地资源审计报告

在土地资源审计中结合长江经济带经济发展情况，研究整改措施办法，形成审计报告征求意见稿。强化审计服务意识，坚持"审计—整改—规范—提高"这条主线，积极研究探索审计整改途径，对在审计中发现的征地留用地费用应付未付、往来款项清理不及时等问题提出整改建议，被审计单位按照要求限时纠正、立查立改。对审计发现的耕地保护形势不乐观等突出性问题，深入分析原因，研究提出针对性的审计建议，及时以审计专报的形式提交党委、政府及有关部门。

7.4.5　长江经济带土地资源审计数据分析模型

基于大数据平台的土地资源审计数据分析包括土地资源政策和决策部署情况审计分析、土地资源开发与利用情况审计分析、土地资源约束性指标和目标完成情况审计分析、土地资源相关资金管理使用和项目建设运行情况审计分析、土地资源管理重大决策情况审计等。

政策措施落实情况审计的目标在于了解和跟进国家土地资源政策和决策部署的贯彻落实情况。如表7-17所示，我们拟从相关法律法规及政策制定、规划编制与执行情况、机制建设情况三个维度构建指标体系来审计各地区土地资源政策措施执行情况。土地资源开发利用情况审计的重点是审查土地资源资产质量变化情况，审查基本农田保护情况等。审计数据分析方法见表7-18。土地资源约束性指标和目标完成情况审计分析见表7-19。土地资源资金管理使用和项目建设运行情况审计分析见表7-20。土地资源管理重大决策情况审计分析见表7-21。

表 7 - 17　土地资源政策措施执行情况审计分析

审计内容	审计事项	审计子事项	数据分析方法
土地资源管理相关法律法规执行及政策措施执行情况审计分析	政策和制度执行情况审计分析	审查政策和制度制定执行情况	①查阅各地区、各层级政府是否根据国家土地资源管理办法、因地制宜制定本辖区的土地资源管理制度并与辖区土地资源管理需求吻合；②各地区、③各地区，各层级政府各项土地政策制度的政策目标是否明确合理，政策设计过程是否存在漏洞；④审查各地区是否有效组织土地资源相关配套政策措施的宣传等
		审查规划编制及实施情况	①审查各地区、各层级政府土地资源保护和开发利用规划、国土资源发展规划等规划的编制及执行情况，完成情况；②审查土地资源管理和开发利用相关总体规划、年度计划的目标是否科学并了解、关注规划中相关规划目标的科学性、合理性和效益性；④审查各地区、各层级政府的规划编制是否存在推进规划调整并实施年度实施计划实施和年度实施基本农力，各层级政府是否在推规划并并实施高标准农田建设；⑤是否按照规划实施和标准实施农田保护；⑥是否按规划实施和标准准规划并实施高标准农田建设；⑦规划执行是否有约束力，相关约束性指标是否完成；⑧各项规划制度的制定，执行和公开情况；⑦规划执行是否有约束情况；⑧是否将土地资源保护等制度的贯彻落实情况纳入人绩效考核范畴
		审查土地资源管理机制建设及运行情况	①审查土地资源政策实施目标及责任是否明确；②是否根据土地资源管理的现实需求制定各地区各部门的任务清单；③是否建立领导干部国土资源保护目标责任制；④是否建立责任追究机制；⑤是否建立联席会议机制；⑥是否建立耕地闲置处置监测机制；⑦是否否存在预警机制未充分发挥效力的情况；⑧是否建立土地资源管理信息系统等

表7-18　土地资源开发、利用、保护情况审计分析

审计内容	审计事项	审计问题	数据分析方法
土地资源开发利用保护情况审计分析	土地资源资产存量及动态变化情况审计分析	审查土地资源数量情况	调阅土地资源主管部门数据或利用 ArcGIS 软件从地类图斑中提取土地数据，估算土地资源总量、基本农田保护面积、建设用地面积等
		审查土地资源质量情况	调阅土地资源主管部门数据或利用 ArcGIS 软件估算土地生产潜力、土地适应性、土地等级、土壤流失率等土地资源质量变化状况
		审查土地资源资产变动情况	①利用 ArcGIS 软件，结合卫星遥感影像数据，分析不同年度的土地资源差异，找出土地资源变动情况；②调阅城乡建设用地、基本农田、耕地产权、土地交易等会计信息，审查土地资源资产负债表的会计信息披露质量
	土地资源开发利用情况审计分析	审查土地资源开发问题	①查阅发改委、规划部门、土地主管部门数据或利用 ArcGIS 数据或利用 RS（卫星遥感影像）地面识别率较高的特征，捕捉坐标，然后实地查验复核，采取行政、经济、法律和工程手段，②按照土地利用规划或城市规划进行调整改造，综合合理，提高土地利用率和产出率，改善生产、生活条件和生态环境的利国利民工程
		审查土地节约集约利用情况	①利用 ArcGIS 软件实地查验复核土地控制增量，盘活土地存量，优化土地使用结构，提高土地使用效率等情况；②反映土地节约集约完成等情况；③对细化完善工作举措、落实土地节约利用监管，执行土地利用评价考核等方面进行审计；④反映金管理情况，提高用地效益，反映土地使用的效益性，进一步规范用地行为，提高用地效益

续表

审计内容	审计事项	审计问题	数据分析方法
土地资源开发利用保护情况审计分析	基本农田保护情况审计分析	审查基本农田占用与保护问题	①利用各类保护区域矢量地数据核实基本农田基本情况及年度增减变化情况；分析永久基本农田划定范围与地表覆盖度是否一致；②在土地资源普查数据和土地变更调查数据中按属性分别提取"土地类型"中的城乡建设用地、基本农地、耕地；③核实违规改变基本农田用途情况和违法违规占比基本农田情况；④通过将休耕与种植结构调整补贴发放表格比对，采用地理信息技术比对核查享受休耕补贴的实际情况
	高标准农田建设情况审计分析	审查高标准农田规划与建设问题	①利用各类农田区域矢量数据对疑点进行叠加，得出高标准农田的数量存量，核实高标准农业增量情况；规划建设及在建基础设施变化情况；高标准农田规划与建设数据是否一致；②重点审查高标准农田基础设施建设是否按照《高标准农田建设通则》（GB/T30600－2022）规定执行；③重点审查是按照《高标准农田建设通则》（GB/T30600－2022）规定执行农田地力提升工程，具体包括土壤改良工程、障碍土层消除工程、土壤培肥工程等是否按照《高标准农田建设通则》（GB/T30600－2022）规定执行
	耕地抛荒与修复情况审计分析	审查耕地闲置抛荒问题	①重点检查非农建设占用耕地的开发建设情况；②承包经营耕地（基本农田）连续2年弃耕抛荒；③在遥感影像中进行分析，选择典型性问题现场核实，并查阅土地产权证等资料
		审查耕地修复情况	①耕地修复勘察设计方案是否科学合理；②耕地修复施工过程管理是否规范；③耕地修复的现状、工程材料用量是否合理；④综合单价组成是否恰当；⑤重金属污染耕地修复治理的范围及资金使用情况

233

表 7 - 19　土地资源约束性指标和目标完成情况审计分析

审计内容	审计事项	审计子事项	数据分析方法
土地资源约束性指标和目标完成情况审计分析	耕地保有量指标完成情况审计分析	审查耕地保有量不合规情况	利用 ArcGIS 技术和遥感技术提取耕地面积，核实是否存在多报耕地面积等问题
	基本农田保护指标完成情况审计分析	审查永久基本农田保护目标责任完成情况	将下达的永久基本农田保护任务分解到各村委会责任人，按照《基本农田保护条例》有关要求，各农场府与各村、镇政府与县村，通过层层签订责任书，与农户签订《基本农田保护责任书》，进一步明确永久基本农田的面积，保护措施，当事人的权利、义务以及奖励与处罚等
		审查基本农田保护制度执行情况	利用 MapGIS 或 ArcGIS 软件将基本农田现状图进行前后比较分析，分析基本农田保护状况。按照国土资源目标责任书要求及《基本农田保护条例》相关规定，对基本农田进行动态巡查，重点巡查基本农田保护制度执行情况
		审查高标准农田建设执行情况	①利用 MapGIS 或 ArcGIS 软件将高标准农田现状图进行验证；②按照《高标准农田建设通则》（GB/T30600－2022）相关规定，对高标准农田建设进程进行动态巡查，审查高标准农田建设资金预算和设用情况，并叠加遥感影像图进行前后比较分析，分析高标准农业建设执行情况
		审查违法占用耕地及基本农田情况	①利用 MapGIS 或 ArcGIS 软件将耕地与基本农田现状图做求交分析；②检查是否存在破坏、侵占耕地及基本农田行为；③核实违规占用耕地、违规在永久基本农田上种树挖塘等耕地"非粮化"问题
		审查耕地及基本农田撂荒情况	①利用 MapGIS 或 ArcGIS 软件将耕地与基本农田现状图做求交分析；②揭示核实违规向禁止类项目或高能耗、高污染和资源消耗型项目供地以及批而未供、土地闲置等问题；③核实土地撂荒问题；④核实耕地"非农化"问题

续表

审计内容	审计项	审计子事项	数据分析方法
土地资源约束性指标和目标完成情况审计分析	耕地占卜平衡情况审计分析	审查耕地占卜平衡项目建设管理情况	①通过耕地占补平衡项目管理系统采集相关数据，并结合项目图斑、全国土地调查成果、影像图、生态保护红线图等数据，重点分析了耕地占补平衡项目入库的合规性、项目工程量的真实性；②深入田间地头，通过现场踏勘、挖掘取土、收集建议等方式，重点审查是否存在虚增工程土方量、侵入体超标、土壤肥力不达标、耕地"非粮化""非农化"等问题
		审查新增耕地实际使用情况	利用大数据分析技术，通过MapGIS或ArcGIS软件进行精准定位现场核查，审查新增耕地面积、质量、实际用途、耕种措施、使用率等情况
		审查耕地占卜平衡项目后期管护情况	深入项目现场实地核查，根据项目图斑和筛选出的疑点数据，利用ArcGIS软件筛选疑点
	生态保护红线划定与管控审计分析	审查生态保护红线执行情况	①审查生态保护红线划定是否严格执行相关规定；②审查是否存在人为降低生态保护力度的情况
		审查生态保护红线区域管控情况	①利用MapGIS或ArcGIS技术和遥感技术分析生态红线保护区内面源污染情况；②审查生态红线保护区域分布及保护区内违规建设项目清理情况和生态红线区域管控水平
	土地利用总体规划情况审计分析	审查新增建设用地规模指标控制情况	①利用ArcGIS技术筛选出新增建设用地图斑，进行核实统计；②将获取的新增建设用地规模与目标责任书进行比较，分析目标责任书的完成情况

续表

审计内容	审计事项	审计子事项	数据分析方法
土地资源约束性指标和目标完成情况审计分析	土地整治项目情况审计分析	审查土地整治项目前期立项踏勘情况	①审查土地整治项目申请立项条件、重点核查项目坐落、面积、范围、规划性质、土地调查地类、利用现状、生态公益林、生态红线、坡度、水源分析、采矿证、土地证、林权证等相关情况；②核查立项现场踏勘表、项目实施意见、政策处理等情况
		审查土地整治设计评审情况	审查项目规划设计方案、规划设计评审意见；核查土地整治项目是否按照规划设计评审意见进行方案优化和备案
		审查土地整治招标施工情况	利用ArcGIS技术调阅土地卫星遥感影像数据，分析每个施工环节的质量监管与资料收集、工程质量和进度等问题
		审查土地整治竣工验收情况	利用ArcGIS技术分析土地整治项目监测监管、竣工验收等完成情况
	田长制政策措施执行情况审计	审查田长制政策同责履行情况	①在田长制改革试行区域，审查田长制政策落实情况，重点审查田长制政策联动考核，审查田长制执行实施效果、田长制执行情况与耕地保护目标落实情况；②将田长制保护执行目标落实同责

表 7－20　　土地资源资金管理使用和项目建设运行情况审计分析

审计内容	审计事项	审计子事项	数据分析方法
土地资源资金管理使用和项目建设运行情况审计	土地资源资金筹集征收使用管理情况审计分析	审查土地资源资金筹集和使用情况	重点审查土地资源资金的筹集渠道是否合法合规，专项资金的使用是否符合预算计划
		审查高标准农田建设资金投入使用情况	重点审查高标准农田建设资金的使用是否符合预算计划，有无挤占、挪用专项资金等腐败行为
	耕地补偿项目审计情况审计分析	审查财政主管部门截留、挤占、挪用和克扣耕地补偿资金情况	重点审查有关土地资金使用和管理是否合法合规，是否听取被征收土地的村集体和农民的意见，是否保障土地所有权拥有者的利益；是否足额、及时支付各种补偿费，是否存在截留、挤占、挪用耕地补偿资金
		审查单位或个人骗取、套取耕地补偿资金情况	①利用 ArcGIS 技术核实是否重复申报项目；②利用 ArcGIS 技术，获取年度耕地补偿资料，查找骗取、套取耕地补偿地补偿资金疑点
		审查单位或个人骗取、套取三项补贴资金情况	通过粮食总产量和单位产能估算，走访和审计耕地种粮实际情况，核实是否存在耕地撂荒、耕地"非粮化""非衣化"，但依旧登记发放粮食三项补贴资金的问题
	土地整治项目情况审计分析	审查项目招标投标等不合规问题情况	利用 ArcGIS 技术核实对占补平衡和土地整治项目的合法性进行核实，找出疑点并核实
		审查项目建设管理情况	利用 ArcGIS 技术对占补平衡和土地整治项目的建设管理情况进行核实
		审查项目管护和资金绩效方面存在的问题情况	利用 ArcGIS 技术对耕地占卜平衡和土地整治项目的资金使用绩效进行核实，审查是否存在项目管护不到位，未达到预期目标

表 7 - 21 土地资源管理重大决策情况审计分析

审计内容	审计事项	审计子事项	数据分析方法
土地资源管理重大决策情况审计分析	重大决策及实施情况审计	审查地方政府在土地出让、整合、转让、修复、整治等方面违规决策情况	①审查地方政府在土地资源管理重大决策方面是否有效执行；②梳理土地资源保护、开发，利用等过程中各责任主体重大决策是否存在违规决策情况
		审查落实上级决策不到位情况	分析核查落实上级决策事项的具体措施是否到位
	土地审批管理情况审计	审查违规出让方式审批情况	利用 ArcGIS 技术、卫星遥感数据审查协议出让土地是否符合相关规定，是否存在将生态保护红线内土地出让的情况
		审查未按规定审批土地整治情况	利用 ArcGIS 技术、卫星遥感数据核查是否存在土地整治未按规定审批和整治不到位的情况
	耕地转让处置情况审计	审查擅自改变耕地用途情况	利用 ArcGIS 技术、卫星遥感数据核查耕地实际用途与规划用途是否相符
		审查耕地空置撂荒情况	利用 ArcGIS 技术、卫星遥感数据核查耕地"非粮化"、"非农化"、撂荒等问题

第 8 章

健全长江经济带环境审计协同配套政策

作为新时代环境治理改革的前沿阵地，环境审计协同是推动环境治理效率提升的重要举措，是倒逼环境治理体制机制改革的有效手段。然而，任何改革都不可能一蹴而就，环境审计制度改革亦是如此，需要解决的问题依然很多，如跨区域生态补偿制度、环境审计准则制定、环境审计人才团队培育、环境审计信息披露等。本章我们从深化横向生态补偿制度改革、推进环境审计法律法规建设、健全环境审计信息披露制度、加强环境审计专业人才培养角度探讨如何健全环境审计协同的配套政策。

8.1 深化横向生态补偿制度改革

构建长江经济带生态补偿机制，是理顺上中下游各区域之间的生态关系，协同长江经济带各区域利益，推动长江经济带环境治理与环境审计协同的内在要求和根本保障。尽管生态环境改善对长江经济带各地区来说都是利好，但在我国现行行政集权、财政分权的体制下，各地区环境治理的利益函数未必一致，从区域利益出发，多数地区即便是同一省（区、市、区、县、镇）的不同辖区也容易陷入片面追求辖区"地方利益"而忽视长江经济带环境治理"整体利益"的怪圈，最终导致环境治理遭遇"行政区划壁垒"。在此背景下，国家需要建立和完善横向生态补偿机制，通过公共政策或市场化手段，以"生态/环境服务付费"（PES）或"生态环境效益付费"的方式，调节长江经济带环境治理过程中生态关系密切但不具有行政隶属关系的地区间的生态利益矛盾关系，从而调动各区域环境治理的积极性。我们认为，国家可以从以下方面入手，深化横向生态补偿制度改革，协调各区域在环境治理过程中的关系。

8.1.1 健全体制机制，推动横向生态补偿制度化

一是探索权威高效的跨区域生态补偿协调沟通机制。在跨区域生态补偿中，若没有强有力的组织协调，仅仅依靠上下游的谈判磋商难以奏效。其中一个很重要的原因是在跨区域谈判磋商中，与主要负责环境治理的欠发达地区（上游地区）相比，经济发达地区（下游地区）往往处于强势地位。在此情况下，中央政府（高一级政府）的介入和干预就显得非常重要。如2011年新安江流域跨省生态补偿就是在财政部、生态环境部等中央部门的统筹协调下才得以实现。借鉴新安江流域治理的经验，我们建议组建"长江经济带生态补偿委员会"，以生态补偿委员会为载体，建立长江经济带省际常态化沟通与合作平台、省内联席会议制度以及上中下游跨区域联席会议交流平台，定期组织区域间和区域内谈判磋商会议，切实形成体现各方利益的生态补偿长效机制。

二是健全生态环境保护责任制度。一方面要加强长江经济带自然资源资产负债表、长江经济带环境治理现金流量表等的编制工作，定期准确客观地反映各地区环境治理的实际情况。另一方面，要建构长江经济带环境治理绩效考评体系，将长江经济带生态补偿方式、补偿额度与长江经济带环境治理情况挂钩，形成长江经济带环境治理补偿

激励约束机制，压实主体责任。

三是推进长江经济带生态补偿立法、司法进程。要想生态补偿工作权威高效，除了建立强有力的跨区域补偿协调机制之外，还应出台《长江经济带生态补偿条例》《长江经济带生态环境保护责任管理办法》等法律法规、制度文件，推进长江经济带生态补偿规范化、制度化、法治化。另外，我们也可以借鉴成渝金融法院等实践探索经验，设立"长江流域生态法院"，专门管辖长江流域范围内，应由中级人民法院管辖的部分生态民商事和生态行政案件，这既能统一裁判尺度和法律适用标准，提高生态审判质效，又有助于实现长江流域等生态问题的化解和集中处置。

8.1.2　创新补偿方式，推动横向生态补偿市场化

一是搭建长江经济带生态补偿资金平台。整合使用中央基建投资专项资金、水环境治理专项资金、退耕还林还草专项资金等中央生态环保专项资金和各地方生态环保财政专项资金，根据长江经济带环境治理的实际需求，创新生态补偿资金的配给方式，形成资金合力，提升生态补偿资金的配置效率。

二是引导和规范多元资本进入生态环保市场。采用股权融资、PPP 模式、筹备绿色发展基金等多种方式吸引社会资本，拓展生态补偿资金来源，推动政府和社会力量协同建立长江经济带生态保护补偿基金，确保重大生态环保项目的资金支持。

三是搭建长江经济带生态指标市场化交易平台。加快推进土壤、水、噪声、森林、大气等生态资源指标交易市场建设，让环境治理者能通过林权交易、排污权交易、水权交易等方式获得适当的经济补偿，建立相对稳定的市场导向机制。

8.1.3 强化技术支撑，推动横向生态补偿合理化

一是开展生态补偿标准、补偿模式等领域研究。出台长江经济带生态补偿实施指南，开展生态补偿标准研究。为长江经济带各区域开展生态补偿工作提供技术指引和具体可行的实施办法。

二是系统开展长江经济带生态环境监测、披露工作。适时动态调整长江经济带生态环境质量监测指标，系统开展长江经济带生态环境监测工作，做到对重点区域环境治理的动态跟踪和实时监测，强化生态环境质量监测考评与跨区域生态环境补偿的对接工作，完善与生态环境质量挂钩的生态补偿奖惩机制。

三是搭建环境质量及环境治理大数据平台系统。充分利用大数据、人工智能、遥感、云平台、物联网等新兴技术，通过数字化智能化手段全面提升长江经济带生态环境质量监测效率和监管水平，为长江经济带生态补偿提供动态监测数据和智能化管理支撑。

8.2 推进环境审计法律法规建设

建立健全长江经济带生态环境监测、环境审计准则、环境审计问责等政策制度，是环境审计服务长江经济带环境治理的制度保障和工作前提。党的十八大以来，涉及长江经济带环境治理的"四梁八柱"制度体系已初步形成，但这些制度规定侧重于规范圹境治理行为，较少直接涉及环境审计制度，缺乏明确的环境审计工作流程、方式方法、内容体系及指标标准等，导致部分关键领域及关键环节实施环境审计仍然无法可依、无规可循，国家应进一步加强环境审计法律法规建设，夯实环境审计制度在法律制度层面、实施操作层面、技术方法层面的支撑。具体包括如下方面：

一是推进环境审计法建设工作，奠定环境审计法律基础。法律是环境审计工作开展的制度保障，没有法律保障，审计便无据可依。从当前法律体系来看，现有《中华人民共和国审计法》《中华人民共和国注册会计师法》等均缺乏针对环境审计的具体规范，为了推进环境审计工作，我们认为应该着手制定环境审计法，以法律的形式明确实施环境审计的主体资格、业务范围、证据类型、程序和方法等。

二是健全自然资源资产物权制度，明确环境审计定责标准。明晰的物权界定是审计工作开展的前提。自然资源资产物权的界定是环境审计工作推进的关键，若缺乏物权界定，则相应的环境审计边界模糊，环境审计定责依据缺失。自然资源资产的产权包括所有权（对自己的不动产或者动产，依法享有占有、使用、收益和处分的权利）、用益物权（对他人所有的不动产或者动产，依法享有占有、使用和收益的权利）、担保物权及使用权。尽管《中华人民共和国民法典》规定"森林、山岭、草原、荒地、滩涂等自然资源，属于国家所有，但是法律规定属于集体所有的除外。""法律规定属于国家所有的野生动植物资源，属于国家所有。""集体所有的不动产和动产包括：法律规定属于集体所有的土地和森林、山岭、草原、荒地、滩涂"，解决了自然资源资产的所有权归属问题。《中华人民共和国民法典》规定"用益物权人行使权利，应当遵守法律有关保护和合理开发利用资源、保护生态环境的规定"，明确了用益物权在保护生态环境方面的责任和义务。但至今仍缺乏针对流域、湖泊等自然资源环境保护的责任主体、边界、范围以及不同主体的权利义务专门的法律规定与操作细则。应着力推进自然资源资产所有权、用益物权和担保物权在生态环境保护的权责归属，按行政区域分解到各级政府、生态功能区、各单位、各部门，为长江经济带环境审计提供物权基础。

三是健全环境审计准则，推进环境审计工作规范化。为了避免环境审计政出多门、依据各异、标准不一，我国应该尽快制定环境审计准则体系，以此作为环境审计的基本遵循和操作规程。当然，需要说明以下几点：一是在环境审计标准制定时，既可借鉴国内外公认环境审计标准依据、国内相关法律条文和审计机构发布的审计评价工作指南，也可参考国家政策指令以及环境治理相关的法案、协议、合同、章程等，甚至还可以从国内外学者的学术研究成果中汲取养分，要充分论证，确保环境审计标准制定的科学性；二是在行为准则方面，环境审计是一种复合型审计，要求环境审计团队具备生态环境、审计、大数据等专业素养，环境审计工作需要外部专家、行业精英的支持，特别是外部非审计类专家的协助，因此，我们应着力创新利用外部专家或力量的途径和方式；三是在环境审计技术准则方面，我们要注意学习西方相对成熟的环境审计技术标准，包括从经济审计（economy audit）、效率审计（efficiency audit）、效果审计（effectiveness audit）、公平性审计（equity audit）和环境性审计（environment audit）五个维度出发，构建环境审计评价指标体系。

8.3　健全环境审计信息披露制度

"模糊表达"与"最少限度报告"是当前环境治理信息披露和环境审计信息披露的通病。建立健全环境治理信息披露制度是环境审计及环境审计成果运用的重要前提。（1）制定出台信息披露相关操作指南。国家和长江经济带各省（直辖市）应牵头制定《长江经济带环境治理信息披露办法》《长江经济带环境治理信息公开指南》《长江经济带环境审计信息披露办法》《长江经济带环境审计信息公开指南》等，建立长江经济带环境治理信息和环境审计信息披露的标准，明确信息披露内容、披露形式、披露时间、披露渠道等。（2）要逐步完善长江经济带环境审计定期报告制度。具体报告方式包括三种：

一是以"一项目一报告、一事项一报告"的方式披露环境审计情况，即被审计单位针对环境审计发现的问题应及时召开党委（党组）会专题研究整改方案、措施，落实整改责任人，在规定时限内完成整改并将整改行为汇报或者公开披露，同时，审计机关也应该及时分析环境审计数据，撰写审计意见，提出审计整改建议，并分别送达上级主管部门和被审计单位，针对审计过程发现的重要问题，要以《审计报告》《审计专报》[①]的形式面向社会公开。二是以工作会议报告的形式披露环境审计情况，即各省（直辖市）、区县等各级政府通过召开年度审计、经济责任审计、领导干部自然资源离任审计工作会议，对上年度环境审计查出的问题及整改情况向各部门各单位进行通报。三是向党委审计委员会、上级审计机关等上报环境审计及审计整改情况，即党委审计委员会、上级审计主管部门、省（市）政府常务会、省（市）委常委会要定期听取环境审计工作情况和审计整改情况报告，环境审计机关应就重大情况随时向地方党委审计委员会、省（市）委、省（市）政府汇报。（3）要建立长江经济带环境审计信息披露承诺制度和追责机制（比如采取企业环境审计信息披露纳入企业征信系统等措施），以此倒逼环境审计信息披露质量提高。（4）协同推进长江经济带环境审计信息披露技术创新，比如制定长江经济带规范统一的环境审计信息公开指南、加强长江经济带环

---

① 《审计报告》是针对长江经济带资源开发利用、资源环境污染防治和环境生态保护情况的综合审计报告。《审计专报》则是针对长江经济带环境审计的系列专题报道，按环境审计意见的类型分为审计工作动态类、审计问题总结类、审计成果类审计专报。其中，审计工作动态类专报是在环境审计过程中，根据环境审计项目实施情况，及时撰写审计工作动态，向上级审计机关或所在地区政府党政领导、各级党委审计委员会等汇报长江经济带环境审计工作动态，以便于他们随时掌握环境审计工作状态、把握环境审计方向和工作重心；审计问题总结类专报是根据环境审计过程中发现的问题撰写问题类审计专报，上报给上级审计机关或所在地区政府党政领导、各级党委审计委员会等，引发这些部门对环境审计问题的关注和治理，推动环境治理和环境审计政策的持续优化；审计成果类专报则是及时追踪被审计单位整改情况，撰写成果类专报，扩大环境审计成果的影响，也为环境审计整改工作的进一步推动奠定基础。

境审计信息公开网络平台建设。

8.4　加强环境审计专业人才培养

人的因素是决定性因素。对于环境审计而言，提高环境审计项目组人员的职业素养势在必行。长期以来，环境审计队伍建设往往受限于公务员制度、劳动人事和成本效益等，我们认为采取培训、延揽、激励等措施是优化环境审计团队结构、提升环境审计团队专业素养的有效途径。

8.4.1　做好审计人员"内培外引"

（1）把好审计人员入口关，在"选"上下功夫。严格环境审计队伍准入门槛，建立公平、公开、公正的环境审计人员选拔任用制度。要对新进环境审计人员试行"逢进必考"，确保新进人员的政治素养、专业素养、大数据应用能力、职业道德、法律素养等素质要求达标。（2）加强教育培训和实践锻炼，在"育"上出实招。一要注重综合研判、分类施策、精准培养。在准确了解不同层次、不同类型审计干部的培训需求、培训重点和培训方向的基础上，探索各类型个性化的专题培训，做到有的放矢；二要创新环境审计人才培养方式方法，比如可以通过观摩学习、情景模拟、基层体验、小组研讨、案例讲解方式开展；三要把实践锻炼作为环境审计干部选拔的重要渠道，做到从实践中历练成长、从实践中选拔使用。（3）要建立跨区域跨部门跨层级的环境审计相关人才库、骨干库、师资库等。定期组织跨区域跨部门跨层级的环境审计经验交流、环境审计案例开发、学术交流、培训交流、经验分享等活动。（4）组织开展跨区域跨部门跨层级的环境审计领域人才交流，在取长补短的同时推动跨区域跨部门跨层级资源共享。（5）创新高校审计专业人才培养模式，充分发挥高校国家一流专业建设点、计算机或财会审计领域硕士博士学位点的育人作用，着力培养政治素质高、专业素养好、大数据应用能力强的应用型、复合型、创新型高端环境审计专业人才，打造本—硕—博—博士后多层次的环境审计人才培养高地。

8.4.2 推进环境审计工作职业化

（1）构建环境审计职业化认证体系。以生态环境部和国家审计署为牵头单位，以会计师资格职称考试为参考，构建环境审计职业化认证体系，并将环境审计政策法律体系、环境经济学理论、环境会计核算、环境审计规则指南、生态环境监测评价等知识纳入环境审计资格职称的考核范畴，培养一批高素质、专业化、复合型环境审计高层次人才。（2）把职业化建设作为实现干部专业化的重要途径。要健全完善与职业化相配套的制度规定，建立健全职业化培训体系，帮助干部尽快养成专业思维、积累专业素养、掌握专业方法，成为政策水平高、专业能力强、实践经验多的行家里手。

8.4.3 扎实开展环境审计理论研究

（1）组织跨区域跨部门跨层级的环境审计理论研究骨干团队，激发审计干部的科研热情。定期分析和总结环境审计协同案例、协同提炼审计成果、总结协同经验教训；不定期组织研究和探索环境审计领域新问题、新方法、新技术等，培育一批科研能力、教研能力、政研能力兼备的专业化高素质环境审计人才，为环境审计协同提供智力支持。（2）与国内外知名高校、科研院所、其他学术团体协同打造环境审计协同育人基地，协同开展课题研究、协同开发本土化环境审计案例等，共同建构中国特色的环境审计理论和方法体系。与此同时，打造中国本土化的专题案例库、文献数据库、专家平台库，为理论界和实务界开展环境审计案例研究、环境审计教学培训、环境审计实务操作提供强大的资源支持。(3) 推进环境审计科研成果转化应用,做到理论研究从实践中来、到实践中去,提升理论研究的科学性和有效性。

8.4.4 着力打造大数据环境审计团队

(1) 顺应时代潮流转变审计工作思路和方向,强化大数据审计思维,训练审计干部从数据中找问题的思维方式,向信息化要资源、向大数据要效率。(2) 充分利用"数字政府建设""金审三期建设""环境审计大数据平台"等,打造大数据审计练兵和实战平台,为大数据审计提供数据采集、数据分析、数据决策、数据治理支撑,推进大数据审计项目规范化工作模式。(3) 分层次、分重点、分批次、有针对性开展大数据审计培训,提升环境审计干部的大数据审计思维和能力。(4) 跨区域跨部门跨层级调配大数据审计人才,组建环境审计大数据分析团队,并通过定期的大数据审计经验交流与合作,提升整个团队的大数据审计能力。

附件：

附件1：长江经济带环境监管执法
状况调查问卷

各层级生态环境局：

为了跟踪长江经济带各省、市、县生态环境主管部门的生态环境保护政策及监管执法情况，了解各层级生态环境主管部门对生态环境保护相关政策措施的知晓度和认可度、生态环境保护队伍建设、生态环境保护行动开展、生态环境监管执法结果公开及成果转化利用情况，分析现行生态环境监管执法过程中存在的问题与不足，从而探索相关政策措施的革新思路，以便更好地保护长江经济带各区域的生态环境，特开展本次问卷调查。

请认真、客观地回答下列问题，我们将严格遵守《中华人民共和国统计法》的规定，贵单位提供的宝贵信息，仅用于学术研究和政策评估，绝对不做商业用途或对外公开。为保证问卷质量，建议由贵单位分管人事的负责人和参与生态环境监管执法的员工共同填写（请在您的选项上划√）。

衷心感谢贵单位的支持与配合！

重庆工商大学环境审计项目组
2020 年 7 月

1. 贵单位行政级别是（　　　）。

○省厅级机关　　○地市级机关　　○县级机关

2. 您的专业背景是（　　　）。

○审计专业　　○会计专业　　○工程专业　　○管理专业

○环境工程专业　　○其他专业_____

3. 您接触生态环境监管执法工作的年限有多长（　　　）。

○ 3 年以下　　○3~5 年　　○5 年以上

4. 请您综合评价贵单位对生态环境监管执法的重视程度（　　　）。

○很重视　　○重视　　○一般重视　　○不太重视　　○不重视

5. 贵单位是否比照国家政策文件精神成立生态环境监管执法协调领导小组？

○是　　　　○否

6. 请您综合评价贵单位生态环境监管执法队伍的建设情况。（请选择您认同的数字，分值越高表示越认同）

1 2 3 4

贵单位对生态环境监管执法队伍建设与培训非常重视　○○○○

贵单位生态环境监管执法队伍能满足环境保护的需求　○○○○

7. 贵单位与本级环境审计机关建立协调配合机制的情况（　　　）。（可多选）

○已建立生态环境协同监管工作制度

○已建立生态环境治理联席会议制度

○已建立生态环境治理工作信息通报制度

○基本没建立生态环境治理协调配合机制

○其他

8. 贵单位生态环境监管执法队伍中高学历工作人员（硕士及以上）的比例为（　　　）。

○50% 以上　　○30%~50%　　○10%~30%　　○10% 以下

9. 贵单位生态环境监管执法人员是否定期参加业务培训？

○是　　○否

10. 贵单位曾开展过下列哪些方面的生态环境监管执法？（可多选）

○环保资金征收管理使用情况

○生态环境政策规制的执行情况

○生态环境综合治理工作情况

○企业环境责任遵从与生态环境政策合规性

○生态环境的改善情况

○污水收集处理系统建设、运行情况

○生活垃圾无害化处理项目建设运行情况

○其他

11. 贵单位向上一级环保主管部门报送生态环境保护专题工作总结的频率？

○按年　○按季度　○按月　○不定期

12. 请您综合评价贵单位生态环境监管执法工作制度的建设和完善情况。（请选择您认同的数字，分值越高表示越认同）

	1	2	3	4
贵单位已建立适当的环境监管执法规划与工作指南	○	○	○	○
贵单位已建立适当的环境监管执法工作制度	○	○	○	○
贵单位的环境监管执法工作制度已得到有效遵循	○	○	○	○
贵单位已建立适当的环境监管执法评价标准体系	○	○	○	○

13. 贵单位是否对重大环保工程项目、重大生态环境管理政策措施和战略规划、重点污染源单位等，积极跟踪监管并进行生态环境执法？

○是　　○否

14. 您认为生态环境局在实施生态环境监管执法时，面临的障碍或挑战主要包括（　　　）。（可多选）

○地区间执法标准差异和部门间法律法规冲突

○跨地区、跨部门的多主体联动执法机制缺乏

○生态环境监管执法人员的素质参差不齐

○生态环境涉及单位和群众法律意识淡薄

○管理体制的分散性、法规职责界定的模糊性

○未遇到障碍

15. 在收集生态环境监管执法证据时，贵单位使用到的技术方法有（　　）。（可多选）

○查阅资料、取样检测、召开座谈会

○利用问卷调查收集评价信息

○生态环境质量监测技术系统

○全球卫星定位系统

○大数据、云计算、区块链、人工智能等技术

○其他

16. 贵单位在进行生态环境测评时，主要采用（　　）。（可多选）

○综合定性评价

○分目标定量评价

○定性评价与定量评价相结合

17. 贵单位生态环境监管执法事项的公开情况（　　）。

○全部公开

○适度公开

○不公开

18. 贵单位生态环境监管执法结果公开的内容主要包括（　　）。

○环境治理取得的成效

○环境治理存在的问题及原因

○生态环境局提出的整改建议

○被执法单位问题的整改情况

○其他

19. 贵单位生态环境监管执法成果转化利用情况（　　）。

○为生态环境监管执法办法提供经验参考

○及时向本级政府或主管部门提交生态环境监管执法报告

○及时撰写生态环境监管执法专题报告或调研文章

○及时提出具有针对性和可操作性的生态环境整改建议

○其他

20. 请您综合评价贵单位在长江经济带环境监管执法结果公开及成果转化利用方面的情况。（请选择您认同的数字，分值越高表示越认同）

	1	2	3	4
生态环境监管执法结果已适度公开	○	○	○	○
生态环境监管执法结果已得到应用	○	○	○	○

21. 您认为目前我国在生态环境监管执法方面还存在哪些有待进一步完善之处？您认为背后的原因是什么？有哪些意见或建议？

附件2：长江经济带环境监管
执法座谈会提纲

1. 最近三四年，国家先后印发了《生态文明体制改革总体方案》《"十三五"生态环境保护规划》《长江经济带发展规划纲要》《长江经济带生态环境保护规划》等政策文件。2018年，习近平总书记在深入推动长江经济带发展座谈会上也作了重要讲话。作为地处长江经济带和三峡库区腹心地带的重庆，肩负着"上游生态屏障"的重任。我们想要了解的是，随着国家生态环境保护政策尤其是长江经济带环境保护政策的调整，生态环境部门采取了哪些措施落实中央方针政策？

2. 长江经济带是一个空间整体性极强、关联度很高的区域。环境保护权责划分是否清晰、生态补偿机制是否有效、区域协作是否到位都直接影响长江经济带的环境治理。我们想要了解的是，在多部门、跨区域、多中心合作方面，生态环境部门在生态环境监管执法过程中与当地政府、审计局、水利局以及上下游、干支流的相关政府机构、企事业单位等建立了怎样的协调机制（如环保权责划分机制、生态补偿机制、监管执法多主体协同机制）？这些机制的执行效果如何？

3. 环境测评是生态环境执法整改的基础，完善环境测评体系、落实好环境测评工作至关重要。同时，我们也了解到，在长江经济带其他省份，比如浙江在此前印发了《浙江省"区域环评＋环境标准"改革区域建设项目事中事后监督管理暂行办法》，试图优化生态环境测评机制、测评办法等。我们想要了解的是，生态环境部门在环境测

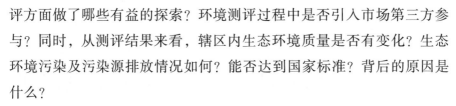

评方面做了哪些有益的探索？环境测评过程中是否引入市场第三方参与？同时，从测评结果来看，辖区内生态环境质量是否有变化？生态环境污染及污染源排放情况如何？能否达到国家标准？背后的原因是什么？

4. 为落实中央精神，助力长江经济带生态环境优化，国家审计署组织部分特派办和地方审计机关都强化了对长江经济带生态环境保护情况的审计。从生态环境局视角看，综合评价环境审计在加强资源管理、维护国家生态环境安全方面是否发挥了应有的作用？环境审计工作有哪些需要进一步完善和改进之处？审计局与生态环境部门在此过程中是如何相互协同配合的？

5. 生态环境监管执法是环境管理和遏制环境污染最有力的武器之一。我们想要了解的是，从生态环境部门的监管执法来看，辖区内各条河流、溪沟的环境治理还存在哪些突出问题？生态环境部门采取了哪些措施来增强生态环境监管执法的深度、广度和力度？近年来，人们的生态环境保护意识是否有明显变化？在生态环境监管执法过程中面临着哪些方面的阻碍或者来自哪些方面的压力？生态环境监管执法的效果如何？目前的生态环境监管执法存在哪些有待进一步完善的地方？

6. 生态环境监管执法信息披露是加强环境民主管理、依法监管的必然要求。我们想要了解的是，生态环境部门主要通过哪些渠道披露生态环境监管执法信息？生态环境监管执法信息披露的程度如何？在完善生态环境监管执法信息披露方面有哪些打算？在生态环境监管执法过程中，民众参与程度如何？

附件3：长江经济带环境审计协同调查问卷

各级审计机关：

为了跟踪长江经济带各省、市、县环境审计政策及执行情况，了解各层级审计机关对环境审计协同的知晓度和认可度，调研环境审计内容、方法、程序、结果应用等方面的协同情况，了解长江经济带环境审计协同机制建设情况，分析长江经济带环境审计协同体系建设存在的问题与不足，对完善环境治理及环境审计政策提供参考，以便更好地保护长江经济带各地区生态环境，特开展本次问卷调查。

请认真、客观地回答下列问题，我们将严格遵守《中华人民共和国统计法》的规定，贵单位提供的宝贵信息，仅用于学术研究和政策评估，绝对不做商业用途或对外公开。为保证问卷质量，建议由贵单位分管人事的负责人与环境审计小组成员共同填写（请在您的选项上划√）。

衷心感谢贵单位的支持与配合！

重庆工商大学环境审计项目组
2020 年 4 月

一、长江经济带环境审计人员基本信息

1. 贵单位行政级别是（　　　）。

○区县级审计机关　○地市级审计机关　○省厅级审计机关

2. 您的专业背景是（　　）。

○经济/管理类专业　　○计算机专业　　○工程/环境类专业

○审计/会计类专业　　○其他＿＿＿＿＿＿

3. 您的学历背景是（　　）。

○研究生学历　　○本科学历　　○专科学历　　○其他＿＿＿＿＿＿

4. 您所取得的专业职称是（　　）。

○高级职称　　○中级职称　　○初级职称　　○其他＿＿＿＿＿＿

5. 您参加环境审计工作的年限有（　　）。

○5年以上　　○3~5年　　○3年以下

二、长江经济带环境审计协同认知情况

6. 您认为环境审计协同有必要吗？（　　）

○环境审计协同没有必要　　○环境审计协同非常重要

7. 您是否熟悉国家或本省（市）有关环境审计协同的相关文件精神？（　　）

○很熟悉　　○一般熟悉　　○不太熟悉　　○不熟悉

8. 贵单位是否重视环境审计协同？

○不重视　　○不太重视　　○一般重视　　○很重视

9. 您认为长江经济带环境审计协同会带来哪些积极效应？（　　）（可多选）

○有利于环境保护及环境审计制度的建立健全

○有利于环境保护各责任主体的职责履行

○有利于环保项目建设、实施和运行的规范有效

○有利于环保资金管理、分配和使用的真实合规

○其他＿＿＿＿＿＿

三、长江经济带环境审计协同实施情况

10. 贵单位开展环境审计的组织方式有哪些？（　　）（可多选）

○独立审计　　○联合审计　　○平行审计　　○协作审计

11. 贵单位每年开展环境审计协同的项目有多少？（　　　）

　　○一年 5 项以上　　○一年 3～5 项　　○一年 1～2 项　　○一年 0 项

12. 贵单位是否建立开展环境审计协同工作的专门组织或机构？（　　　）

　　○尚未建立　　○已经建立

13. 贵单位在本地区内开展环境审计协同的基础如何？（　　　）（可多选）

　　○贵单位所在地区已建立审计联席会议制度

　　○贵单位所在地区已建立审计协同工作制度

　　○贵单位所在地区尚未有效落实协调配合机制

　　○贵单位所在地区已建立审计信息互通制度

14. 贵单位开展跨区域环境审计协同的基础如何？（　　　）（可多选）

　　○已建立跨区域环境审计协同监督机制

　　○已建立跨区域环境审计协同约束机制

　　○已建立跨区域环境审计协同管理部门

　　○尚未完善跨区域环境审计协同基础

15. 您认为影响环境审计协同的因素有哪些？（　　　）（可多选）

　　○上级行政推动

　　○拥有共同利益

　　○落实合作各方职责

　　○提供财政资金支持

16. 您认为环境审计协同可供采用的模式有哪些？（　　　）（可多选）

　　○联合共同执法

　　○联合政策制定

　　○联合提供公共服务

　　○联合开展项目

四、长江经济带环境审计结果协同运用情况

17. 在环境审计工作结束后，环境审计报告一般向以下哪些单位进行报送？（　　）（可多选）

○上一级审计机关

○本级政府主管部门

○环境审计协同单位

○被审计单位

18. 贵单位出具的环境审计报告被政府部门协同利用的程度如何？（　　）

○没有利用　○极少利用　○部分利用　○充分利用

19. 贵单位环境审计结果协同公开情况如何？（　　）

○不公开　○极少公开　○部分公开　○全部公开

20. 贵单位每年发布的环境审计结果公告有多少？（　　）

○一年 10 篇以上　○一年 6～10 篇　○一年 3～5 篇

○一年 1～2 篇

21. 贵单位是否建立环境审计成果信息共享平台？（　　）

○是　　○否

22. 贵单位环境审计协同成果的转化利用情况如何？（　　）（可多选）

○及时形成环境审计协同问责追责依据

○及时提出具有可操作性的审计协同整改建议

○及时撰写审计协同专题报告或调研文章

○及时形成环境审计协同动态信息

○审计协同成果并未得到有效转化利用

23. 贵单位是否持续跟踪被审计单位的环境审计整改情况？（　　）

○是　　○否

24. 被审计单位是否按照审计机关提出的审计整改建议进行整改？（　　　）

　　○从未实施过审计整改

　　○已按照审计意见进行部分整改

　　○已经按照审计意见完全整改

　　○很少按照审计意见进行整改

　　○大部分已按照审计意见整改

25. 您认为长江经济带环境审计协同存在哪些有待进一步完善之处？您认为应如何构建长江经济带的环境审计协同机制？您认为中央以及各地方党委审计委员会对长江经济带环境审计协同会产生何种影响？您还有哪些意见或建议？

附件4：长江经济带环境审计座谈会提纲

1. 最近三四年，国家先后印发了《生态文明体制改革总体方案》《"十三五"生态环境保护规划》《长江经济带发展规划纲要》《长江经济带生态环境保护规划》等政策文件。我们想要了解的是，随着国家环保政策尤其是长江经济带环境保护政策的调整，审计部门采取了哪些具体措施来落实国家政策文件精神，助力打赢污染防治攻坚战。

2. 从审计内容来看，环境审计主要包括环境保护政策制度贯彻执行情况审计、绿色经济责任审计、环境公共投资与环境绩效审计、环境保护目标完成情况等。我们想要了解的是，目前审计部门的环境审计队伍情况如何？针对水、大气、土壤、废弃物和生活垃圾等环境治理主要开展哪些类型的审计？主要审计内容是什么？采取什么样的组织方式？审计问题整改效果如何？环境审计信息披露状况如何？环境审计还存在哪些有待改进的地方？在完善环境审计工作方面有何打算？

3. 长江经济带是一个空间整体性极强、关联度很高的区域，协同治理是长江经济带环境治理的必由之路。然而，资源环境审计在我国目前仍处于探索阶段，环境审计可能存在统筹协调难、审计定责难、审计调查取证难等问题。我们想要了解的是，审计部门在审计过程中是否存在审计资源统筹协调难、审计定责难、审计数据取证难等情况，采取了哪些措施克服上述困难。审计部门与生态环境局、水利局、气象局、规划和自然资源局等部门以及不同区域、不同层级的审计部门在此过程中如何相互协同配合？是否建立了协调配合机制以及实施效果如何？各区域、各部门的环境治理权责如何界定？能否在审计信息采集、审计内容、审计方法、审计程序、审计整改、审计成果运用、追责问责等方面实现协同共享。

4. 为了打造集中统一、全面覆盖、权威高效的审计监督体系，2018年3月，中共中央根据《深化党和国家机构改革方案》组建中央审计委员会，作为党中央决策议事协调机构。随后，各省、直辖市也陆续建立各省（市）层面的党委审计委员会。我们想要了解的是，党委审计委员会的成立对环境审计统筹谋划、环境审计力量协同联动、环境审计技术或模式创新、推进环境审计系统化和规范化等有哪些影响？党委审计委员会目前开展过哪些与环境治理、环境审计相关的工作？你们期望党委审计委员会还要在哪些方面进一步引领审计工作？

5. 通过审计检测发现水、大气、土壤、废弃物和生活垃圾等环境治理如何？与国外、国内其他地区的生态环境质量差异有多大？目前我们在水、大气、土壤、废弃物和生活垃圾等污染防治方面采取了哪些措施及其执行情况如何？环境治理项目资金使用和环境治理绩效情况如何？存在什么问题及背后的原因是什么？接下来如何进一步完善审计工作，推进资源环境审计"落地"见实效，切实担负起助力建设长江经济带重要生态屏障的职责和使命？

6. 流域地带往往成库面积大、水位落差大、季节性气候反差大，形成了"消落带之困"。如何破题"消落带之困"一直被认为是世界性难题。近年来，部分地区在"消落带"治理模式、管护机制等方面做了很多有益探索，为长江经济带特别是三峡库区的生态环境保护提供了有益的示范。我们想要了解的是，审计部门是否开展过有关"消落带"治理方面的审计工作？审计主要内容是什么？接下来如何进一步完善"消落带"治理方面的审计工作。除此之外，我们还想了解，作为长江经济带长江上游的重要生态屏障，与长江经济带其他省市相

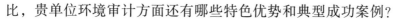

比，贵单位环境审计方面还有哪些特色优势和典型成功案例？

7. 习近平总书记在中央审计委员会第一次会议上强调："要坚持科技强审，加强审计信息化建设"。我们想了解的是，审计部门在资源环境审计过程中运用了哪些先进技术（如遥感 RS、地理信息系统 GIS 和全球定位系统 GPS、大数据技术、人工智能技术、区块链技术等）来进行审计取证、审计数据分析等？是否搭建跨区域、跨部门、多层次的资源环境信息共享平台、大数据分析平台等？中央审计委员会、省市审计委员会和审计部门在审计技术前沿性方面如何发挥引领作用？

附件5：长江经济带环境审计状况调查问卷

各层级审计机关：

为了跟踪长江经济带各省、市、县环境审计政策及执行情况，了解各层级审计机关对环境审计相关政策的知晓度和认可度、环境审计队伍建设、环境审计工作制度、环境审计开展状况、环境审计方式与方法、环境审计结果公开及审计成果转化利用情况，分析现行环境审计中存在的问题与不足，对完善相关政策措施提供参考，以便更好地保护长江经济带各省市资源环境，特开展本次问卷调查。

请认真、客观地回答下列问题，我们将严格遵守《中华人民共和国统计法》的规定，贵单位提供的宝贵信息，仅用于学术研究和政策评估，绝对不做商业用途或对外公开。为保证问卷质量，建议由贵单位分管人事的负责人与水环境审计小组成员共同填写（请在您的选项上划√）。

衷心感谢贵单位的支持与配合！

重庆工商大学环境审计项目组
2019 年 4 月

1. 贵单位行政级别是（　　　）。

○县级审计机关　　○地市级审计机关　　○省厅级审计机关

2. 您的专业背景是（　　　）。

○审计专业　　○会计　　○工程　　○管理　　○税务

○其他_____

3. 您接触环境审计工作的时间长短（　　　）。

○3 年以下　　○3～5 年　　○5 年以上

4. 您以前参与过何种环境审计项目。（　　　）（可多选）

○绩效审计　　○财务审计　　○绿色经济责任审计　　○合规性审计

5. 请问您对国家关于环境保护与环境审计的相关文件精神是否知晓？（　　　）

○很知晓　　○知晓　　○一般　　○不太知晓　　○不知晓

6. 请问您对本省（市）关于环境保护与环境审计的相关政策文件精神是否知晓？（　　　）

○不知晓　　○不太知晓　　○一般　　○知晓　　○很知晓

7. 请您综合评价贵单位对环境审计的重视程度（　　　）。

○不重视　　○不太重视　　○一般重视　　○重视　　○很重视

8. 贵单位是否设立或完善专门从事环境审计的工作机构？

○是　　　　○否

9. 贵单位是否比照国家审计署要求成立环境审计协调领导小组？

○是　　　　○否

10. 请您综合评价贵单位环境审计队伍的建设情况。（　　　）（请选择您认同的数字，分值越高表示越认同）

	1	2	3	4
贵单位环境审计队伍能满足水环境审计需求	○	○	○	○
贵单位对环境审计队伍建设与培训非常重视	○	○	○	○

11. 贵单位与环境保护主管部门建立了哪些协同联动机制？（　　　）（可多选）

○已建立联席会议制度

○已建立信息共享制度

○已建立协同审计制度

○尚无有效的协同联动机制

○其他

12. 贵单位环境审计部门中高学历（硕士及以上）工作人员的比例（　　　）。

○10%以下　○10%～30%　○30%～50%　○50%以上

13. 贵单位环境审计人员是否定期参加业务培训？

○是　　　○否

14. 贵单位曾开展过下列哪些方面的环境审计？（　　　）（可多选）

○污水收集处理系统建设、运行情况审计

○环保资金征收管理使用情况审计

○政策规制与环境政策执行情况审计

○环境公共投资与绩效审计

○企业环境责任遵从与环境合规性审计

○绿色经济责任审计（含自然资源离任审计）

○其他

15. 贵单位向上一级审计机关报送环境审计专题工作总结的频率？（　　　）

○按月　○按季度　○按年　○不定期

16. 请您综合评价贵单位环境审计工作制度的建设和完善情况。（　　　）（请选择您认同的数字，分值越高表示越认同）

	1	2	3	4
贵单位已制定合适的环境审计发展规划与工作指南	○	○	○	○
贵单位已制定科学的环境审计评价标准体系	○	○	○	○
贵单位已建立合适的环境审计工作制度	○	○	○	○
贵单位的环境审计工作制度已得到有效遵循	○	○	○	○

17. 贵单位是否对重大生态环境政策和战略规划落实、重大生态环境保护工程项目等，积极开展专项审计和全过程跟踪审计？（　　　）

○是　　○否

18. 贵单位的环境审计组织方式主要是（　　）。（可多选）

○平行审计

○联合审计

○本单位审计

○协作审计

19. 您认为在实施环境审计时，面临的障碍或挑战主要包括（　　）。（可多选）

○缺乏环境审计标准、程序和方法

○审计人员知识技能和业务素质不够

○环境监测和报告制度缺乏

○环境法规和标准不充分

○未遇到障碍

20. 在收集环境审计证据时，贵单位通常采用的方法有（　　）。（可多选）

○利用问卷调查收集评价信息

○查阅资料、取样检测、拍照取证、召开座谈会

○环境质量监测技术

○大数据与云计算技术

○全球卫星定位系统

○其他

21. 贵单位在进行环境审计数据取证过程中，采用的方法有（　　）。（可多选）

○定性评价与定量评价相结合

○分目标定量评价

○综合定性评价

22. 贵单位环境审计结果公开的情况是（　　）。

○不公开

○适度公开

○全部公开

23. 贵单位环境审计结果公开的内容主要包括（　　）。（可多选）

○环境保护问题及背后的原因

○被审计单位环境审计整改情况

○环境审计整改建议

○环境治理的成效

○环境审计发现的案件线索

○其他

24. 贵单位环境审计成果的转化利用情况（　　）。（可多选）

○及时形成环境审计动态信息

○及时撰写环境审计专题报告或调研文章

○及时提出操作性较强的环境审计整改建议

○及时向政府或主管部门提交环境审计报告

○及时形成环境审计追责问责的案件线索

○其他

25. 贵单位环境审计结果整改情况（　　）。（可多选）

○ 检查环境审计移送处理情况

○ 检查环境审计建议采纳情况

○ 检查环境审计过程中要求被审计单位自行纠正事项的整改情况

○ 检查环境审计决定执行情况

○ 其他

26. 请您综合评价您所在单位环境审计结果运用的情况。（　　　）

（请选择您认同的数字，分值越高表示越认同）

	1	2	3	4
环境审计结果已适度公开	○	○	○	○
加大了对环境审计结果落实情况的监督力度	○	○	○	○
环境审计成果已转化利用	○	○	○	○

27. 您认为长江经济带环境审计会带来哪些积极效应？（　　　）（可多选）

○有利于环保项目建设、实施和运行的规范有效

○有利于环境保护各责任主体的职责履行

○有利于环境保护及环境审计制度的建立、健全、完善和有效执行

○有利于环保资金管理、分配和使用的真实合规

○目前环境审计流于形式，并未发挥应有作用

28. 您认为目前我国长江经济带的环境审计工作还有哪些需要改进之处？存在哪些瓶颈？您认为背后的原因是什么？有哪些意见或建议？

参 考 文 献

［1］白列湖．协同论与管理协同理论［J］．甘肃社会科学，2007（5）：228 – 230.

［2］蔡春，毕铭悦．关于自然资源资产离任审计的理论思考［J］．审计研究，2014（5）：3 – 9.

［3］蔡春，郑开放，陈晔，王朋．政府环境审计对企业环境责任信息披露的影响研究——基于"三河三湖"环境审计的经验证据［J］．审计研究，2019（6）：3 – 12.

［4］蔡春，郑开放，王朋．政府环境审计对企业环境治理的影响研究［J］．审计研究，2021（4）：3 – 13.

［5］曾昌礼，李江涛．政府环境审计与环境绩效改善［J］．审计研究，2018（4）：44 – 52.

［6］曾宪策．环境审计初探［J］．审计理论与实践，1997（11）：7 – 8.

［7］陈东．环境审计若干理论问题初探［J］．财经论丛（浙江财经学院学报），1999（3）：67 – 71.

［8］陈汉文，池晓勃．关于环境审计的几个问题探讨［J］．审计研究资料，1997（2）：1 – 4.

［9］陈诗一，陈登科．雾霾污染、政府治理与经济高质量发展［J］．经济研究，2018，53（2）：20 – 34.

［10］陈献东．全面深化改革背景下的经济责任审计策略研究［J］．会计之友，2015（16）：116 – 121.

［11］陈洋洋，王宗军．基于层次分析法下低碳审计评价指标体系初探［J］．审计研究，2016（6）：64－71．

［12］陈正兴．环境审计［M］．北京：中国审计出版社，2000．

［13］褚添有．社会治理机制：概念界说及其框架构想［J］．广西师范大学学报（哲学社会科学版），2017，53（2）：42－45．

［14］丛秋实，黄作明，张金城．协同国家审计的实现路径研究：基于云审计［J］．当代财经，2014（10）：120－129．

［15］代凯．试论企业环境责任审计［J］．审计与经济研究，1997（1）：9－11．

［16］戴胜利，李迎春．基于复杂性机理的长江流域水污染动态适应治理模式研究［J］．环境保护，2018，46（15）：35－40．

［17］冯均科，陈淑芳，张丽达．基于受托责任构建政府审计理论框架的研究［J］．审计与经济研究，2012，27（3）：9－15．

［18］高方露，吴俊峰．关于环境审计本质内容的研究［J］．贵州财经学院学报，2000（2）：53－56．

［19］高翔．跨行政区水污染治理中"公地的悲剧"——基于我国主要湖泊和水库的研究［J］．中国经济问题，2014（4）：21－29．

［20］何秀芝，李朝旗，丁志．开源 GIS 软件和空间数据库在资源环境审计中的应用路径［J］．审计研究，2020（2）：22－28．

［21］贺桂珍，吕永龙．水污染治理工程的环境绩效审计［J］．环境工程学报，2007（11）：107－111．

［22］胡若隐．地方行政分割与流域水污染治理悖论分析［J］．环境保护，2006（6）：65－68．

［23］胡耘通，何佳楠．水环境审计评价指标体系构建研究［J］．干旱区资源与环境，2017，31（8）：13－18．

［24］黄昌兵．次级河水环境治理绩效审计评价研究［D］．重庆：西南大学，2015．

[25] 黄溶冰，赵谦．环境审计在太湖水污染治理中的实现机制与路径创新 [J]．中国软科学，2010 (3)：66-73，151.

[26] 黄溶冰，赵谦．自然资源资产负债表编制与审计的探讨 [J]．审计研究，2015 (1)：37-43，83.

[27] 蒋秋菊，徐茜．资源环境审计影响地区经济增长的实证分析——以长江经济带11省市为例 [J]．重庆工商大学学报（社会科学版），2021 (6)：1-18.

[28] 金殿臣，陈昕，陈旭．财政分权、环保投入与环境治理——基于中国省级面板的实证研究 [J]．宁夏社会科学，2020 (4)：77-85.

[29] 康辰怿，张华．政府环境审计能够促进重污染企业创新吗？[J]．环境经济研究，2021，6 (4)：102-125.

[30] 李昆，时现，曾晓红．基于信息集交互的非合作审计动态策略研究 [J]．科研管理，2012，33 (8)：106-112.

[31] 李璐，张龙平．WGEA 的全球性环境审计调查结果：分析与借鉴 [J]．审计研究，2012 (1)：33-39.

[32] 李璐，张龙平．关于我国开展水环境审计的理论与实践探讨 [J]．中南财经政法大学学报，2012 (6)：72-77，144.

[33] 李璐．国际水环境审计研究 [J]．审计月刊，2013 (12)：29-31.

[34] 李明．国家审计提升地方政府治理效率的实证研究——兼评地方国家审计机关的双重领导体制 [J]．经济与管理评论，2015，31 (3)：60-67.

[35] 李兆东，鄢璐．建设项目环境审计对象——全寿命周期的环境行为 [J]．审计与经济研究，2008 (4)：32-35.

[36] 李正升，王俊程．基于政府间博弈竞争的越界流域水污染治理困境分析 [J]．科学决策，2014 (12)：67-76.

［37］李正升．从行政分割到协同治理：我国流域水污染治理机制创新［J］．学术探索，2014（9）：57-61．

［38］厉国威，励雯翔．中央审计委员会的成立与我国国家审计体制转型［J］．财会通讯，2021（15）：14-18．

［39］林长华．环保投入与经济发展互动关系的实证分析及应用［J］．首都师范大学学报（社会科学版），2013（2）：74-79．

［40］林忠华．领导干部自然资源资产离任审计探讨［J］．审计研究，2014（5）：10-14．

［41］刘爱东，赵金玲．政府投资公共工程绩效审计评价指标研究——来自问卷调查的经验证据［J］．审计与经济研究，2010，25（3）：31-38．

［42］刘丹．水资源环境绩效审计评价体系研究［J］．审计月刊，2015（1）：15-18．

［43］刘慧博．试析水污染防治审计的框架［J］．审计月刊，2009（5）：23-24．

［44］刘家义．论国家治理与国家审计［J］．中国社会科学，2012（6）：60-72，206．

［45］刘明辉，孙冀萍．领导干部自然资源资产离任审计要素研究［J］．审计与经济研究，2016，31（4）：12-20．

［46］刘威．略论环境审计［J］．审计研究，1996（5）：21-23．

［47］刘鑫．长江经济带水环境审计协同问题及对策研究［D］．重庆：重庆工商大学，2021．

［48］刘长翠，张宏亮，黄文思．资源环境审计的环境：结构、影响与优化［J］．审计研究，2014（3）：38-42．

［49］刘帆．生态文明战略下"林长制"政策落实跟踪审计评价体系研究［D］．重庆：重庆工商大学，2022．

［50］吕向云，李瑛．我国政府环境绩效审计评价体系初探［J］．

商业会计，2010（13）：38－39.

[51] 马志娟，曾雨，梁思源. 土地资源审计探讨 [J]. 审计研究，2020（5）：10－18，95.

[52] 马志娟，韦小泉. 生态文明背景下政府环境责任审计与问责路径研究 [J]. 审计研究，2014（6）：16－22.

[53] 毛绮，张雪楠. 浅议审计协同实践框架的构建 [J]. 审计研究，2007（6）：31－34.

[54] 梅菁，何卫红. 我国资源环境审计政策协同测量 [J]. 财会月刊，2018（17）：153－159.

[55] 孟志华，李洁. 基于环境管理目标的政府绩效评价体系研究 [J]. 广西社会科学，2014（12）：106－109.

[56] 孟志华. 多元环境审计工作格局构建研究 [J]. 湖北经济学院学报（人文社会科学版），2016，13（9）：90－91.

[57] 潘琰，朱灵子. 领导干部自然资源资产离任审计的大数据审计模式探析 [J]. 审计研究，2019（6）：37－43，69.

[58] 彭冲，胡重辉，陈希晖. 大数据环境下的数据式绩效审计模式研究——以 X 市智慧停车规划与管理项目绩效审计为例 [J]. 审计研究，2018（2）：24－31.

[59] 彭冲，汤二子，黄溶冰. 政府审计功能协同与财政支出效率：理论与实证 [J]. 财经论丛，2017（11）：63－73.

[60] 彭兰香，戴亮梁. 基于可持续发展的环保项目政策落实跟踪审计研究——以浙江省"五水共治"为例 [J]. 财会研究，2016（8）：69－72.

[61] 戚振东，王会金. 国家审计"免疫系统"功能实现研究——基于社会协同的视角 [J]. 南京社会科学，2011（12）：80－85.

[62] 秦德智，卜臣. 基于区域发展质量的政府环境绩效审计指标体系研究 [J]. 南京审计学院学报，2015，12（4）：96－104.

［63］厦门市审计学会课题组，花育明，郑生．福建九龙江流域环境审计研究［J］．审计研究，2013（2）：46－51.

［64］沈洪涛．公司社会责任和环境会计的目标与理论基础——国外研究综述［J］．会计研究，2010（3）：86－92，97.

［65］审计署驻重庆特派办理论研究会课题组，尹树伟，曾稳祥，等．区域环境审计研究［J］．审计研究，2013（2）：40－45.

［66］孙芳城，蒋水全，尹长萍．长江流域环境审计协同治理：一个理论框架［J］．财会月刊，2022（3）：22－25.

［67］孙玥璠，刘雪娜，张永冀，等．领导干部自然资源资产离任审计与企业环境责任履行［J］．审计研究，2021（5）：42－53.

［68］汤金金，孙荣．多制度环境下我国的环境治理困境：产生机理与治理策略［J］．西南大学学报（社会科学版），2019，45（2）：23－31，195.

［69］唐兵，杨旗．协同视角下的湖泊水污染治理——以鄱阳湖水污染治理为例［J］．理论探索，2014（5）：86－89.

［70］唐勇军，赵梦雪，王秀丽．我国自然资源审计的理论框架与实践路径——基于五大发展新理念的思考［J］．南京审计大学学报，2018（2）：16－24.

［71］涂晓芳，黄莉培．基于整体政府理论的环境治理研究［J］．北京航空航天大学学报（社会科学版），2011，24（4）：1－6.

［72］王爱国，张志．环境审计服务生态文明建设的理论探讨［J］．审计研究，2019（2）：43－47.

［73］王爱国．国外的碳审计及其对我国的启示［J］．审计研究，2012（5）：36－41.

［74］王爱国．环境审计服务生态文明建设的理论探讨与体系重构——兼论生态文明审计的本质内涵［J］．理论学刊，2019（3）：49－55.

[75] 王淡浓. 加强政府资源环境审计, 促进转变经济发展方式 [J]. 审计研究, 2011 (5): 18 – 23.

[76] 王芳, 黄军. 政府生态治理能力现代化的结构体系及多维转型 [J]. 广西社会科学, 2017 (12): 129 – 133.

[77] 王会金. 反腐败视角下政府审计与纪检监察协同治理研究 [J]. 审计与经济研究, 2015, 30 (6): 3 – 10.

[78] 王会金. 协同视角下的政府审计管理研究 [J]. 审计与经济研究, 2013, 28 (6): 12 – 19.

[79] 王会金. 政府审计协同治理的研究态势、理论基础与模式构建——基于国家治理框架视角 [J]. 审计与经济研究, 2016, 31 (6): 3 – 11.

[80] 王会金. 治理视角下的国家审计协同——内容框架与模式构建研究 [J]. 审计研究, 2013 (4): 57 – 62.

[81] 王敬波. 面向整体政府的改革与行政主体理论的重塑 [J]. 中国社会科学, 2020 (7): 103 – 122, 206.

[82] 王俊敏, 沈菊琴. 跨域水环境流域政府协同治理: 理论框架与实现机制 [J]. 江海学刊, 2016 (5): 214 – 219, 239.

[83] 王楠楠, 郑石桥. 部门协同治理与政府审计效率: 理论框架和经验数据 [J]. 财会月刊, 2017 (3): 86 – 93.

[84] 王书明, 周寒. 竞争、合作与生态文明建设合作制度的建构——结合环渤海区域水污染治理的思考 [J]. 哈尔滨工业大学学报 (社会科学版), 2015, 17 (6): 103 – 108.

[85] 王素梅. 环境绩效审计的发展研究: 基于国家治理的视角 [J]. 中国行政管理, 2014 (11): 62 – 65.

[86] 王素梅. 中国特色常态化行政问责机制中的国家审计理论创新与实践探索 [J]. 会计研究, 2015 (7): 79 – 83.

[87] 王伟, 文杰, 孙芳城. 政府环境审计对长江经济带绿色发

展的影响［J］. 长江流域资源与环境，2022，31（6）：1187－1197.

［88］王小鲁，樊纲，胡李鹏，等. 中国分省份市场化指数报告［M］. 北京：社会科学文献出版社，2019.

［89］魏祥健. 云平台架构下的协同审计模式研究［J］. 审计研究，2014（6）：29－35.

［90］温忠麟，叶宝娟. 中介效应分析：方法和模型发展［J］. 心理科学进展，2014，22（5）：731－745.

［91］吴德纯，刘园，慎华东. 矿山生态环境审计应关注的重点［J］. 审计月刊，2016（8）：27－28.

［92］吴勋，郭娟娟. 国外政府环境审计发展现状与启示——基于 WGEA 全球性环境审计调查［J］. 审计研究，2019（1）：31－40.

［93］吴勋，王杰. 财政分权、环境保护支出与雾霾污染［J］. 资源科学，2018，40（4）：851－861.

［94］谢志华，陶玉侠，杜海霞. 关于审计机关环境审计定位的思考［J］. 审计研究，2016（1）：11－16.

［95］辛金国，杜巨玲. 试论费用效益分析法在环境审计中的运用［J］. 审计研究，2000（5）：48－53.

［96］邢祥娟，陈希晖. 资源环境审计在生态文明建设中发挥作用的机理和路径［J］. 生态经济，2014，30（9）：151－157.

［97］徐薇，陈鑫. 生态文明建设战略背景下的政府环境审计发展路径研究［J］. 审计研究，2018（6）：3－9.

［98］薛婷婷. 中国特色的国家审计公共关系研究［J］. 审计月刊，2013（1）：10－12.

［99］严飞. 抓好环境审前调查工作探索淮河水污染防治资金审计方法［J］. 中国审计，2004（15）：58－59.

［100］颜盛男，孙芳城，王成敬，等. 精准扶贫政策跟踪审计与问责路径研究［J］. 财会月刊，2019（2）：114－120.

[101] 杨宏山，石晋昕．跨部门治理的制度情境与理论发展 [J]．湘潭大学学报（哲学社会科学版），2018，42（3）：12-17．

[102] 杨肃昌，芦海燕，周一虹．区域性环境审计研究：文献综述与建议 [J]．审计研究，2013（2）：34-39．

[103] 杨晓和，冯丽丽，荣欢．领导干部土地资源资产离任审计研究 [J]．审计研究，2017（6）：22-27．

[104] 杨永杰，刘冲．外部性、减排及环境保护警察体系 [J]．兰州大学学报（社会科学版），2014，42（3）：96-101．

[105] 杨智慧．关于环境绩效审计定位问题的探讨 [J]．会计之友（上旬刊），2009（11）：45-47．

[106] 喻开志，王小军，张楠楠．国家审计能提升大气污染治理效率吗？[J]．审计研究，2020（2）：43-51．

[107] 张超．我国跨界公共问题治理模式研究——以跨界水污染治理为例 [J]．理论探讨，2007（6）：140-142．

[108] 张红．云审计协同国家审计的新思路 [J]．农村经济与科技，2016，27（12）：133，135．

[109] 张宏亮，刘长翠，曹丽娟．地方领导人自然资源资产离任审计探讨——框架构建及案例运用 [J]．审计研究，2015（2）：14-20．

[110] 张晋红．领导干部自然资源资产离任审计机制探索与构建 [J]．领导科学，2018（5）：57-59．

[111] 张军，高远，傅勇，等．中国为什么拥有了良好的基础设施？[J]．经济研究，2007（3）：4-19．

[112] 张丽达，杨敏．黄河流域高质量发展中自然资源资产审计逻辑构建 [J]．经济问题，2022（3）：29-37．

[113] 张龙平，李苗苗，陈丽红．国家审计会影响低碳发展吗？——基于中国省级面板数据的实证研究 [J]．审计与经济研究，2019，34（5）：9-21．

［114］张平淡，朱松，朱艳春. 环保投资对中国 SO_2 减排的影响——基于 LMDI 的分解结果 ［J］. 经济理论与经济管理，2012 (7)：84 - 94.

［115］张琦，谭志东. 领导干部自然资源资产离任审计的环境治理效应 ［J］. 审计研究，2019 (1)：16 - 23.

［116］张以宽，孙兴华，方宇. 关于加强环境会计与环境审计研究的几个问题 ［J］. 中国内部审计，2014 (11)：95 - 97.

［117］张以宽. 论可持续发展战略与中国环境审计制度——实行环境审计制度是贯彻以德治国方针的重要举措 ［J］. 审计研究，2003 (1)：3 - 7.

［118］赵彩虹，韩丽荣. 区域性环境审计合作问题研究 ［J］. 审计研究，2019 (1)：24 - 30.

［119］赵凤仪，熊明辉. 我国跨区域水污染治理的困境及应对策略 ［J］. 南京社会科学，2017 (5)：74 - 80.

［120］浙江省审计学会课题组. 太湖流域水污染综合治理环境审计实证研究 ［J］. 审计研究，2004 (1)：57 - 62.

［121］中国审计学会. 汇报交流"区域环境审计"合作研究课题研究成果 ［J］. 审计研究，2013 (1)：1 - 2.

［122］中华人民共和国生态环境部，等. 2019 年中国生态环境状况公报 ［J］. 中国生态环境状况公报，2019.

［123］周权平，张澎彬，薛腾飞，等. 近 20 年来长江经济带生态环境变化 ［J］. 中国地质，2021，48 (4)：1127 - 1141.

［124］Bae S. H. , Seol I. An exploratory empirical investigation of environmental audit programs in S&P 500 companies ［J］. Management Research News, 2006, 29 (9)：573 - 579.

［125］Bebbington, J. Unerman, J. O'Dwyer, B. Sustainability Accounting and Accountability ［M］. Taylor and Francis, 2014.

［126］ Boivin B. , Gosselin L. Going for a green audit ［J］. CA magazine, 1991, 124 (3)：61 – 63.

［127］ Brooks K. Reaping the benefits of environmental auditing ［J］. Internal Auditing, 2004, 19 (6)：26 – 36.

［128］ Davies P. , Harris J. , et al. The Sustainable Rivers Audit：assessing river ecosystem health in the Murray – Darling Basin, Australia ［J］. Marine and Freshwater Research, 2010, 61 (7)：764 – 777.

［129］ Duflo E. , Greenstone M. , Pande R. , et al. Truth-telling by third-party auditors and the response of polluting firms：Experimental evidence from India ［J］. The Quarterly Journal of Economics, 2013, 128 (4)：1499 – 1545.

［130］ Earnhart D. , Harrington D. Effect of audits on the extent of compliance with wastewater discharge limits ［J］. Journal of Environmental Economics and Management, 2014, 68 (2)：243 – 261.

［131］ Elliott D. , Patton D. Environmental audit response：the case of the engineering sector ［J］. Greener Management International, 1998 (1)：83.

［132］ Flint D. Philosophy and principles of auditing：an introduction ［M］. Macmillan Education, 1988.

［133］ Hermann H. Synergetics – An Introduction ［M］. Springer – Verlag Berlin Heidelberg, 1983.

［134］ Kolk A. , Perego P. Determinants of the adoption of sustainability assurance statements：An international investigation ［J］. Business strategy and the environment, 2010, 19 (3)：182 – 198.

［135］ Mishra B. K. , Newman D. P. , Stinson C. H. Environmental regulations and incentives for compliance audits ［J］. Journal of Accounting and Public Policy, 1997, 16 (2)：187 – 214.

［136］ Moor D. P. ，Beelde I. Environmental auditing and the role of the accountancy profession：a literature review ［J］. Environmental Management，2005，36（2）：205 – 219.

［137］ Natu A. V. Environmental audit – A tool for waste minimization for small and medium scale dyestuff industries ［J］. Chemical business-bombay，1999（13）：133 – 138.

［138］ Paramasivan T. Taking Professional Care of The Nature：The Environmental Audit ［J］. chemical business-bombay，2002，51（2）：148 – 155.

［139］ Perry J. A. ，Schaeffer D. J. ，Kerster H. W. ，et al. The environmental audit. II. Application to stream network design ［J］. Environmental Management，1985，9（3）：199 – 207.

［140］ Stanwick P. A. ，Stanwick S. D. Cut your risks with environmental auditing ［J］. Journal of Corporate Accounting & Finance，2001，12（4）：11 – 14.

后　　记

本书是国家社会科学基金"长江经济带环境审计协同机制构建及实现路径研究"（项目批准号为：17XJY007）的最终成果。从课题开题到提交研究报告历时近五年，我们查阅了大量的国内外文献，实地走访和问卷调研了长江经济带11省市省级审计机关以及重庆市万州区、渝北区、江津区、开州区、忠县等区县的生态环境部门和审计机关，咨询了数十位专家，多次参加了国内外重要学术会议并进行了成果交流。部分研究成果，发表在 *Journal of Business Research* 和《会计研究》《审计研究》《长江流域资源与环境》《财经问题研究》《西部论坛》等学术期刊上。

在此期间，以本研究成果为主要基础，团队成员成功申报了4项国家社会科学基金项目和1项教育部人文社会科学基金项目，获得挑战杯大学生课外学术科技作品竞赛全国三等奖1项、重庆市特等奖1项、重庆市一等奖1项、重庆市二等奖2项。

从项目的构思、立项、调研、写作，直至提交结题报告，我们自始至终都不敢懈怠，辛勤耕耘的结果获得学界专家认可，项目以优秀结题。

完成本著作时正值第四次长江经济带发展座谈会召开，长江经济带发展座谈会主题也从"推动"到"深入推动""全面推动"，再到"进一步推动长江经济带高质量发展"。在第四次座谈会上，习近平总书记指出："从长远来看，推动长江经济带高质量发展，根本上依赖于长江流域高质量的生态环境。要毫不动摇坚持共抓大保护、不搞大开发，在高水平保护上下更大功夫。"深入贯彻落实习近平总书记的重要讲话精神，审计工作特别是环境审计工作在构建集中统一、全面覆盖、权威高效的审计监督体系上还要聚焦发力，还有很多问题需要我们理论研究者紧紧跟进。

本书是团队共同努力的结果。项目申报是我带着钟廷勇和杨兴龙两位老师共同完成；项目开题、调研、写作是我和蒋水全老师策划并定稿，团队其他成员积极参与共同完成，团队成员有：孙芳城、蒋水全、丁瑞、王伟、孙昭愚、杨兴龙、钟廷勇、张熙悦、陈纪帆、张丽和刘帆。感谢全国哲学社会科学工作办公室对我们团队从事项目研究工作的鞭策和鼓励！感谢长江经济带各省（自治区、直辖市）审计机关和生态环境部门对此项研究的支持！还要感谢撰写专著时深受启发并受益良多的被我们借鉴的国内外同行和专家学者相关研究成果！

最后，衷心感谢各位同行专家、出版社编辑老师对我们的指导！

孙芳城

2023 年 10 月于重庆

图书在版编目（CIP）数据

长江经济带环境审计协同机制构建及实现路径研究/
孙芳城等著. -- 北京：经济科学出版社，2023.10
ISBN 978 - 7 - 5218 - 5327 - 8

Ⅰ.①长… Ⅱ.①孙… Ⅲ.①长江经济带 - 自然资源
- 自然环境 - 审计 - 研究 Ⅳ.①F239.6

中国国家版本馆 CIP 数据核字（2023）第 205411 号

责任编辑：李　雪　顾瑞兰　刘　瑾
责任校对：隗立娜　王苗苗
责任印制：邱　天

长江经济带环境审计协同机制构建及实现路径研究
孙芳城　等著
经济科学出版社出版、发行　新华书店经销
社址：北京市海淀区阜成路甲 28 号　邮编：100142
总编部电话：010 - 88191217　发行部电话：010 - 88191522
网址：www.esp.com.cn
电子邮箱：esp@esp.com.cn
天猫网店：经济科学出版社旗舰店
网址：http://jjkxcbs.tmall.com
固安华明印业有限公司印装
710×1000　16 开　18.5 印张　260000 字
2023 年 10 月第 1 版　2023 年 10 月第 1 次印刷
ISBN 978 - 7 - 5218 - 5327 - 8　定价：96.00 元
（图书出现印装问题，本社负责调换。电话：010 - 88191545）
（版权所有　侵权必究　打击盗版　举报热线：010 - 88191661
QQ：2242791300　营销中心电话：010 - 88191537
电子邮箱：dbts@esp.com.cn）